목회지도자 신학과 실제
Pastrolal Leadership Theology & Practice

이 책은 복음전파에 평생을 헌신적으로 봉사하신
김준호 장로님과 홍사국 권사님의 뜻을
기리기 위하여 출판되었습니다.

**This book is dedicated to
Mr. Joon Ho Kim & Mrs. Sa-Gook Hong Kim
in Memory of their outstanding
Christian work and sacrificial love.**

목회리더십 신학과 실제

Pastrolal Leadership Theology & Practice

김영일　이세형　이후천　한정애

2005ⓒ열린출판사

■ 머 리 말

　　어느 시대나 어느 장소이든 지도자는 많으나, 존경받을 만 하고 훌륭한 지도자는 그리 많지 않다. 과학, 특히 유전공학이나 기술공학 그리고 의학 등은 눈부신 발전을 보여 왔는데, 교회는 답보상태가 아니면 후퇴상태에 빠져있다. 한국의 교회의 경우를 보더라도 1990년대 이후부터 교회성장이 아닌 성장둔화의 현상을 보이고 있다. 또한 교회는 사회를 향한 그 영향력을 상실해 가고 있는 실정이다. 무엇이 문제인가? 가장 중요한 원인은 이 시대가 필요로 하는 진정한 목회리더십의 결핍이라고 본다.

　　존경받는 지도자, 건강하고 참신한 지도자, 영향력이 있고 강력한 지도자, 능력과 영성을 겸비한 지도자, 하나님께서 인정하시고 귀히 쓰시는 지도자.... 이런 지도자는 어떤 지도자인가? 그리고 이런 지도자는 어떻게 이루어지는가? 이 책은 이런 문제를 풀어줄 수 있는 글을 네 가지 차원에서 접근하여 소개하고 있다.

　　김영일 교수는 윤리적인 차원에서 "건강한 윤리적 지도자"에 대하여 다루었는데, 우선 건강하지 못한 비윤리적 지도자 상과 건강하고 윤리적인 지도자 상을 묘사하고, 지도자의 자질과 역할, 지도자로서의 목회자 윤리 등에 대하여 논의하였다. 목회자는 누구나 지도자인데, 문제는 기본 틀, 즉 인격이 잘 형성되어야 한다는 것과, 윤리적으로 건강하고 훌륭한 목회자는 좋은 행동을 함으로써 그리고 좋은 삶을 살아감으로써 이루어진다고 본다.

이세형 교수는 "지도자로서의 목회자"의 논제아래, 관계적인 존재로서의 지도자와 섬김의 지도자 상을 신학적으로 접근하였고, 그리스도의 지도자 상을 성서 속에서 찾으려 한다. 지도자가 희생함과 사랑함으로 바로 섬길 때, 사람들로 하여금 상실된 하나님의 형상을 회복케 하고, 올바른 공동체가 이루어질 수 있다고 논술한다.

이후천 교수는 그의 논문, "선교우선의 리더십"에서 신약은 특별히 예수의 이미 오심과 또 오실 그날까지의 사이에 교회의 과제로서 선교를 설정하고 있는데, 바로 이 점 때문에 리더십은 철저히 선교우선이 되어야만 한다고 본다. 여기서 선교적 혹은 선교우선이란 말은 모든 교회와 관련된 일을 선교적으로 사고하고, 준비하며, 실천하는 자세를 말한다. 그렇기 때문에 선교우선의 리더십은 단순히 교회를 성장시키기 위한 리더십 지침이나 훈련코스가 아니다. 그것은 어떻게 하면 교회가 하나님의 도구로서 이미 하나님의 백성 된 사람들과 아직 아닌 사람들을 껴안을 수 있을지 고민하고, 종말을 기대하며, 이 땅 위에 하나님의 나라를 건설하려는 삼위일체 하나님의 선교와 깊이 연관된 리더십이다. 환언하면, 선교우선의 리더십이란 정직과, 신뢰, 헌신으로 무장한 선교적인 삶을 통해 복음의 진리를 향해 나아가려는 사람들로 하여금 그들이 누구이든지 그것을 찾도록 가장 잘 도와주는 영향력이라고 말한다.

한정애 교수는 "인사 행정가로서의 교회 공동체 지도자"라는 주제 하에, 지혜로운 행정관리자로서의 목회자는 공동체가 수동적이 아닌 전체 협력체, 즉 '함께 주고받는 공동체'를 지향하기 위해서 예수 그리스도께서 실현했던 코이노니아를 강조한다.

그것은 교회 지도자가 효율적으로 기능을 잘 발휘하는 것이 곧 세계교회와 하나님 나라 건설의 초석이기 때문이라고 한다.

이 책은 이미 2001년 11월에 잉태되었다. 그 당시 대학원장 및 신학대학원장을 맡고 있던 김영일 교수가 협성대학교의 신학교육에서 목회실습의 중요성과 필연성을 절감하고 그 대책을 세웠다. 첫째로 대학원의 목회실습 커리큘럼을 재정비하였고, 둘째로 목회실습에 필요한 교재편찬을 준비하는 차원에서 모금을 했고, 모금된 자금으로 "지도자의 신학"이란 교재 집필을 하기 위해서 신학대학 전 교수로부터 신청서를 접수받았다. 신청서를 제출한 교수는 한정애 교수, 이후천 교수, 이세형 교수, 그리고 김영일 교수였다.

삼 년간의 진통 끝에 결국 "지도자의 신학"이 세상을 보게 되었다. 이 책은 김준호 장로님과 홍사국 권사님의 불타는 신앙과 헌신적이고 봉사적인 지도자 상을 기념하기 위하여 출판되었다. 그들은 충청남도 당진군 석문면 삼화리 2동에 위치한 삼화감리교회에서 평생을 섬기며, 또한 당진군 지역내의 여러 교회를 건립하고 전도하는데 피땀을 흘리신 분들이다. 그들 자녀인 김영예님, 김동호님, 김이자님, 정진동님, 김영길님, 최수영님, 김영화님, 이규선님, 김영주님, 문화자님, 나효자님께 깊은 감사를 드린다.

끝으로 이 책이 출판될 수 있도록 배려와 도움을 주신 열린출판사 김윤환 대표에게 진심으로 감사를 드린다. 이 책이 한국의 모든 목회자들과 신학도들에게 하나님께서 원하시는 그리고 오늘날 한국 교회가 필요로 하는 참 지도자로서의 목회자가 되는데 길잡이가 되기를 바란다.

2005년 3월
저자 일동

□ 차 례

머리말 · 5

제1장 건강한 윤리적 지도자   김영일 교수

I. 들어가는 말 · 15

II. 비윤리적이고 건강하지 못한 지도자 · 17
   1. 비양심적인 지도자
   2. 독재형 지도자
   3. 원소형 지도자
   4. 병균에 감염된 지도자
      (1) 교만 (2) 질투 (3) 분노 (4) 나태
      (5) 탐욕 (6) 대식 (7) 욕망 혹은 색욕

III. 건강한 윤리적 지도자의 종류 · 24
   1. 건전한 양심의 지도자
   2. 책임적인 양심의 지도자
   3. 분별력 있는 지도자
      (1) 냄비 속 개구리의 우화
      (2) 개별적 나무와 숲 전체를 보는 기능
      (3) Yes와 No
   4. 공유 비전의 지도자
      (1) 현실을 더욱 명쾌하게 보아야 한다
      (2) 자아 성찰
      (3) 비전을 세워야 한다
      (4) 비전과 현실을 동시에 보아야 한다
      (5) 비전을 모두가 공유할 수 있도록 해야 한다
   5. 자신을 비우는 섬김의 지도자
   6. 단일 규범의 지도자

IV. 지도자의 역할 · *40*
    1. 성서에 나타난 지도자의 역할
       (1) 왕 　(2) 예언자 　(3) 제사장
       (4) 현자 　(5) 사도 　(6) 섬기는 자
    2. 지도자의 자질과 역할
       (1) 지도자는 옳고 그름과 선악을 잘 분별해야 한다
       (2) 지도자는 목표와 비전을 가져야 한다
       (3) 지도자는 헌신적이며 섬김의 사람이어야 한다
       (4) 지도자는 대인 관계를 중시하여야 한다
       (5) 지도자는 책임성 있는 사람이어야 한다
       (6) 지도자는 자제와 자기 관리를 잘 해야 한다
       (7) 지도자는 위기나 문제에 직면할 때
          침착하게 해결점을 찾아야 한다
       (8) 지도자는 사람을 잘 써야 한다
       (9) 지도자는 적극적인 추진력이 있어야 한다
       (10) 지도자는 동기부여자가 되어야 한다

V. 지도자로서의 목회자 · *53*
    1. 좋은 존재로서의 지도자적 목회자
       (1) 인격적인 지도자로서의 목회자
       (2) 모범적인 지도자로서의 목회자
    2. 좋은 행위를 하는 지도자적 목회자
       (1) 검소한 삶을 사는 지도자로서의 목회자
       (2) 봉사와 섬김의 지도자로서의 목회자
       (3) 신실한 지도자로서의 목회자
    3. 좋은 삶을 사는 지도자적 목회자
       (1) 영적으로 성숙한 지도자로서의 목회자
       (2) 목자적 지도자로서의 목회자

VI. 나가는 말 · *68*

제2장   지도자로서의 목회자   이세형 교수

  I.   들어가면서 · 73
 II.   관계적 존재로서의 지도자 · 74
III.   지도자의 영향은 섬김으로부터 · 79
 IV.   이사야서에 나타난 섬김에 기초한 종의 지도력 · 86
  V.   예수 그리스도의 어린이 모델을 통한
       섬김의 지도자 · 92
       1. 마가복음의 가르침
       2. 마태복음의 가르침
       3. 누가복음의 가르침
 VI.   예수가 가르치는 종말론적 지도자 · 99
       1. 종말론적 지도자는 예수를 닮는 자이다
       2. 종말론적 지도자는 하나님의 형상을
          회복하는 자이다
       3. 종말론적 지도자는 정의를 이루는 자이다
VII.   결언 : 지도자로서의 목회자 · 107

제3장 선교 우선의 리더십   이후천 교수

I. 서론 · *117*

II. 변화된 시대, 목회자 리더십의 위기와 그 대안 · *121*
   1) 변화된 세계, 변해버린 목회현장
   2) 리더십 위기의 본질적인 요인
   3) 교회성장 리더십에서 선교우선의 리더십에로

III. 선교우선 리더십의 원리 · *143*
   1) 리더십의 선교우선 이미지 창출
   2) 다섯 원리: 모험성, 개방성, 공존성, 연약성, 헌신성

IV. 선교우선 리더십의 틀과 방향 · *153*
   1) 복음적, 영적(spiritual) 리더십:
            선교적 영성 대 비선교적 영성
   2) 사도(apostle)적 리더십: 사랑의 실천과 섬김의 사도
   3) 변혁적(transformational) 리더십: 변화를 추구하고,
      새로운 비전을 제시
   4) 원칙적(principled) 리더십: 일관성 있게 법규 적용
   5) 글로벌 에큐메니칼(global ecumenical) 리더십:
     - 교회간의 협력과 화해를 통한 세계의 문제 극복
   6) 미적 청년(aesthetic youthful) 리더십:
     - 미래의 교회를 키워 내야
   7) 자연친화적(ecological) 리더십: 창조의 보전
   8) 대화적(dialogical) 리더십: 타문화의 이해
   9) 목회경영(ministerial administrative) 리더십:
      "전체를 바치고 전체를 움직인다" - 투명한 교회

V. 결론 · *182*

제4장 인사행정가로서의 교회 공동체 지도자

한정애 교수

I. 들어가는 말 · *187*

II. 교회 공동체 지도자의
    인사 행정의 목적과 기본 바탕 · *188*
    1. 교회 공동체 인사 행정의 의미와 목적
    2. 교회 공동체 인사 행정을 위한
       지도자의 자아 이해와 목회 양상
    3. 교회 공동체 인사 행정의 기초로써의
       그리스도교 신앙교육
    4. 교회 공동체 인사 행정가의 기본 바탕으로써의
       코이노니아 사상
       (1) 코이노니아의 의미
       (2) 코이노니아의 실현을 위한 시도
    5. 부설(付設, Excursus): 여성 리더쉽(지도력)에 관해

III. 교회 공동체 인사 행정을 위한
     실제적 계획과 훈련 · *217*
    1. 교회 공동체 직분자들에 대한 계획과 임명
    2. 교회 사역의 공동 인지를 위한 훈련
    3. 유급 직원과 자원 일꾼의 참여를 위한 훈련
    4. 교회 공동체 내의 갈등 발생과 해소

IV. 결어 · *225*

제 1 장
건강한 윤리적 지도자

김 영 일

감리교신학대학교 (B. Th.)
Phillips Graduate Seminary (M. Div.)
Drew University (D. Min.)
Loyola University of Chicago (Ph. D.)
서교동감리교회 담임
미국 Ransom United Methodist Church 담임
미국 New Milford United Methodist Church 담임
미국 Whitney Point United Methodist Church 담임
미국 Garrett-Evangelical Theological Seminary 교수
및 아세안센터 원장
협성대학교 교무처장 역임
협성대학교 신학대학 학장 역임
협성대학교 신학대학원장 및 대학원장 역임
현, 협성대학교 교수 (기독교 사회윤리)

제1장 건강한 윤리적 지도자

김 영 일

I. 들어가는 말

한국의 경제 성장이나 IT 산업은 국제 수준이지만 정신문화의 수준은 아직도 밑바닥이다. 한국의 전통적인 아름다운 가치관을 추방하고, 왜곡된 가치관을 불러온 주범들은 빨리 빨리 문화, 적당주의, 이기주의, 물질주의, 그리고 한국적 개인주의라고 본다. 가장 큰 문제는 참다운 윤리적 지도자의 결핍과 지도자들의 비 기능화 (leaders of dysfunction)라고 말할 수 있다.

현 한국의 사회는 지능지수(IQ)나 정서지수(EQ) 또는 명석지수(BQ[1])의 필요성보다는 도덕지수(MQ)의 필요성이 더 요구된다. 왜냐하면, 현대인들은 심각한 영적, 정신적, 사회적 병폐에 시달릴 뿐만 아니라 엄청난 도덕적인 고질병에 걸려 있다. 도덕과

---

1) 명석지수는 영어로 "Brilliant Quotient"라고 명기하는데, 이것은 Brain(지능)과 Beauty(아름다움) 그리고 Behavior(행동력) 등 3B를 합한 것으로써, 사람이 내적으로나 외적으로 얼마나 뛰어난지를 가늠하는 치수이다.

윤리의 감각이 완전히 마비된 상태이며, 따라서 윤리적인 삶이 너무나 황폐한 실정이다. 이런 시점에서 그들의 문제에 응답을 줄 수 있고, 한국사회에 도덕성 회복을 가져 올 수 있는 건강하고 참신한 지도자가 요청되는 것이다. 이러한 상황에 대처하여 사람들에게 적절한 삶의 참 의미와 가치관을 제시해 주지 못한 것은 교회의 책임이기도 하다.

지도자는 한 국가나 사회 또는 공동체의 흥망성쇠를 좌우할 수 있다. 즉, 성공하는 조직이나 기업에는 반드시 그 조직체를 이끌어 가는 핵심적인 지도자가 있다. 훌륭한 지도자는 명확한 판단력, 강력한 추진력, 문제를 헤쳐 나갈 수 있는 실행력, 샘솟는 기획력, 조직을 생동성 있게 이끄는 활력, 결과에 대해서 정직하게 응하는 책임감 등 지도자로서의 필수 조건들을 갖추어야 한다.

한때 제너럴 일렉트릭(General Electric)의 최고 경영자이었던 잭 웰취(Jack Welch)는 현대 리더십의 특징을 "4E"로 요약하여 제안했다. 4E는 첫째, 활동과 변화를 주도할 수 있는 "활력"(Energy)이고, 둘째는 사람들에게 비전을 심어 주고, 그 비전을 실현에 옮길 수 있는 신념을 주는 "동기부여"(Energize)이며, 셋째는 '예'와 '아니오'의 결정을 내릴 수 있는 날카로운 "결단력"(Edge)이고, 넷째는 업무를 매끄럽게 "실행"(Execute) 할 수 있는 능력이다.

지도자를 논함에 있어서 다음과 같은 질문들은 중요한 물음일 것이다. 즉, 지도자가 공동체를 이끌어 가는 진정한 힘은 무엇인가? 지도자의 권위와 권력은 어떻게 유발되며, 그것은 어떻게 사용되어 져야 하는가? 건강한 윤리적 지도자의 자격은 무엇인가? 지도자의 역할은 무엇인가? 그러나 무엇보다도 더 중요한 질문은 "최고의 지도자는 무엇으로 달성되는가?"와 "최고의 지도자는 어떤 요소로 이루어지는가?"일 것이다. 이 글은 이러한 질문들에 대하여 응답하고자 한다. 건강한 윤리적 지도자는 양심적이고, 책임적이며, 분별력을 갖출 뿐만 아니라 비전을 공유할 수 있어야 한다. 건강하고 윤리적인 지도자를 논하기 전에 먼저 비윤리적인 지도자 상은 무엇인지에 대하여, 우선 성서적으로 조명해 보고, 그리고 건강한 윤리적 지도자는 어떤 성품을 지닌 자인가를 이론적인 측면에서 기술하고자 한다. 마지막으로는 지도자의 역할과 지도자로서의 목회자에 대하여 논하려 한다.

II. 비윤리적이고 건강치 못한 지도자

1. 비양심적 지도자 (성서적 조명)

아모스는 그 시대 사회에서 활약하던 지도자들의 모습을 자세히 설명하고 있다. 북 왕국 이스라엘과 남 왕국 유다는 두 나라를 통과하는 무역 통로에서 들어오는 관세와 물물교환 등으로 경제의 성장을 누리며 평화로운 삶을 누리고 있었다. 그러나 국가의 보호 정책 하에 육성된 신흥 상업계급은 결국 특수 계급층을 형성하게 되었고, 이로 인해서 특권층과 일반 대중과의 사회구조의 이원화를 초래하게 되었다. 이와 같은 사회구조의 모순은 부익부와 빈익빈의 현상으로 나타났다.

권력과 부를 소유한 상류계층은 사치스럽고 호화로운 생활을 하였다. 그들의 안락함의 욕망은 집 한 채로 만족하지 못하여 겨울별장과 여름별장을 가졌고(아모스 3:15), 고래등같은 그들의 집에는 상아 침상이 놓여지기도 했다(암6:5-6). 지배계급의 착취와 사치성, 정치인들의 포악성과 경제정책의 부당성, 그리고 사회전반에 흐르는 불의는 감히 헤아릴 수가 없었다.

그런데 아모스 시대의 문제는 지도자들이 거의 모두가 비윤리적인 사람들이었다는 것이다. 이러한 사회적 불안과 불의 그리고 구조적인 모순이 팽배함에도 불구하고 그 사회의 지도자들은 한결같이 부패에 저려있었고, 무능한 모습과 비윤리적인 모습을 보였다. 권세를 쥔 지도자들은 가난한 백성들의 인권을 유린하였고, 그들의 소유와 노동력을 착취하여 자신의 궁궐을 웅장하게 건축하였으며, 늘어나는 재산을 비축하기 위하여 창고를 새로 지었다.

정의를 부르짖고 부패사회에 빛을 밝혀야 할 재판관들은 어떠했는가? 그들은 뇌물에 귀와 양심이 혼탁해져서 가난한 자들을 외면하거나 오히려 그들을 억압하는 것에 앞장섰다. 약자들의 방패가 되어야 할 재판관들이 오히려 자신들의 이익을 추구하기 위하여 약자를 찌르는 창이 되어 자신들의 리더십의 자격을 상실한 것이다. 그들은 비양심적 지도자들이었다.

종교 지도자들도 자격을 상실하기는 마찬가지였다. 그들은 당시 왕의 권력에 아부하며 기쁨조의 역할을 하기에 급급하였을 뿐, 그들은 정의의 외침에는 무감각한 상태였으며, 형식적인 예배 의식을 인도하는 직업적 종교 지도자들이었다. 사회 곳곳에 만연된 사회악과 불의, 뇌물정치, 부자의 탐욕과 사치스러운 삶, 권력의 횡포 등에 대하여 종교 지도자들은 윤리적 책임이나 사회적 책임 혹은 종교적 책임에 외면하는 형편이었다.

이런 상황에서, 아모스는 정의실현을 위해서 그리고 지도자들의 양심을 깨우치기 위해서 "오직 공법을 물같이, 정의를 하수같이 흘릴 지로다" (암 5:24)라고 외친 것이다. 여기에서 우리는, 건강하지 못한 비윤리적 지도자는 사회적, 종교적, 도덕적 정의와 양심을 수반하지 못하고, 오히려 그것을 외면한다는 것을 알 수 있다.

2. 독재형 지도자 (Authoritarian Leader)

"권위주의적 지도자" 라고도 말할 수 있는 이 유형의 지도자는 절대적인 권위를 내세우며, 그 공동체의 목표 제시, 계획, 정책, 결정, 운영 등을 혼자서 이끈다. 멤버들의 주체를 무시하고, 수동형 혹은 복종형으로 만들뿐만 아니라 공포분위기와 위협적인 요소를 조성한다. 따라서 칭찬, 포상, 비판 등은 때론 공정치 않다. 이런 유형의 지도자는 다음과 같은 표현을 자주 사용한다: "내가 해답을 가지고 있어! 내 말을 듣기만 해!" "내가 말하는 대로 해!" "날 따라 오기만 해!" 한국교회에는 이와 같은 목사들이 놀랍게도 많이 존재한다. 목사 중에는 군주 혹은 황제와 같은 지도자들이 많음은 발견할 수 있다.

이런 지도자 체제에서의 사람들은 창조적이고 책임적인 참여가 불가능하다. 멤버들이 이런 지도자를 존경하지도 신뢰하지도 못하고, 그 결과로 지도자를 진정으로 따르지 못한다는 사실이다. 이런 환경에서의 비극은 공유비전(Shared Vision)을 갖지 못한다는 것이다. 물론 올바른 질문도 감히 묻지 못하는 분위기이다.

3. 원소형의 지도자

삼국지에 등장하는 맹주들의 지도자 상을 분류하면 다음과 같은 네 가지 종류의 유형이 있다. 첫째는 비정하리 만큼 공과 사를 구분한 "조조형", 둘째는 무능하지만 포용력으로 인재를 끌어안은 "유비형", 셋째는 부하를 믿고 때를 기다릴 줄 알았던 "손권형", 그리고 넷째는 우유부단하면서 잔머리에는 능한 "원소형" 이다.

원소형의 지도자는 두 다리 혹은 세 다리를 걸치며, 손을 비비며 자신의 권익을 얻기 위해서는 모든 기회를 포착하는 일종의 기회주의자이다. 야비하고 신뢰할 수 없는 여우같은 지도자이다. 이런 지도자를 만난 사람들은 너무나 불쌍하다. 이런 지도자는 잠시 성공하는 듯 보이지만 결국 폭삭 망하고 만다. 잘난 척하여 허세를 부리며, 때론 거짓말도 서슴치 않고, 경우에 따라서는 말을 바꿀 뿐만 아니라 교만하기 이루 형용하기 힘든 사람들이다. 이들 지도자는 강자에게는 기쁨조 노릇을 하고, 약자에게는 지나치게 허세와 신성불가침성의 절대군주형의 모습을 보이기도 한다. 원소형 지도자들의 특징 중의 하나는 일이 잘 될 때에는 자신이 잘나서라고 자부하지만, 일이 잘되어가지 않을 때에는 다른 사람들에게 책임을 전가하기를 즐긴다.

4. 병균에 감염된 지도자

기독교 윤리학에서는 덕목의 개발에 대해서 관심을 갖는다. 단순한 행위자가 아니고, "옳은 존재"로서 올바른 삶을 살아가는 것이 중요하기 때문이다. 사도 바울도 성품과 덕목에 대하여 여러 번 언급하면서 인격성장을 강조하였다.[2]

덕성(character)은 한 사람의 내면세계를 이루고 있는 윤리적 구조 혹은 윤리적 힘으로서, 무엇이 옳은가에 대한 판단력과 그에 따른 행위를 조장해 주는 원동력이 되는 것이다. 본래 "character"는 희랍어에서 유래된 말로 "동전 위에 새겨진 표시"라는 뜻이다. 덕이란 타고난 것과 삶의 경험, 교육, 훈련 등을 통하여 습득 되여 지는 한 사람의 윤리적 구조이다.

고대 희랍 철학윤리학자들, 예컨대 소크라테스, 플라톤, 아리

---

2) 갈라디아서 5:19-26.

스토텔레스 등은 네 가지의 중요한 덕목, 즉 지혜, 용기, 절제, 정의를 강조했다. 어거스틴은 사도 바울처럼 단 세 가지 덕목 (믿음, 소망, 사랑)을 제안했는데, 기타 다른 여러 가지 덕목들 (예컨대, 정의, 절제, 인내, 용서, 사려 등)은 모두 사랑이란 덕목에 포함된다고 보았다.

신학윤리의 전통에서 일곱 가지 기본적이고 중요한 덕목들(Seven Cardinal Virtues)이 있다. 옳은 길을 선택하기에 필요한 "지혜"(Wisdom), 외부의 위협과 장애물을 극복하기 위한 "용기"(Courage), 자신과의 싸움에 필요하며 내재적인 위협을 이겨내기에 필요한 "절제"(Temperance), 사람들이 올바르게 대우를 받는가를 볼 수 있는 힘인 "정의"(Justice), 하나님의 목적을 신뢰할 수 있는 "믿음"(Faith), 주어진 환경에서 하나님의 역사 하심을 알 수 있는 "희망"(Hope), 믿음과 희망에 근거하여 응답할 수 있는 행위인 "사랑"(Love)이 일곱 가지 중요한 덕목이다. 이 덕목들은 건강한 인격형성을 이루는데 기본적으로 필요한 요소들이다. 이들은 인간의 영적 건강과 거룩한 삶에도 반드시 필요한 것이다.

이와는 반대로, 일곱 가지 치명적인 죄가 있다.[3] 지도자가 이들 일곱 가지 죄의 병균 중에 하나라도 감염이 되어 있으면 지도자로서의 자격을 잃게 된다. 그 만큼 이들 치명적인 죄 속에는 지독한 독소가 함유되어 있다는 말이다. 그 뿐만 아니라 일곱 가지 치명적인 죄들은 세상의 모든 죄들의 근원이 되기 때문이다. 즉, 인간의 모든 죄는 이들 일곱 가지 죄에서 파생된다는 것이다.

---

3) 에바그리우스 (Evagrius of Pontus, 346-399)는 8가지 죄목을 열거하였는데 그들은 대식, 욕망, 탐욕, 슬픔, 분노, 영적인 혼수 상태, 헛된 영화, 그리고 교만 등이다. 이후에 그레고리 대제 (Gregory the Great, 540-604)는 이를 수정하여 질투의 죄목을 첨가하는 한편, 헛된 영화를 교만에 포함시키고, 슬픔과 영적인 혼수 상태를 결부 시켰다. 결국 이들의 죄목들은 Thomas Aquinas가 다소 수정 가감하여 오늘날까지 쓰여온 7 가지 치명적인 죄목으로 발전되어 내려 오게 되었다. 그러나 궁극적인 기원은 잠언 6:16-19이라 생각한다.

일곱 가지 치명적인 죄는 교만(Pride), 질투(Envy), 분노(Anger), 나태(Sloth), 탐욕(Avarice), 대식(Gluttony), 욕망 혹은 색욕(Lust) 등이다.

(1) 교만: 나 자신을 모든 사람들 보다 우월한 위치에 두는 것이 교만한 상태이다. 이와 같이 자기만족에 취하여 사는 사람은 항상 하나님과 이웃과의 거리를 갖게 되는 것이다. 교만은 어깨에 힘을 주거나 콧대를 높이게 한다. 그럼으로 교만한 사람은 다른 사람들을 무시하게 되고, 결국 하나님도 외면하게 된다.

(2) 질투: 이것은 내가 소유하지 못한 것에 대하여 갖고 싶어하는 마음에서 나타난다. 바꿔 말하면, 내가 소유한 것에 대하여 만족하지 않는 상태에서 온다. 예컨대, 나보다 큰 교회를 가진 목사, 나보다 봉급을 많이 받는 사람, 나보다 더 높은 지위에 있는 사람 등에 미워하거나 경멸하는 것이다. 다른 죄목들은 적어도 내 적인 기쁨이나 만족을 가질 수 있지만, 질투하는 사람은 결코 기쁨이나 만족을 가질 수 없다.

(3) 분노: 분노는 자신이 위협을 느낄 때 갖는 죄이다. 분노는 외적으로 표출되는 경우와 내적으로 감지되거나 잠재될 수도 있다. 이것은 또한 앙갚음과 깊게 연계되어 외적으로 표출될 수 있는 것이다. 침착하지 못하고 분노하는 사람은 대화할 때나 격론을 할 때 혹은 다른 모든 경우에 패할 수 있는 가능성이 높다.

(4) 나태: 영어에서 게으름이란 대표적인 단어로 대개 "laziness"와 "sloth"를 사용하는데, sloth가 laziness보다 훨씬 더 심도 높은 뜻을 가지고 있다. 즉, 감각이 무디거나 동기부여가 메마른 상태이다. 이것이 죄가 되는 이유는 나태가 "선"(good)이나 "정의"(justice)에 대해서 응답하기를 좋아하지 않기 때문이다. 은혜나 사랑을 받아도 그에 대한 반응이 없다거나, 불의를 보아도 아무런 반응을 보이지 않는 것은 당연히 치명적인 죄이다.

(5) 탐욕: 이것은 여러 가지 형태로 나타난다. 돈, 지위, 세

력, 명예, 등에 대한 갈망을 예로 들 수 있다. 탐욕은 단순히 소유하기를 원하는 단계를 초월하여, 항상 "더 많은 것" 혹은 "더 높은 것"을 갈망하는 고정된 욕심 때문에 삶의 평범한 기쁨과 행복을 갖지 못하는 불행을 경험하게 된다.

(6) 대식: 이것도 탐욕처럼 지나친 욕망인데, 필요이상의 음식이나 음료수를 취하여 남용하는 것이다. 그런데 대식이란 단순히 음식만을 의미하는 것이 아니고, 어떤 형태이든 도에 지나친 소비성을 포괄한다.

(7) 욕망 혹은 색욕: 욕망은 탐욕과 대식에 밀접한 관계가 있다. 이것도 또한 "더 많은 것"을 추구함을 말한다. 음식이나 음료수처럼 섹스도 하나님께서 인간에게 주신 고귀한 선물이다. 지나치고 끊임없는 색욕에 대한 욕망은 하나님의 고귀한 선물을 평가 절하하는 것이다. 왜냐하면 그것 때문에 사회 속에서 이웃과 하나님에 대한 봉사를 뒷전에 미룰 수 있기 때문이다.

위에 열거한 일곱 가지 치명적인 죄목들은 모두가 순수한 사랑을 뒤틀리게 만드는 원흉들이다. 자신에 대한 지나친 사랑은 교만과 분노와 질투로 연계되고, 결핍된 사랑은 나태와 색욕으로 인도된다. 그리고 잘못된 것을 사랑하는 것은 곧 탐욕과 대식으로 빠지게 된다. 어거스틴은 그의 하나님의 도성(The City of God)에서 두 도성의 시민들을 비교하면서 언급하기를 세상의 도성에 사는 사람들은 자아 사랑을 위하여 하나님을 부정한다고 말했다.[4] 잘못된 사랑은 치명적인 죄를 낳게 한다. 일곱 가지 치명적인 요소를 지닌 지도자는 결코 건강한 지도자가 될 수 없다.

---

4) 참조: 김영일, <u>그리스도교 윤리</u> (서울: 대한기독교서회, 1998), pp. 70-71.

III. 건강한 윤리적 지도자의 종류

지금까지 우리는 비윤리적이고 건강하지 못한 지도자의 요소를 살펴보았다. 반대로, 윤리적이며 건강한 지도자의 요소는 무엇으로 이루어지는가? 건전하고 아름다운 집을 건축하려면 여러 가지 필수적인 자재들이 요구되어 진다. 예컨대, 목재, 철재, 흙, 벽돌, 못, 유리창, 시멘트, 페인트, 등등이 필요하다. 마찬가지로, 건강하고 훌륭한 지도자에게는 여러 가지 필수 요소들이 요구되어 진다. 다음 몇 가지를 제시하면서 건강하고 진실 된 지도자의 유형을 소개한다.

1. 건전한 양심의 지도자

건강한 지도자는 우선 좋은 양심, 맑은 양심, 올바른 양심을 가진 사람이어야 한다. 지도자의 양심이 어둠침침하거나, 혼탁하거나, 뒤틀린 상태라면, 그 지도자는 건전할 수가 없다. 양심이란 한 개인의 행위나 동기의 도덕적인 옳고 그름을 가늠케 하는 마음의 소리이다. "양심"이란 단어는 라틴어의 "conscientia"에서 유래된 용어인데, 이것은 "con"와 "scio"의 합성어로 이루어진 말로써, 그 뜻은 "함께 알기" ("to know together") 또는 "다른 사람과 함께 나누는 지식" ("the knowledge we share with another")이다.[5] 신약에서도 양심과 같은 뜻으로 쓰여지는 용어인 "syneidesis"는 "함께"(syn)라는 말과 "아는 것"(eidenai)이라는 단어가 합쳐서 이루어진 것이다. 인간이면 누구나 통상적으로 갖고 있는 도덕적 선과 악 또는 옳고 그름에 대한 마음의 소

---

5) A. M. Rehwinkel, "Conscience" in <u>Evangelical Dictionary of Theology</u>, Walter A. Elwell, editor (Grand Rapids, Michigan: Baker Book House, 1994), 267-268.

리이다. 인간들이 사회생활을 영위함에서 윤리적 원칙과 행동규범에 상응하는 자의식이라고 말할 수 있다. 올바른 양심은 인간이 태어날 때부터 주어진 자연법이다. 인간에게 자연스런 도덕적 의식이 하나님의 뜻에 일치할 때, 양심의 소리는 올바른 것이고, 그것은 선한 양심에 순응하는 행동결단을 가능케 한다.

크나큰 잘못을 하고도 부끄러워하지 않는 사람, 왜곡된 양심에 눈이 멀어서 불의와 악을 정당화하거나 거기에 대해서 아무런 반응이 없는 사람, 악에 사로 잡혀 사악한 행동을 하면서도 눈 한 번 깜빡하지 않는 사람, 이웃이 헐벗고 아파서 울어도 경청하기를 싫어하는 사람, 거짓 말을 물 삼키듯 하면서도 잘난 척 하며 거리를 활보하는 사람, 자기 자신의 출세와 명예를 위해서는 아부와 아첨 그리고 권모술수 등 온갖 수단방법을 가리지 않으며 처신하는 사람 - 이런 사람들이 지도자가 된다면 그 사회, 단체, 조직, 교회는 어떻게 되겠는가? 사람들이 양심의 소리, 마음의 소리를 외면하면 결국은 영혼이 메말라 죽을 것이다. 하물며, 지도자에게 양심의 기능이 마비된다면 어떻게 살아 남겠는가?

긍정적인 측면에서 볼 때, 양심은 엄청난 역할과 효과를 불러 올 수 있다. 목숨에 여념하지 않고 양심을 지킨 지도자들 때문에 인류역사는 더 한층 눈부신 발전을 해 왔고, 양심은 정의와 이성을 상실한 사회나 사람들을 각성시켜 왔다. 우매한 대중에 의해서 민주주의라는 이름의 악법으로 정죄 당했으나 진리의 양심을 지키기 위하여 독배를 마신 소크라테스(Socrates), "그래도 지구는 돈다"(Eppur si muove!)라고 외치면서 교권주의의 압력과 죽음에도 굽히지 않고 학문적 양심을 고수한 갈릴레오 갈릴레이(Galileo Galilei)와 같은 지도자들은 인간의 삶을 풍요롭게 만들었다. 양심을 지키는 지도자는 현재에는 설령 불이익과 위협이 따르고 외면을 당한다 해도, 언젠가는 승리한다.[6]

그리스도인에게는 자연적 양심에 또 하나의 규범이 첨가되는

데, 그것이 바로 "신앙의 양심"이다. 자연적 양심과 더불어 신앙의 양심을 올바르게 사용하는 지도자는 하나님의 뜻에 합당한 윤리적 결단을 할 수 있다. 양심은 하나님의 선물이며, 이것은 도덕과 정의를 올바르게 운용하는지를 감시하는 후견인이다.

2. 책임적인 지도자

훌륭한 지도자는 자신의 행동을 정직하게 인정하고, 동기와 진행과정 뿐만 아니라 결과에 대해서도 전적인 책임을 지는 사람이다. 그것은 바로 '나'와 '우리'를 더불어 책임질 수 있는 포용력과 용기를 내포하는 것이다. 책임 회피나 책임 전가를 즐기는 지도자는 아무 것도 이룰 수 없다. 반대로, 지도자가 모든 문제를 주도적으로 책임지고, 나아가서 '우리'의 문제를 지도자가 앞장서서 떠맡을 때 그는 건강하고 멋진 지도자가 된다.

"책임"이란 뜻을 가진 영어의 "responsibility"는 응답(response)이라는 말과 능력(ability)이라는 단어의 합성어로 되어 있다. 즉, 책임은 응답할 수 있는 능력을 기대한다는 의미가 있다. 거기에다 더 깊은 의미로써의 책임은 믿음직한 행위를 바라는 "약속"이란 숨은 뜻이 담겨져 있다.[7] 이러한 의미는 독일어의 책임이라는 단어인 "Verantwortung"에서도 잘 반영되어 있는데, 그 의미는 "대답한다"(Antwort)라는 뜻이 강조되어 있다. 책임 있는 지도자는 다른 사람에게 자신의 의도성이나 행위에 대하여 대답할 수 있는 사람이어야 한다. 대답함에는 그 사람의 인격과

---

6) 채수일, <u>역사의 양심 양심의 역사</u> (서울: 다산글방, 1997), pp. 3-66.
7) G. A. Cole, "Responsibility" in <u>New Dictionary of Christian Ethics & Pastoral Theology</u>, David J. Atkinson & David H. Field, eds. (Downer Grove, Illinois, 1995), 734-736.

행위의 연대성이 인정된다.

　책임성이란 한 인간 혹은 지도자가 당연성을 얼마나 착실하게 그리고 양심적으로 감당하는가를 측정할 수 있는 중요한 규범이다. 사실상, 인간은 이성적 존재이기 때문에 생각할 수 있는 능력과 판단할 수 있는 능력을 가졌다. 그러므로 이성적 존재로서의 인간 혹은 지도자는 자신의 행동에 대한 책임이 부과된다. 이러한 책임을 슈바이커(W. Schweiker)는 "행위자적인 책임"이라고 부른다.8) 행위자는 그 자신의 행위에 대하여 그리고 그 일에 대한 책임을 질만한 능력과 마음의 자세가 있어야 된다는 것이다.

　여기에서 도덕적 책임뿐만이 아니라 책임의 연관성과 인과적 책임, 즉 책임의 귀속 문제가 제기된다. 에덴동산 이야기(창 3:1-24)의 요점은 하나님께서 아담이 벗었다는 사실을 어떻게 알게 되었느냐 라는 질문이다. 아담은 인과적 질문에 대하여 적절하게 대답했다. 그러나 아담은 자신이 불순종함으로써 발생된 책임을 다른 사람에게 전가하려고 했다. 그는 자신이 사과를 먹으려는 생각을 한 원인자가 아니라고 변명을 했다. 그는 이브를 비난함으로 희생양을 만들어 책임을 전가하려 한 것이다. 그 결과는 자명한 일이다. 그들은 동산에서 추방됨으로써 벌을 받았고, 하나님으로부터 엄청난 소외를 당했다. 어떤 지도자들은 일이 잘못되어 갈 때 자신의 외부에서 비난할 누구, 혹은 무엇인가를 찾으려는 경향이 있다. 그러나 중요한 것은 "나" 와 "비난할 그 누구" 혹은 "외부"(Out there)와 "내부"(In here) 는 하나의 씨스템(system) 혹은 같은 공동체라는 것이다.

　"스파르타쿠스"(Spartacus)라는 영화의 한 장면은 우리에게

---

8) William Schweiker, <u>Responsibility and Christian Ethics</u> (Cambridge, Great Britain: The University of Cambridge, 1995), pp. 40-45. 슈바이커는 책임의 종류를 "행위자적인 책임"(agential responsibility), "사회적인 책임"(social responsibility), 그리고 "대화적인 책임"(dialogical responsibility)으로 구분한다.

감동적인 교훈을 준다. 기원전 71년에 노예 반란군을 지휘한 스파르타쿠스라는 사람의 이야기이다. 그가 이끈 노예 출신군대는 로마 군대를 두 번씩이나 격퇴하는 쾌거를 이룩했지만, 결국 오랜 포위와 전투 끝에 마르커스 크라서스 장군이 이끄는 로마군에게 정복당하게 된다. 크라서스는 스파르타쿠스 군대의 살아남은 수백의 군병들에게 말한다. "너희들은 지금까지 노예였다. 또한 너희들은 다시 노예가 될 것이다. 그러나 너희들이 만약 너희들의 지도자 스파르타쿠스를 나에게 넘겨주면, 너희들은 로마 군대의 자비로 십자가에 못 박히는 당연한 처벌을 면할 수 있다." 긴 침묵과 망설임이 흘렀고, 노예군대의 긴장 속에서 스파르타쿠스가 드디어 일어나서 "내가 스파르타쿠스다" 라고 말했다. 그러자 그 옆에 앉아 있던 한 남자가 벌떡 일어나서 "내가 스파르타쿠스다" 라고 외쳤고, 또 다음 사람이 "아니다. 내가 바로 그 스파르타쿠스다" 라고 말했다. 순식간에 그 군대의 모든 사람들이 일어났다. 이 이야기는 깊은 신뢰가 무엇이며, 지도자의 책임의 중요성과 책임의 연관성이 어떤 것인가를 잘 말해 주고 있다.

3. 분별력 있는 지도자

기관장 혹은 지도자가 가장 빠지기 쉬운 함정은 소위 말하는 "기쁨조" 또는 "간신" 같은 사람들이다. 이들은 수단과 방법을 가리지 않고 지도자를 현혹시켜서 자신들의 실리를 챙기려고 하기 때문이다. 그렇기 때문에 능숙한 지도자는 냉철한 분별력을 가지고 신중하게 인사와 행정처리를 해야한다. 사람을 올바르게 판별하는 것이 쉬운 일은 아니다. 중국의 공명도 "사람의 성품처럼 알기 힘든 것은 없다" 고 말했다. 사람을 면밀하게 관찰하는 지도자 밑에서 일하는 사람은 조그마한 부정도 저지를 수가 없다.

건강하고 능력 있는 지도자는 옳고 그름과 선악을 판단 할 수 있는 분별력의 기능을 갖추어야 한다. 이런 기능을 갖추지 않은 사람은 지도자의 자격이 없다. 분별력은 중요하지 않은 것과 중요한 것을 구분하며, 통찰력을 가지고 인격이나 행위를 판단하는 능력이기 때문이다. 또한 분별력은 주위의 환경이나 여건들이 부작용 없이 잘 조화가 이루어 질 수 있는지를 인지하는 능력이다. 그러므로 좋은 분별력을 소유한 사람은 더욱 지각력이 있고, 지혜로우며, 판단하는데 더욱 식별 능력을 갖추기 때문에 훌륭한 지도자가 될 수 있다.

(1) 냄비 속 개구리의 우화

실패할 가능성이 있는 지도자, 우매한 지도자에게 다음의 "냄비 속 개구리"의 우화는 좋은 교훈을 줄 수 있다. 끓는 물을 담은 냄비에 개구리를 집어넣으면 개구리는 즉시 뛰쳐나오려고 애를 쓸 것이다. 그러나 만약 실내 온도와 같은 물에 개구리를 담그고 겁을 주지 않는다면 개구리는 그 속에 머물러 있을 것이다. 이제 그 냄비를 난로에 올려놓고, 서서히 온도를 높여 가면 매우 흥미로운 일이 일어난다. 온도가 섭씨 21.1도에서 26.7도로 높아져도 개구리는 아무 것도 하지 않는다. 실제로 개구리는 매우 만족스러운 표정을 짓는다. 온도가 점점 올라감에 따라 개구리는 점점 무기력해지고 결국에는 냄비에서 기어 나올 힘마저 잃어버린다. 그리고 거기에서 그냥 익혀져 죽게 된다.

그 이유는 무엇인가? 그것은 생존을 위협하는 온도의 변화를 감지하는 개구리의 내부기관은 환경의 갑작스런 변화만을 인지할 뿐이지, 점진적으로 일어나는 변화는 전혀 깨닫지 못하기 때문이다. 극적인 것은 물론 미묘한 것에도, 갑작스런 것은 물론 점진적인 것에도, 모든 환경과 모든 인격의 사람을 분별할 수 있는 능력을 갖춘 지도자가 되어야 한다.

(2) 개별적 나무와 숲 전체를 보는 기능

사회학의 거장인 뒤르켕9)(Emile Durkhiem)과 베버(Max Weber)의 학문적 스타일은 크게 다르다. 뒤르켕은 산 속의 나무들을 하나 하나 자세하게 살피는 식의 연구 스타일인가 하면, 베버는 나무들 전체를 통합적으로, 즉 하나의 숲으로 보는 것이다. 유능한 지도자는 하나 하나의 나무를 구체적으로 그리고 자세하게 볼 수 있어야 하며, 동시에 숲 전체를 관찰할 수 있는 능력을 갖추어야 한다.10) 한 교회의 목회자가 장로와 권사 한 두 사람만 골라서 바라보고 목회를 한다면 실패 할 수밖에 없다. 교인 전체와 교회 프로그램전체를 통합적으로 통찰할 수 있어야 한다.

(3) "Yes" 와 "No"

우리 인간들이 쉽게 범할 수 있는 실수 중에 하나는 "예"와 "아니오"를 분명하게 말하지 못하거나, 그것을 잘 분별하여 사용하지 못하는 경우이다. 어떤 사람들은 오늘은 "예" 하고 내일은 "아니오" 하는 우유부단함을 보인다. 또한 어떤 사람들은 "예" 라고 분명히 말해야 할 때에 "아니오" 하고, 꼭 "아니오" 라고 해야 할 때에 "예"를 해 버리는 경우가 있다. 랍비 요쉬(Josh)는 인간이 갖는 문제의 절반은 예(yes)를 너무 빨리 하고, 아니오(no)를 너무 늦게 하기 때문에 온다고 말했다.

지도자가 "이런들 어떠하리 저런들 어떠하리, 만수산 드렁칙이 얽혀진들 어떠하리....." 식으로 자신의 이익과 편의를 위해서는 이래도 좋고 저래도 좋은, 즉 예와 아니오를 자유자재로 사용

---

9) 뒤르켕은 사회학의 아버지라고 불리는데, 유대인으로써 프랑스에서 태어나 살았기 때문에 "뒤르켕"이라고 표기한다. 그러나 영어권에서는 "더카임"이라고 발음한다.

10) Peter M. Senge, The Fifth Discipline: The Art & Practice of The Learning Organization (New York: Currency Doubleday, 1994), pp. 127-128.

한다면 문제가 있는 것이다. 정의나 건전한 목적을 위해서는 불굴의 "아니오"를 말할 수 있는 지도자가 건강한 지도자이다.

세례 요한은 비록 자신의 목이 잘리어 헤로디아의 쟁반에 얹혀지는 한이 있어도 불의와 비도덕적인 처사에 분명히 no를 하였다. 마르틴 루터(Martin Luther)는 종교적인 부조리와 불의에 "No! no! no!"를 힘차게 외친 믿음의 군병이었다. 소크라테스는 자신의 신념과 진리 수호를 위하여 죽음의 독배를 마셨다. 예수는 시험과 유혹을 당하실 때 "사람은 떡으로만 살 수 없다"고 하시며, 물질의 유혹을 물리치셨을 뿐만 아니라, 그에게 펼쳐진 명예와 권세 등의 유혹을 단호하게 물리치셨다. 그것은 예수께서 진리를 최우선으로 설정했고, 자기의 삶의 우선 순위를 분명히 세워서 불의와 부정과 타협하지 않았기 때문이다.11) 인격적이고 이상적인 지도자는 yes와 no를 적시 적소에 분명하게 사용해야하고, 그것을 삶의 지침으로 생활화해야 한다.

4. 공유 비전의 지도자

지혜로운 지도자는 비전(vision)을 갖는다. 잠언 29:18에 "묵시가 없는 백성은 망한다" 12)(Where there is no vision, the people perish...)라고 했다. 비전을 갖지 못하는 지도자는 희망이 없다. 리더는 미래를 계획하고 준비하는 설계자가가 되어야 한다는 말이다. 지도자는 현재를 보는 능력을 가질 뿐만 아니라 "미래의 현재"도 볼 수 있는 능력을 갖추어야 한다.

개인적으로 각각의 개인이 그들의 가슴속이나 머리 속에 가지고 있는 그림이나 이미지와는 달리, 공유 비전이란 한 공동체의 모든 사람들이 함께 갖는 미래의 그림이나 이미지이다. 이것은 사

---

11) 마태복음 4:1-11.
12) 필자가 영어 성경(King James Version)에서 번역한 것이다.

람들의 가슴속에 어떤 연결고리의 힘과 감동을 주며, 응집력과 공동체 의식을 창조해 준다. 모든 사람들이 진실로 비전을 공유할 때, 공동의 열망을 통하여 서로 결합할 수 있고 결속할 수 있게 되는 것이다. 다시 말해서, 공유된 정체성과 미래의 방향성을 찾아서 운영해야 한다. 그렇게 될 때 "그들의 회사" "그의 교회"가 아니라 "우리의 회사" "우리의 교회"가 된다. 공유 비전은 전통적인 하향식 비전과는 크게 다르다. 하향식 비전 전달은 맹종을 강요하기 때문에 저하된 사기의 문제와 전략적 방향감각의 상실 그리고 공동체 결속의 미약함을 초래한다.

이상적인 최고경영자는 그가 이끄는 공동체의 멤버들에게 공유 비전을 갖도록 지도하고 유도해야 하는데, 공유비전의 지도자가 되기 위해서는 다음 몇 가지를 고려해야 한다.

(1)현실을 더욱 명쾌하게 보아야 한다.

어떤 일에 성공했으면 왜 성공하게 되었는지, 실패했으면 실패한 원인과 수단 방법의 잘못이 무엇인지 등을 분석하고 현실과 미래에 대처해야 한다. 몇 사람들이 "우리는 지금 잘 가고 있다" 든지, "우리는 지금 모든 것이 잘 되고 있다" 라고 할 때, 실상 솔직하게 그리고 자세하게 알고 보면 그렇지 않을 수도 있다. 바람직한 방향으로 운영하기 위해서는 지금 어디에 그리고 어떻게 있는지를 분명하게 아는 것이 중요하다.

(2)자아 성찰

현실을 더욱 명쾌하게 본다는 것은 자아성찰을 의미하기도 한다. 예수께서 한 동안 열심히 목회를 하신 후에는 즉시 명상과 기도, 금식의 시간이 있었다. 그는 자기 리더십의 기술을 회상하면서 자아성찰의 기회를 가짐으로써, 정기적으로 자신의 소명을 명확하게 하고, 하나님의 뜻에 어긋나지 않도록 노력하였으며, 오류나 유혹에 빠지지 않도록 한 것이다.

자아성찰을 잘하는 지도자는 자신의 마음관리를 할 수 있어서 깨끗한 마음과 맑은 뜻을 가지게 된다. 지도자인 자신이 아집과 독선에 빠지지 않는지; 교만하지는 않는지; 끝까지 좌절하지 않고 시련을 이겨내는 인내심은 충분한지; 일신일가의 영달과 부귀만을 추구하며, 받기만 하고 남에게 나누어주는 것을 모르는 이기주의자는 아닌지; 비굴하게 행동하지는 않는지; 포용력과 관용을 갖지 못하고, 받는 만큼 주는 합리주의자인지; 부정과 불의에 굴하지 않는 정직은 소유하고 있는지; 큰마음으로 사람들을 평등하게 감싸안는 포용력과 덕을 가지고 있는지 등을 점검하고 부족한 점들은 보완하고, 불필요한 점들은 버려야 한다.

(3) 비젼을 세워야 한다.

비전이란 보이지 않는 미래의 것을 앞당겨서 현재에 보고 상상하며 인지하는 힘을 말한다. 즉, 비전이란 미래에 대한 희망을 갖는 것이다. 진정한 비전에는 몇 가지 요소가 갖추어져야 한다. 첫째는 미래를 예측하는 예언적인 요소이다. 비전의 예언적 요소는 멀리 미래에 있을 것을 지금 여기에서 볼 수 있는 것이다. 즉, 10년 혹은 20년 미래의 것을 미리 현재에서 보면서 계획하고 준비하는 것이다. 히브리서 기자가 11:1에 "믿음은 바라는 것들의 실상이요, 보지 못하는 것들의 증거니..." 라고 말한 것이 바로 이런 비전을 말한다고 생각한다. 미래에 대한 지도자의 그림이 흐릿하다면, 그가 어떻게 다른 사람들과 그 조직체를 미래로 인도할 수 있겠는가?

둘째 요소는 비전이 현실적이어야 하며 동시에 희망을 가져야 한다는 것이다. 비전에는 실제적 현실(what is)과 이루어져야 하는 이상적 희망(what should be - ideal)이라는 두 부분이 있다. 즉, 성공적인 비전이란 현실의 실제를 이상적인 희망 혹은 목표로 끌어 올려야 한다는 말이다.

　　셋째 요소는 방향성이다. 진정한 비전이라면 목적을 향해서 전진해야 한다. 비전에는 방향성이 있어야 된다는 말은 비전이 살아있고 활동성이 있어야 된다는 것이다. 비전은 세 가지의 연속적 연결 진행과정이 있는데, 그들은 input과 transformation, 그리고 output으로 되어있다. 예컨대, 한 합창단이 돌아오는 성탄절에 헨델의 메시야를 공연하려는 계획을 가지고 있다면, 이 계획이 곧 vision이며 input이다. 그리고 그것을 위하여 매일 연습하는 자체가 transformation이며, 성탄 전야의 공연 자체가 목적이며 output이다. 지도자는 비전의 진행과정을 살피고 조정해야 한다.

　　비전은 비길 바 없이 진기(unique)해야 하며, 높이 솟아 고상(lofty)해야 한다는 것이 넷째 요소이다. 아브라함 마슬로(Abraham Maslow)는 인간의 욕구들은 가장 기본적인 욕구인 "생존본능"을 충족시키는 것으로부터 시작해서 단계적으로 곧 피라미드 형태로 구성되어 있다고 주장한다.13) 그 단계들은 생존본능, 안전에 대한 욕구, 소속감(사랑), 명예(지식), 자아실현, 하나님과 조화를 이루는 단계인 통합이다. 그는 말하기를 역사상 여섯 번째 단계까지 도달한 분은 예수뿐이라고 한다.

　　아무리 목사가 "사랑"에 대하여 설교한다 해도 교인이 생존본능의 문제인 음식이나 잠자리의 문제에 시달리고 있다면 사랑에 대한 이야기가 그들과 상관이 없게 된다. 그러므로 이상적인 지도자는 사람들의 필요한 점을 이해하여 사람들을 높은 단계로 끌어올리는 것이 중요하다. 비전을 가진 지도자는 멤버들과 더불어 높은 가치관을 가짐으로 높은 차원에 머물도록 끌어올리고 인도해야 한다.

---

13) Abraham Maslow, "A Theory of Human Motivation," in <u>Motivation and Personality</u> (New York: Harper & Row, 1954), pp. 35-47.

(4)비전과 현실을 동시에 보아야 한다.

이것은 비전과 현실을 함께 묶는 작업이다. 현실을 무시하고 비전에만 매달리면 허공에 떠다니며 방황하거나 허무해 질 수가 있다. 또한, 많은 경우 비전이 뿌리를 내려 뻗지 못하고 미성숙 된 채로 죽어 버릴 수가 있다. 이런 경우는 비전이 현실인 토양과 너무 동떨어져서 상호연결이 없기 때문이다. 비전은 사람들이 그 비전을 실현하기가 힘들다고 인식하여 낙담하기 시작할 때 말라 버릴 수 있다. 비전의 본질과 목표에 관한 명확성과 그에 대한 열정, 그리고 그 조직체의 멤버들의 몰입 등이 강하면 강할수록 비전과 현실 사이의 차이에 대한 인식 또한 증가한다.

반대로, 비전을 무시하고 현실에만 집착하면 숲 속에서 헤매며 제자리걸음만을 거듭하여 앞을 내다보지 못하는 오류에 빠질 수가 있다. 그러므로 현실과 비전은 항상 연결되어 있으면서 목적과 미래를 향해서 전진해야 한다.

(5)비전을 모두가 공유할 수 있도록 해야 한다.

지도자는 세운 비전을 회원 모두가 "내 것"으로 만들어 공유할 수 있도록 유도하며, 공유된 비전 성취를 위하여 정신 모델을 향상시킬 수 있는 능력을 갖도록 조직을 구축할 책임을 지고 있다. 위대한 지도자는 사람들 모두가 "우리 스스로가 그것을 했다"라고 할 수 있도록 인도하는 지도자이다.

비전이 어디로부터 나왔는지는 사실 매우 중요하지 않다. 중요한 것은 그것이 공유되어져 가는 과정이다. 그 비전이 전 조직체의 멤버들의 개인적 비전과 연관이 없다면 진정한 공유 비전이라 할 수 없다. 성공적인 지도자의 업무는 근본적으로 그 조직체가 말하고 성취하고자 하는 것을 위해서 일하고, 그리고 그것이 명료하게 달성되는 것을 확실케 하는 것이다.

미국 프로농구(NBA) 역사상 13년 동안 열 한 번이나 세계 챔피언을 차지한 팀은 보스턴의 셀틱스이다. 그들이 그러한 기록을 세운 것은 물론 선수들이 선천적으로 타고난 재주와 지극히 숙달된 전문가들이기 때문이었다. 그러나 그 보다 더 중요한 원인은 "팀 멤버 관계성" 이었다. 그것은 "나" 라고 하는 개인의 존재보다는 "우리" 라고 하는 특별한 차원의 "합일" (alignment)이다. 합일이 이루어지지 않는 조직체는 에너지의 낭비를 가져온다. 개인들은 아주 열심히 일을 할지 모르지만, 그들의 노력이 효율적으로 조직체에게 좋은 결과를 자아내지는 못한다. 반대로 조직체의 모든 사람들이 합일되면 목적을 향한 방향이 같아지게 되고, 각 개인들의 에너지는 조화를 이루어 크나큰 효과를 가져온다.14)

현직에서 은퇴했던 농구 황제 마이클 조던이 2001-2002씨즌 워싱턴 위저즈팀의 선수로 현역에 다시 복귀했다. 씨즌 초반 조던은 게임당 최고 44득점을 기록하면서 그의 전성기만큼의 기량을 보였다. 그러나 그런 조던의 점수에도 불구하고 위저즈팀은 8연패의 수렁에 빠지는 수모를 겪었다. 조던의 개인 기량은 특출했지만, 위저즈의 다른 선수들은 그에게 의존하면서 조던 앞에 더욱 주눅이 들어 그들의 기량을 제대로 발휘하지 못했던 것이다. 그러던 중에 그 팀에 변화가 일어났다. "농구는 개인이 하는 것이 아니라 5명이 함께 팀웍을 이루어 하는 것" 이라는 사실을 절감한 조던은 자신보다 나이 어리고 기량도 부족한 다른 선수들에게 슛 기회를 만들어 주기 시작했다. 그리고 "우리도 이길 수 있다는 신념(비전)을 갖도록 도와주었다. 즉, 조던은 자신의 마음을 비우고 위저즈를 " 우리의 팀 "으로 이끌었던 것이다. 그리고 그는 만년 패배감에 빠져있는 동료들에게 자신감을 주면서 팀의 합일을 불러 일으켜서 씨즌 9연승, 12 연승 등의 기록을 만들었다. 이런 예는

---

14) Senge, <u>The Fifth Discipline</u>, pp. 233-238.

진정한 리더십이 무엇이며, 공유 비전이 어떤 결과를 가져오는가를 말해준다.

5. 자신을 비우는 섬김의 지도자

성공적인 지도자가 갖추어야 할 많은 자질 중에 용기와 결단력, 뚜렷한 비전과 목표, 진실과 열정 등의 요소는 물론이지만, 대등하게 중요한 것은 봉사와 대인관계이다. 봉사는 사람과 사람 사이에서 사랑이란 매체로서 이루어진다. 사랑이 결여된 봉사란 알맹이 없는 껍질에 불과한 것이다. 한 사람 한 사람에게 사려 깊은 봉사야말로 그 지도자를 존경받게 하는 길이다. 그것은 진정한 봉사에는 사심이 없기 때문이다. 예수는 "네 이웃을 네 몸과 같이 사랑하라" 고 강조하신다.[15] 그러므로 훌륭한 지도자가 되기 위해서는 자신을 비우고 남을 섬기는 봉사정신이 필수이다.

많은 지도자들은 자신이 다른 사람들 보다 우월하고, 그들 위에 존재한다고 교만한 태도를 풍긴다. 위에서 언급한 것처럼, 교만은 다른 사람들에게 등을 돌리게 하는 원인이 되고, 결국 하나님도 외면하게 되는 죄의 원인이 되는 것이다. 또한 많은 지도자들은 권력은 획득하는 것이라고 생각하면서 권력을 남용하는 경우가 많다. 권력은 지도자의 핵심이 아니고 감추어 져야 할 요소이다. 지도자의 핵심이 되는 것은 진정한 봉사이다. 지도자가 자신에게 부여된 권력을 사용해야할 정당한 목적은 봉사에 있다. 바꾸어 말하면, 지도자가 된 유일한 목적은 봉사하기 위한 것이다. 권력을 봉사함에만 사용하는 지도자만이 건강하고 위대한 지도자가 될 수 있다.

---

15) 마가복음 12:31.

6. 단일 규범의 지도자

지도자 중에는 올바르고 통합된 단일 규범의 지도자가 있는가 하면, 이중 혹은 삼중 규범의 지도자가 있다. 표심을 얻기 위하여 혹은 국회에서 업적을 얻기 위해서 이중규범을 갖는 정치인들이나, 회사의 권익만을 위해서 또는 빠른 성공을 위해서 저열한 규범을 받아들이는 지도자들이 간혹 우리 사회에 존재한다.

어떤 지도자들은 사적인 생활에서는 도덕성의 문제가 있다 해도 공적인 일터에서는 인정받는 경우가 있다. 반대로 어떤 지도자들은 공적인 업무에서는 탁월한 평판을 받지 못하지만 사적인 생활에서는 꽤 좋은 삶으로 평가를 받는 경우도 있다. 그러나 진정으로 훌륭한 지도자라면 공적인 면과 사적인 삶의 면이 통일적으로 인정을 받아야 한다. 언행의 일치가 되지 않는 지도자, 나뭇잎 만 무성하고 열매를 맺지 못하는 지도자, 좌우가 맞지 않는 지도자는 결국 신뢰성을 잃게 된다.

이런 면에서 인도의 간디는 훌륭한 지도자이었다. 즉, 간디는 사생활에서나 공적인 생활에서나 항상 이중적이 아닌 단일한 행동규범을 준수한 사람이다. 그는 삶 전체에 적용할 만한 절대가치를 세우고, 그 절대가치를 하나의 지침으로 삼았고, 자기 성찰을 통해서 항상 거듭나려고 노력했으며, 권력과 특권을 남용하지 않으며, 모든 것을 투명하게 하여 서로가 신뢰할 수 있도록 하였다. 그렇기 때문에 그는 존경을 받는 지도자가 되었다.

위대한 지도자 간디에게 있어서의 절대가치는 진실과 비폭력이었다.[16] 사실 간디는 말과 행동 속에 진실이 담겨져 있어야

---

16) 케샤반 나이르, 김진옥 옮김, 섬김과 나눔의 경영자 간디 (서울: 씨앗을 뿌리는 사람, 2000), pp. 27-35. Keshavan Nair, A

된다는 사실을 내면화했고, 그 내면화된 절대가치를 삶 속에서 표면화한 것이다. 물론 예수에게는 용서와 희생이 포함된 사랑 자체가 절대가치이었다. 이러한 사랑이라는 절대가치 때문에 예수는 제자들의 발을 씻어 주었을 뿐만 아니라 십자가의 희생도 감수하셨다. 이것은 구원을 위한 목표이었고, 동시에 구원을 달성하기 위한 수단이었다. 십자가의 사건은 예수의 희생을 통해서 이루어 졌지만, 그의 인류를 위한 사랑을 배제하고는 실현 불가능한 일이었다.

그러므로 건강하고 훌륭한 지도자가 되려면 다음 두 가지를 명심해야 한다. 즉 (1) 절대적인 규범과 가치관에 충실해야 한다. (2) 목표와 수단은 하나이어야 한다. 아무리 목표와 결과가 선하고 훌륭하다고 해도 수단이나 수행방법이 나쁘면 지도자가 추진하는 것은 잘못된 것이 될 수 있다.

규범과 가치관은 인간의 행동과 태도를 안내하여 주는 지침이다. 구체적으로, 가치관이란 무엇이 옳음과 그름이며, 무엇이 선과 악이며 혹은 좋고 좋지 않음인지에 대하여 말해 주는 사람들의 공통적인 생각이다. 사람들은 그들의 목적을 정하고 결단하며 행동을 판단하는 지침으로서 이러한 가치관을 사용한다.[17] 이렇게 사람이나 행동 혹은 사건 등의 선함과 가치를 측정하고 평가하는 것을 가치 판단이라고 한다. 윤리적 결단이나 행위에서 어떤 수단과 방법을 취하는 일은 그 도덕적 행위자가 어떤 가치관을 가지고 있느냐에 의해서 좌우된다. 즉, 지도자가 어떤 가치관을 갖고 회사를 운영하건 그 공동체를 이끌어 가느냐에 따라서 그 회사나 공동체의 방향과 성패가 좌우 될 수 있다.[18]

Higher Standard of Leadership (SIAT Publishing Co., 1997).
17) Thomas J. Sullivan & Kenrick S Thompson, Introduction to Social Problems, 2nd ed. (New York: Macmillan Publishing Company), 1991), p. 6.
18) 김영일, 그리스도교 윤리 (서울: 대한 기독교서회, 1998), pp. 23-24.

가치를 이론적으로 정의한다면 두 가지의 접근 방법이 있다. 하나는 주관적인 접근방법으로서 가치가 우리들의 믿음이나 사랑과 행복과 같이 가치의 원인이나 근거가 내재적으로 담겨져 있는 것을 말한다. 그래서 이것을 내재적 가치(intrinsic value)라고 부른다. 이것은 목적 자체로서 매겨지는 가치, 즉 "목적으로서 좋은 것" 이다. 예컨대, 밀(John Stuart Mill)은 말하기를 인간들이 진정으로 추구하는 것은 행복에 대한 수단이나 방법이 아니라, 행복 그 자체이기 때문에 행복이 본래적인 가치를 내포한다는 것이다.[19]

다른 하나는 객관적인 접근방법으로 이것을 외재적 가치(extrinsic value)라고 일컫는다. 외재적 가치는 그 가치가 밖으로부터 부과되거나, 그것이 수단적으로 혹은 도구적으로 결정되는 것이다. 이러한 가치는 "수단으로서 좋은 것" 이다.[20] 건강하고 훌륭한 지도자는 목표와 수단의 일치를 이루는 행동을 해야 한다.

IV. 지도자의 역할

한 사회나 조직체의 효율성이나 성취도는 무엇보다도 그 사회나 조직체를 이끌어 가는 지도자의 역할과 능력에 의해 크게 좌우된다. 모세의 탁월한 리더십이 유태인의 애굽 탈출을 성공하도록 만들었고, 미국의 링컨 대통령의 리더십이 남북전쟁에서 북군의 승리를 가져오게 된 결정적인 요소가 되었다.

그렇다면 지도자의 역할은 무엇인가? 즉, 지도자는 무엇을

---

[19] John Stuart Mill, Utilitarianism: With Critical Essays, edited by Samuel Gorovitz (Indianapolis: Bobbs-Merrill, 1971).
[20] William K. Frankena, Ethics (Englewood Cliffs, New Jersey: Prentice-Hall, Inc., 1973), 황경식 옮김, 윤리학 (서울: 종로서적, 1992), pp. 141-146.

하는 사람인가? 몇 가지의 예를 들어본다면, 지도자는 생각하며 비전을 그리는 사람, 관계를 적절하게 맺고 봉사하는 사람, 일을 조직하고 원활하게 추진하며 수행하는 사람, 역경을 견디어 내며 책임을 지는 사람 등으로 묘사할 수 있다. 우선 여기에서 성서에 나타난 지도자의 역할을 살펴보기로 한다.

1. 성서에 나타난 리더십의 역할

신·구약 성서에 나타난 지도자는 무수히 많다. 왕이나 예언자 이외에도 사사, 족장과 가장, 감독, 장로, 바리새인, 서기관 로마의 지도자, 선교사 등 이루 헤아릴 수 없을 정도이다. 그러나 신·구약 성서에 나타난 지도자의 역할은 대개 여섯 가지로 구분할 수 있다. 그 여섯 종류의 지도자는 왕(King), 예언자(Prophet), 제사장(Priest), 사도(Disciple), 현자(Wiseman), 그리고 섬기는 자(Servant)이다.

(1) 왕

왕으로서의 지도자는 주로 구약에 등장한다. 구약에서의 왕은 하나님으로부터 직접 인정을 받은 지위이다. 그러므로 그들의 심판은 공정함으로 인식되어 졌다. 물론 그들이 최후의 권위자는 아니었고 하나님이 최고의 권위자로 인정되었다. 즉, 왕은 절대자인 하나님으로 부여받은 것인데, 그 부여받은 권위는 현명하게 사용되어져야 하는 것이다. 그러므로, 왕은 하나님으로부터 부여받은 권위를 현명하게 사용해야 하는 특별한 관리인인 것이다. 예컨대, 유다 왕 여호야김처럼 하나님께 충성스럽지 못하면 하나님은 그 왕을 벌하시는 경우가 많았다.[21] 그들은 하나님의 대리인으로서

---

21) 예레미야 22:1-19; 열왕기 하 24:1-2.

하나님을 두려워했다.

왕의 역할이 크게 잘못된 경우는 왕이 백성을 위하는 것보다는 자신의 목적을 위해서 권력을 행사할 때와 자기자신이 원하는 것을 하나님께서 원하는 것으로 자신과 백성을 속일 때이다. 왕의 기능이 미비할 때에는 예언자가 왕을 질책하기도 했다.[22]

(2) 예언자

구약 성경에서 많은 부분을 차지하고 있는 지도자들이 예언자이다. 그들의 기능은 백성들을 위하여 그 시대의 사람들에게 필요한 하나님의 말씀을 선포하는 것이다. 그들은 주로 미래의 일을 미리 내다보며, 거기에 걸 맞는 준비에 대해서 혹은 경고를 말해준다. 망원경의 기능처럼 멀리의 것을 끌어 당겨서 앞서 보는 기능, 즉 미래를 예측하는 것이 예언자의 역할이다. 다시 말하면, 예언자는 "fortelling"과 "forthtelling"의 기능을 함께 소유하는 지도자이다. Foretelling이란 미래의 일에 대한 것을 미리 말하는 기능이고, forthtelling이란 앞에 있는 것을 미리 가서 보는 것을 말한다.

예언자들은 때로 상징적인 행동으로 예언을 선포한다. 예를 들어, 이사야는 벗은 몸과 벗은 발로 걸었으며[23], 에스겔은 성벽을 뚫는 행위를 보였다.[24] 예언자들은 타협하지 않고, 때로는 경고나 훈계를 하고, 때로는 방향제시를 해 준다. 그들은 과거의 역사성과 현재의 상황성 그리고 미래에 대한 예견성을 함께 다룬다.

사회학적으로, 예언자적 지도자는 크게 두 종류로 분류되는데, 그 하나는 "모범적 예언자" (Exemplary prophet)로서 그들은 삶을 통하여 모범이 되면서 지도자의 기능을 하는 지도자이다. 예

---

22) 사무엘 상 12장; 열왕기 상 21장.
23) 이사야 20:1-6.
24) 에스겔 12:1-16.

로는 성 프랜시스 (St. Francis)나 요한 웨슬리 그리고 테레사 수녀 같은 분들이다. 또 다른 하나는 "밀사적 예언자" (Emissary prophet)인데, 그들은 자신이 신으로부터 보냄을 받았다고 선언하며 행동하는 지도자이다. 구약의 대부분의 예언자들이 여기에 속한다. 맥스 베버 (Max Weber)는 이런 지도자들이 카리스마, 즉 힘과 권위를 가졌다고 말한다.

(3) 제사장

제사장은 제사 행위를 통하여 하나님과 백성의 화해, 즉 창조주와 피조물의 관계를 가깝게 하는 기능을 가질 뿐만 아니라 종교적인 율법이나 규율을 지시하고 해설하는 역할을 한다. 물론 그들에게 가장 중요한 책임은 예배의식의 집행이며, 부수적으로 종교적 행사를 주관하는 종교 지도자들이다. 제사장에게의 위험성은 예배의식이 잘못 사용되어 지거나 형식적이고 의미 없는 의식이 되는 경우이다.

신약성서, 특히 히브리서에서의 제사장이란 이미지는 그리스도에게 초점이 맞춰진다. 여기에서, 제사장으로서의 그리스도는 하나님과 인간 사이의 "중개자" 의 기능으로 나타난다.[25] 여기에서 그리스도의 기능은 중개자로만 그치는 것이 아니라, 자신이 제물이 되는 "희생자" 로서도 되어 있다.[26] 그러므로, 제사장의 참 의미는 중개자로서의 "관계성"이며, 솔선 수범하는 희생자이라고 본다.

(4) 현자

주로 구약시대에 활동한 현자는 지식과 상식에 능통한 사람들이다. 그들은 주로 가르치는 일을 했고, 사람들의 처신이나 삶의

---
25) 히브리서 5:10; 5:1; 8:3.
26) 요한 계시록 13:8.

길을 안내해 주는 역할을 한다.27) 즉, 인간으로서 또한 하나님의 자녀로서 어떻게 살아 갈 것인가를 인도해 주고, 상호교제에 대하여 지도를 하는 일을 한다. 지혜자에게 있어서의 위험성은 다른 사람들의 견해를 듣지 않으려는 독자성과 교만과 우월성에서 나오는 독재성이다. 그러므로 실제 세상과 결별할 위험성이 있다. 모든 지도자로서의 목회자는 현자의 기능이 필요한데, 특히 계속 배우고 연구하고, 자기성찰과 성장에 관심을 가져야 한다.

(5) 사도

"사도" 혹은 "제자" 라는 개념은 구약시대에도 존재하였지만28), 주로 예수와 신약시대이후에 사용 되여 진 것으로써, 예수의 가르침에 의지하고 그의 가르침을 쫓는 사람들을 지칭하는 말이다. 사도직의 수행에는 사실상 비용, 즉 희생이 따르며, 사도직의 잠재적인 직무는 이론과 실천의 간격을 연결해 주는 역할을 하는 것이다.29)

사도 된 자는 자신이 "그 길" 즉 주님의 길을 걸어 갈 뿐만 아니라 다른 사람들을 그 길로 인도해야 한다. 사도는 도덕적 행위에서도 모범을 보여야 한다. 비도덕적인 행위로 인하여 아나니아와 삽비라 부부는 벌을 받게 된다.30) 사도 바울은 고린도 교회의 교인들에게 여러 가지 훈계를 내린다.31)

(6) 섬기는 자

하나님과 사람들을 봉사하는 일은 섬기는 자의 몫이다. 봉사

---

27) 이사야 29:13ff.; 열왕기 상 4:29-34; 욥기 28:12-28; 잠언 1:20-2:22; 4:1-27; 8:1-9:18. 잠언과 전도서는 특별히 지혜를 많이 다루고 있다.
28) 이사야 8:16-18.
29) 마태복음 5:1-7:27.
30) 사도행전 5:1-11.
31) 고린도 전서 4:21; 5:1-12; 고린도 후서 2:10-11.

자는 신분이 낮다거나 노예가 아니고, 자발적으로 그리고 희생적으로 봉사하기로 나선 사람이다. 그들은 사람들이 진정으로 필요한 것이 무엇인지에 대하여 채워주려는 의도를 가진 것이다. 그들은 봉사함으로써 어떤 보상이나 지위를 획득하려는 의도를 갖지 않는다. 오히려 섬기는 자는 다른 사람들을 진심으로 섬기고 사랑함으로써 새로운 기쁨과 힘을 얻는다. 남에게 봉사함으로 땀을 흘리고 수고를 하지만, 그런 행위를 통해서 오히려 확고한 신뢰성의 에너지를 얻을 수 있을 뿐만 아니라 보상을 받는다.

예수는 세속적인 지도자와 섬기는 자의 모델을 비교하면서, 진정으로 섬기는 자의 자세가 되지 못하는 태도에 대해서 다음과 같이 언급하셨다 (마태복음 20:20-28; 마가복음 10:35-44; 누가복음 22:24-35): "...너희 중에 누구든지 크고자 하는 자는 너희를 섬기는 자가 되고, 너희 중에 누구든지 으뜸이 되고자 하는 자는 너희 종이 되어야 하리라." 지도자에게 있어서의 위대함이란 사람들을 통솔하고 권위를 내세워서 휘두르는 우두머리 형태의 "으뜸"이 아니라 자신을 비우는 "봉사함"이다. 예수께서 제안하는 지도자는 봉사하기 위한 지도자, 희생하기 위한 지도자이다.

위에서 우리는 성서에 나타난 지도자의 역할을 고찰했다. 성서에 나타난 지도자에 비추어 볼 때, 지도자는 왕처럼 권위를 부여받음에 감사하며 그 권위를 남용하지 않고 지혜롭게 사용하되, 맡은 영역을 잘 방어하고 유지하여야 하며, 또한 올바른 결단을 내리고 문제해결에 충실하여야 하며; 예언자처럼 공평에 입각하여 도전하고 참 길을 제시하고 예견하며; 제사장처럼 중개역할을 함으로서 사랑하고 포용하는 일을 충실히 해야 하며; 현자처럼 가르치는 일에 충실하며; 사도처럼 희생적으로 모범을 보이며; 봉사자처럼 으뜸이 되기보다는 오히려 봉사로서 자신을 비우는 사람이어야 한다.

그런데, 중요한 것은 건강하고 훌륭한 지도자는 왕의 기능만을 갖거나 예언자적인 기능만을 소유하거나, 제사장의 역할에만 치중해야 된다거나, 혹은 다른 한가지 기능역할을 갖추는 것이 아니라, 모든 기능역할을 두루 갖추어야 된다는 사실이다. 즉, 왕의 기능, 예언자적인 요소, 제사장적인 역할, 현자기능, 사도와 같은 요소, 봉사자로서의 역할기능 등이 서로 연결되고 통합을 이룰 때에 더욱 효과적이고 훌륭한 지도자의 자질이 된다고 본다. 지도자로서의 예수는 바로 이런 지도자의 모델을 보여 주셨다. 요약하면, 다섯 가지의 다른 색깔의 지도자적인 요소가 한 지도자의 속성 속에 연결되고 구체화되어 져서 각각의 역할기능이 실현되는 것을 말한다. 다섯 가지의 요소가 한 지도자 속에서 녹아버려서 또 하나의 새로운 속성이 되는 것은 아니다.

2. 지도자의 자질과 역할

건강한 윤리적 지도자의 자질은 무엇일까? 그들의 기능과 역할의 요소는 무엇으로 구상되어 있는가? 건강한 윤리적 지도자가 갖추어야 할 요소가 담긴 단어들을 열거해 본다: 사랑, 희생, 봉사, 배려, 돌봄, 목적, 동기부여, 확신, 비젼, 정의, 양심, 지혜, 사명, 공정, 격려, 책임, 관리, 솔선수범, 겸손, 열정, 신의, 인내, 용서, 의지, 관용, 믿음, 전략, 결단력, 분별력, 정직성, 커뮤니케이션, 헌신, 반영, 성취력, 동원력, 추진력, 임무수행, 조직력, 카리스마, 용기, 포용, 통찰력, 경청력, 적극성, 자기비움, 자기단련, 문제해결, 평가, 동기, 가르침, 참여, 확신, 관계성, 가치관, 영향력, 자기개발, 절제, 온유, 섬김, 윤리적, 인도, 예견성, 형평성, 긍정적인 태도, 자비. 좋은 지도자, 성공적인 지도자는 위에 열거한 단어들의 개념이 함축된 성격과 역량을 갖추어야 한다. 훌륭한 지도자의 자질은 여러 가지 덕목의 균형이 잡힌 사람이어야 한다. 주자(朱子)는 그의 "근사록(近思錄)"에서 건강한 지도자가 갖추어야 할 필수적인

아홉 가지 덕목을 다음과 같이 열거하면서 '중용의 윤리' 혹은 '균형의 윤리'를 추구하였다.32)

㉮지도자는 너그러우면서도 어느 정도의 엄격성을 지녀야 한다.
㉯지도자는 부드러운 성격이면서도 소신을 굽히지 말아야 한다.
㉰지도자는 꾸밈없이 소탈하면서도 거칠게 행동하지 말아야 한다.
㉱지도자는 무엇이든 할 수 있는 능력을 갖고 있으되, 자기의 분수를 알아야 한다.
㉲지도자는 순후(順厚)한 성격이면서도 줏대가 있어야 한다.
㉳지도자는 정직, 솔직하면서도 남의 결점을 들춰내지 말아야 한다.
㉴지도자는 대범하면서도 염치를 지킬 줄 알아야 한다.
㉵지도자는 무슨 일에든 적극적으로 대처하되, 만용을 부리지 말아야 한다.
㉶지도자는 신념을 가지고 행동하되, 정도를 잃지 말아야 한다.

그렇다면, 여기에서 지도자란 어떤 사람이어야 한다는 정의를 유추할 수 있다. 우선, 지도자에게 중요한 요소가 세 가지가 있다. 첫째는 지도자와 추종자와의 상호관계이고, 둘째는 조직의 목표와 지도자의 목적 성취이며, 셋째는 지도자가 조직체와 추종자들에게 끼치는 영향력이다. 그러므로, 지도자는 한 조직체나 공동체를 이끌어 가는 사람으로서 건강한 정신과 태도뿐만 아니라 올바른 가치관을 가지고, 함께 공유하고 있는 목적달성을 향하여 나아갈 수 있도록 모든 역량을 발휘하는 사람이다.

이와 같은 지도자의 정의를 토대로, 그리고 지금까지 위에서 논의되었던 자료들을 종합하여, 건강하고 윤리적인 지도자는 어떤 기능과 역할을 가져야 할 것인가를 요약하여 살펴보기로 한다. 다

---

32) 재 인용, 박치정, 지도자와 리더십 (서울: 삼경문화사, 2000), pp. 196-197.

시 말해서, 성공적이고 건강한 윤리적 지도자는 다음과 같은 몇 가지의 역할기능을 소유한 사람이어야 한다.

(1) 지도자는 옳고 그름과 선악을 잘 분별해야 한다.

건강한 지도자의 자격은 무엇보다도 맑고 곧바른 양심을 가진 자이어야 하고, 정의를 사랑하는 사람이어야 한다. 즉, 지도자는 옳고 그름이 무엇인지 그리고 선악이 무엇인지 분명하게 분별하고 실천하는 사람이어야 한다. 그것은 옳음과 선을 지키는 것이 도덕의 근본이기 때문이다.

지도자는 조직체를 위하여 올바르고 긍정적인 가치관을 가져야 한다. 가치관은 한 개인이나 사회나 조직체의 나침반과 같은 역할을 하는 것으로서, 그 공동체의 옳고 그름과 선악을 가늠해 주며, 방향설정과 길 안내를 해 준다.

(2) 지도자는 목표와 비전을 가져야 한다.

비전은 곧 믿음이고 목표이다. 지금 보이지 않는 것을 볼 수 있는 것이 비전의 기능이다. 비전은 또한 낙관이고 희망이다. 낙관론자는 모든 어려움이나 위기를 기회로 본다. 지도자 자신이 뚜렷한 방향 설정과 목표를 가져야 하는 것은 물론이고, 자기의 비전에 몰두되어야 하며, 모든 사람들이 뜻을 함께 하며, 그 비전을 공유할 수 있는 공유 비전을 갖도록 유도해야 한다. 지도자가 갖는 비전을 공유하기 위해서는 계획하고 수립하는 단계로부터 공동체의 모두가 함께 의견을 교환하고, 충분한 토의와 검토를 통해서 이루어 져야 한다.

비전은 미래에 실현하고자 하는 실현 가능성의 청사진이다. 공유비전 또는 공동목표는 공동체를 하나로 묶어 주는 힘이 된다. 그것은 그 조직체를 원활하게 움직이도록 도와주는 원동력이다.

(3) 지도자는 헌신적이며 섬김의 사람이 되어야 한다.

훌륭한 지도자는 사람들을 섬기며, 최선을 다하여 섬김으로 권위를 얻는다. 남을 섬긴다는 말은 자신의 개인적인 욕망 보다 남을 우선으로 삼고, 그들을 위주로 헌신함을 의미한다. 지도자가 자신의 이익을 위하여 혹은 자아 중심적으로 처신을 한다면, 그 지도자는 비윤리적이며, 지도자의 자격을 잃게 된다. 예레미야는 바룩에게 간단하지만 매우 중요한 충고를 해준다. "네가 너를 위하여 대사를 경영하느냐. 그것을 경영하지 말라." 33) 지도자가 어떤 일이든 이기주의적인 동기를 갖는 것은 옳은 일이 아니다.

위대한 지도자는 자신이 자신을 위해 봉사하는 것이 아니라, 자신을 비우고, 모든 정력과 비용(cost)을 다른 사람들에게 헌신적으로 봉사하는 사람이다. 이것이 바로 예수께서 가르치신 "종"(servant)의 개념이다. 위에서 언급했듯이, 예수는 지도자가 되기 위해서는 "모든 사람의 종이 되어야" 한다고 지도자의 상을 혁명적으로 언급하신다.34) 바울도 "...오직 사랑으로 서로 종 노릇 하라" 35)고 권고한다.

(4) 지도자는 대인관계를 중시하여야 한다.

대인관계는 우리 인간의 혈관과도 같은 것이다. 신체의 혈관이 순조롭지 못하면, 혈액 순환이 잘 되지 않아서 생명이 위험해 질 수가 있다. 지도자는 모든 사람에게 친절을 베풀고 동정적이어야 한다. 지도자는 남의 허물을 용서할 줄 알아야 하며, 공동체의 평화를 조성하며, 반대자라도 수용할 수 있는 관용의 사람이어야 한다. 지도자가 조직원들을 진심으로 칭찬하는 것은 중요하다. 또한 사람들이 어떻게 느끼고 생각하는 지를 이해하는 하는 것도 중

---

33) 예레미야 45:5a.
34) 마가복음 10:44.
35) 갈라디아서 5:13b.

요하다. 그러므로, 건강하고 훌륭한 지도자가 된다는 것은 다른 사람들에 대한 감정이입(empathy)이 잘 활성화되어야 한다.

(5) 지도자는 책임성 있는 사람이어야 한다.

인간으로서의 근본적인 책임을 다하는 것, 즉 사람들을 자신처럼 생각하고 대우하는 것은 훌륭한 지도자에게 필수적인 조건이다. 권위나 권리에 치중하지 않고, 책임을 원동력으로 하는 지도자는 봉사를 중시하고, 자신과 다른 사고방식을 인정하고, 타협하며, 진보를 지향할 수 있다.

자신의 책무에 최선을 다하는 지도자, 목적을 성취하기 위해서 열심히 일하는 지도자, 다른 사람들을 자신처럼 귀중히 여기고 그들을 돌보고 보사하는 지도자, 끝까지 최선을 다해서 결실을 맺게 하는 지도자 -- 이런 지도자가 책임성 있는 건강한 지도자이다. 영화 "하이 눈"에 나오는 주인공 윌 케인은 하들리빌 마을을 폭력과 위험과 불안에서 구하려고 혼자서 동분서주하며 죽도록 힘을 쓴다. 여기에서 분명한 것은 케인이 자신의 책임 이상을 감당했다는 것이다.[36]

또한, 지도자는 말을 조심해야 하며, 자신이 말한 것에 책임을 져야 한다.

'말을 함'과 '말한 것에 대한 책임'이 중요한 이유는 어떤 지도자이든지 말은 그들의 행동의 매개체 역할을 하기 때문이다. 속이 빈말에는 행동이 따르지 않는다. 말과 행위가 연결되지 않고, 그 둘이 일치가 되지 않는다면, 그 지도자는 책임성 없는 위선자가 될 수 있고, 지도자의 권위와 신뢰성이 상실될 수 있기 때문이다.

---

36) 김영일, <u>영화 속의 인생과 윤리</u> (서울: 대한기독교서회, 2004), pp. 217-230.

(6) 지도자는 자제(self-control)와 자기관리를 잘해야 한다.

세계를 정복한다 할지라도 자신을 정복하지 못하면, 자신은 망할 수밖에 없다. 자신을 통제할 수 없는 사람은 교만과 아집, 분노와 분쟁, 정욕과 사리사욕 등의 함정에 빠질 수 있다. 노자(老子)는 다음과 같이 자아 통제의 대안을 제시한다 : 싸움을 잘하는 사람은 성내지 않고, 적과 싸워서 이길 수 있는 사람은 다투지 않으며, 남을 잘 부릴 줄 아는 사람은 자신을 낮춘다. 이를 일러 다투지 않는 덕이라 하고, 이를 일러 사람을 부리는 힘이라 하고...[37]
때로, 지도자는 상황에 맞게 이해심을 가지고 인간관계를 조화시켜야 한다.
상대방의 입장에서, 입장을 바꾸어 생각하고 이해하고 용납하는 자세를 동양에서는 "역지사지(易地思之)"라고 한다. 이것을 임마누엘 칸트는 "전환의 표준"(criterion of reversibility)이라고 지칭하는데, 이것은 "입장을 바꾸어 보라"는 윤리원칙이라고 말할 수 있다.

(7) 지도자는 위기나 문제에 직면할 때에 침착하게 해결점을 찾아야 한다.

인간의 삶 속에는 항상 문제나 위기가 공존한다. 특히 지도자에게는 많은 문제들이 따른다. 문제는 어쩔 수 없이 발생하기 때문에, 지도자는 문제에 직면할 때 침착하게 해결점을 찾아야 한다. 즉, 문제를 받아들이고, 그 문제와 상황을 개선하도록 노력해야 한다. 여러 문제가 함께 몰려 올 경우에는 하나씩 풀어 가야 한다. 문제가 대두되었을 때, 그 문제를 무시하고 지나친다거나 그것이 사라져 버리기를 기대하는 태도는 바람직하지 않다.

---

37) 노자, 도덕경, 제 68장, 김상대, 도덕경 강의 (서울: 국학자료원, 1996), p. 216.

(8) 지도자는 사람을 잘 써야 한다.

인간이 잘 사용할 수 있는 자원은 물, 나무, 휘발유, 불, 공기, 돈 등 종류가 수없이 많다. 그 중에서 가장 중요한 자원은 인적자원이라고 볼 수 있다. 한 조직체의 성패는 지도자와 그 지도자를 돕는 주위 사람들에 좌우된다. 성공하는 지도자는 유능한 참모들을 효과적으로 이용해야 한다. 또한 다른 사람들의 건설적이고 우수한 사고나 제안을 수용할 줄 알아야한다.

지도자는 주변에 있는 사람들을 신중히 판단하여 인재를 등용하는 것이 중요하다. 그런데 다음과 같은 사람들은 고려해야 할 대상이라고 생각한다. 즉, 변덕이 심한 사람, 자신의 명예나 이익만 추구하는 사람, 남의 단점에 대하여 비방하는 사람, 맡은 직책에 게을리 하는 사람, 속이 음흉하여서 사람들을 홀리게 만드는 사람, 간악한 수를 쓰는 사람, 거짓말을 잘하는데 구변이 좋아서 마치 진실인 것처럼 말하는 사람 등이다. 지도자는 좋은 참모들을 잘 선택하여야 한다.

(9) 지도자는 적극적인 추진력이 있어야 한다.

건강한 지도자는 적극적인 사고자임과 동시에 적극적인 행위자이어야 한다. 토마스 에디슨(Thomas Edison)은 64년간 매년 한 개 이상의 특허를 출원하여 모두 1093개를 창안하여 발명왕이 되었다. 이러한 결과는 그가 긍정적인 태도를 가지고 열심히 일을 했기 때문이다. 유능한 지도자가 될 수 있는 자질 중에 하나는 긍정적인 태도를 갖고 적극적인 추진력을 소유하는 것이다. 그리고 지도자의 원칙은 흔들림이 없어야 한다. 또한 지도자는 낙관적이고 긍정적이어야 한다. 낙관적인 태도는 보이지 않는 미래의 일도 겁내지 않고 오히려 힘을 유발한다.

(10) 지도자는 동기부여자가 되어야 한다.

모든 사람들은 동기가 긍정적이고 호감을 줄 때 과정에 몰두하게 마련이다. 지도자가 좋은 동기를 부여하면서 사람들이 자발적으로 그리고 기쁨으로 참여할 수 있도록 유도하는 동기부여자가 되어야 한다. 동기부여란 마치 전기나 휘발유와 같은 것으로서 기계를 움직이게 하는 것처럼, 동기부여는 사람들에게 힘의 자원이 되는 것이다. 또한 동기부여는 조직체의 방향을 제시해 주고, 조직체를 하나로 묶어 주는 기능까지 할 수 있다. 즉, 동기부여는 능동적이고 자발적인 행동화를 촉진시키는 역할을 한다. 사람들로 하여금 일에 만족도와 성취도를 높여 줄 수 있다.

V. 지도자로서의 목회자 윤리

일반적으로 대부분의 사람들은 생각하기를 목회자는 기름부음을 받은 하나님의 종이므로 거룩하고 윤리적으로 완전하다는 것이다. 그런데 그것이 사실인가? 목회자들은 과연 완전무결한가? 목회자는 '거룩하고 특별한 하나님의 사자' 라는 대우를 받는 만큼 거룩하고 윤리적으로 완전한가? 세상이 날이 갈수록 더욱 험난해지고 악해져 감과 동시에, 사실상 목회자들 중에서는 세속화되고 비윤리적인 사람들이 종종, 알게 모르게, 존재하고 있는 것이 사실이다.

목회자는 교인들을 이끌고 지도하는 확실한 지도자이다. 교회가 작든 크든 간에 그것은 하나의 조직체이고, 행정과 프로그램과 예배가 있게 마련이다. 그런 교회를 이끌고 나가는 목회자는 지도자로서의 자질과 목회자로서의 자질이 함께 겸비해야 하는 것은 당연하다. 물론 목회자의 궁극적인 목적은, 마치 뤼챠드 니버의 표현처럼, 사람들에게 하나님 사랑과 이웃사랑을 증가시킴으로써 믿음을 촉진시키고, 하나님과 사람들의 좋은 관계를 유도하고, 이

세상에서의 좋은 삶을 통하여 하나님 나라의 도래에 준비하는 삶을 살게 하는 것이다.38)

죠 트룰(Joe Trull)과 제임스 카터(James Carter)는 목회자의 윤리를 말할 때 세 가지를 제시한다. 그들이 제안하는 세 가지는 첫째로 인격의 윤리로서 "좋은 존재"(Being Good)이고, 둘째는 행위의 윤리로서의 "좋은 행함"(Doing Good)이며, 셋째는 통합의 윤리로서의 "좋은 삶"(Living Good)이다. 이제, 이 세 가지를 바탕으로 지도자로서의 목회자는 신학 윤리적인 차원에서 어떤 지도자인가를 제안하려 한다.

1. 좋은 존재로서의 지도자적 목회자
(The Ethics of Character)

좋은 존재란 한 사람의 존재 자체나 그 사람의 인격적인 근본 틀 혹은 짜임새가 좋아야 한다는 말이다. 인격이 좋은 지도자로서의 목회자는 흙탕물이 아닌 맑은 물과 같아야 하며, 구김살이 없이 순진하고 깨끗해야 한다. 우리가 어떤 존재인가는 결국 우리가 어떤 행동을 할 것인가를 말해 주고, 그리고 결국 어떤 삶의 결과를 가져 올 것인가를 말해주기 때문에 중요하다. 우리 나라 말에도 "콩 심은 곳에 콩 나고, 팥 심은 곳에 팥 난다"는 말이 있다. 그러므로, 기본적인 질문은 "내가 과연 어떤 존재이냐?" 이다. 좋은 존재의 사람은 좋은 덕목으로 구성되어 있어야 한다.

앞에서 언급한 것처럼, 바울은 세 가지의 덕목 즉 믿음, 소망, 사랑을 제시했고, 소크라테스나 플라톤과 같은 고대 희랍철학 윤리학자들은 네 가지의 덕목을 열거했는데, 그들은 지혜, 정의,

---

38) H. Richard Niebuhr, The Purpose of the Church and Its Ministry (New York: Harper & Brothers, 1956), pp. 30-40.

용기, 절제이다. 스메데스(Lewis Smedes)는 "꽤 좋은 사람"이 갖추어야 할 덕목으로서 감사, 결단력, 자제력, 분별력, 그리고 공정한 사랑을 덕목으로 내세웠다.39)

(1) 인격적인 지도자로서의 목회자

인격적으로 좋은 사람은 좋은 지도자가 될 수 있다. 물론 악덕한 사람도 지도자가 될 수는 있다. 그러나 악덕한 지도자는 오래 지속되지 못하고, 훗날에 반드시 비판의 대상이 된다. 인격적인 지도자로서의 목회자는 어떤 품격의 사람이어야 하는가? 다음 몇 가지를 고려한다.

① **겸손:** 겸손은 목회자에게 필수적인 요소이다. 예수는 그의 제자들에게 임의로 주관하고 권세를 부리는 이방인 집권자들처럼 하지 말고 겸손하여 섬기는 자가 되라고 당부한다.40) 세례 요한도 자기를 낮추는 일을 게을리 하지 않았다. 그는 "그는 흥하여야 하겠고, 나는 쇠하여야 하리라"고 천명하였다.41)

한국의 목회자들은 흔히 왕과 같은 권위주의와 군주주의적인 권위의식과 태도를 갖고 목회를 한다. 교인들의 절대순종을 강요하여 하향적인 지도자 상을 지향한다. 참여적이고 봉사적인 지도자 상이 오늘날 우리 교회와 사회에 꼭 필요하고 바람직한 지도자로서의 목회자이다.

바울의 겸손은 그가 나이가 들어가면서 성장하였다. 그의 초기 사역에서 "나는 사도 중에서 지극히 작은 자라. 내가 하나님의 교회를 핍박하였으므로 사도라 칭함을 받기에 감당치 못할 자로라"42)라고 겸손의 표현을 했는데, 그 후에 그는 "모든 성도

---

39) Lewis B. Smedes, A Pretty Good Person (San Francisco: Harper & Row, 1990), p. 3.
40) 마태복음 20:25-27.
41) 요한복음 3:30.
42) 고린도 전서 15:9.

중에 지극히 작은 자보다 더 작은 나..." 43) 그리고 "...죄인 중에 내가 괴수니라" 44)라고 하여 겸손의 극치를 보여 주었다.

② **인내심**: 덕목 중에서 인내는 영적인 지도자가 소유해야 할 하나님이 내려 주시는 천부적인 자질이다. 신약성서에서는 인내가 하나님의 속성으로 나타난다. 예컨대, 로마서 2:4에는 "하나님의 길이 참으심"으로 표현했고, 로마서 9:22에는 인간들이 진노의 대상이지만 "하나님이 ... 그 진노의 그릇을 오래 참으심으로 관용"하심을 알리고 있다.45) 바울은 또한 예수께서 자신에게 "오래 참으심"을 보여 주셨다고 고백하고 있다.46) 그러므로, 인내하는 사람은 하나님의 속성을 받은 사람, 즉 하나님 품성을 닮은 사람이다. 따라서 영적인 지도자는 인내심을 소유하는 것이 당연하다.

인내는 인간 내면의 강한 힘으로써, 비견과 희망을 갖는 지도자라면 인내는 필수 동반요소이다. 인내가 결핍된 희망은 낙관적 허상이란 결과를 맛볼 수 있고, 환상주의에 빠질 위험이 있다. 또한 인내는 좋은 결과와 승리를 위한 확실한 방법이다. 기도 자체도 인내가 필수 조건이다. 바라는 것이 실상으로 나타나기 위한 기도에는 인내가 따라야 한다.

(2) 모범적 지도자로서의 목회자

예수의 삶은 그 자체가 그리스도인의 삶뿐만 아니라 지도자로서의 목회자에게 훌륭한 모델이 되어 왔다. 예수 외에도 요셉, 모세, 다윗, 여호수아, 느헤미야, 바울, 베드로 등 수많은 지도자들이 훌륭한 목회자들의 모델이 될 수 있다. 우리는 여기에서 예수

---

43) 에베소서 3:8.
44) 디모데 전서 1:15b.
45) 베드로 전서 3:20.
46) 디모데 전서 1:16.

와 느헤미야를 모델로서 살펴보기로 한다.

① 예수의 리더십:

예수께서 보여준 리더십의 특징을 요약하면 조직과 팀워크, 동기부여, 개개인의 인격 존중, 겸손한 섬김, 결단을 촉구, 자기희생 등으로 표현할 수 있다. 좀더 구체적으로 말하자면, 첫째로 예수의 리더십은 바른길을 제시하고 그 길로 안내하는 지도자이었다. 그는 불의와 부조리에 도전하고, 도덕적인 결단을 촉구하며 영적인 각성을 강조하였다.

둘째로, 예수는 섬김의 리더십 모델을 보여 주었다. 그는 자신의 이익은 추호도 추구하지 않았고, 오히려 이웃을 사랑하고 섬길 뿐만 아니라 원수까지도 사랑하며, 결국 모든 사람을 위하여 십자가의 희생까지도 감수하는 모범을 보였다. 이러한 그의 지도자 상은 "인자가 온 것은 섬김을 받으려 함이 아니라 도리어 섬기려 하고 자기 목숨을 많은 사람의 대속물로 주려 함이니라" [47] 라는 말씀 속에서 확실하게 찾아볼 수 있다. 그는 남을 섬기기 위해서 자신을 완전히 낮추고 비웠다.[48] 예수의 섬김은 겸손한 섬김이었다.[49]

셋째로, 예수는 돌봄의 리더십 모델을 보여 주었다. 그것은 그가 각 개인 한 사람 한 사람에게 베푼 자비와 긍휼이었다. 죄인이나 창녀나 병든 자 등 누구든지 돌봄의 대상이었다. 어떤 이들에게는 사랑의 채찍으로, 어떤 이들에게는 치유의 은사로, 어떤 이들에게는 훈계로 돌봄을 베풀었다.[50] 예수의 돌봄은 사랑이 내포된 것이었고, 그것은 또한 정열적이었다.

② 느헤미야의 리더십:

---

47) 마태복음 20:28.
48) 마가복음 10:31; 9:35; 마태복음 20:26-27; 23:12.
49) 누가복음 22:27; 마태복음 20:28; 마가복음 10:45.
50) 누가복음 14:13, 21; 19:1-10; 요한복음 4:3-38; 6:2-13; 8:1-11; 마태복음 8:1-17.

느헤미야 성경에서 가장 영감을 주는 지도자 주의 한 사람이다. 그의 지도자 상은 기도의 리더십이었고, 위험에 집중적으로 대처하는 용기의 리더십이었고, 관계 지향적인 지도력도 갖추었으며, 변혁을 위하여 동기부여와 비전을 제공하는 리더십의 특성을 보여 주는 것이었다. 그러면 느헤미야 지도력의 요소 몇 가지를 조명하기로 한다.[51]

첫째, 느헤미야는 기도의 리더십을 보여 준다. 그는 일상의 삶 속에서 그리고 그런 삶을 통하여 하나님의 뜻을 찾고, 그 뜻을 이루려고 기도를 통하여 몸부림치는 역동적인 기도의 사람이었다. 바벨론으로 끌려가서 강제이민생활을 하던 느헤미야는 예루살렘성전이 파괴되고 남은 백성들이 어려움을 당하고 있다는 소식을 듣고 기도하기를 시작했다. 그 기도는 이스라엘 백성을 위한 속죄의 기도이었고, 하나님께서 응답해 주실 것을 믿는 믿음의 기도였다.[52]

둘째, 느헤미야는 용기와 노력의 지도자이었다. 예루살렘의 성을 재건하기까지에는 외부의 반대와 질투와 난관과 슬픔이 있었지만, 그는 위험에 도전하며 견고한 확신으로 예루살렘 성벽 재건을 이룩하였다.

셋째, 느헤미야는 사람들에게 굳건한 믿음을 심어 주고 확실한 동기부여를 제공해 주는 지도자이었다. 믿음은 믿음을 자라게 하고, 낙관주의적인 태도는 믿음을 희미한 안개 속으로 몰아넣는다. 느헤미야는 이런 사실을 알고, 사람들에게 확고한 믿음을 심어 주고 그것이 성장하도록 하였다.[53] 사람들을 설득하여 사명감을 고취시키는 일에 노력하여, 결국 모든 사람들이 자발적으로 참여

---

51) J. Oswald Sanders, Spiritual Leadership (Chicago: Moody Press, 1994), pp. 163-166.
52) 느헤미아 1:4, 6; 4:4; 6:14 등.
53) 느헤미야 2:18, 20; 8:10.

하도록 하였다. 실로 느헤미야는 미래를 볼 줄 아는 비전의 지도자이었다.

2. 좋은 행위를 하는 지도자적 목회자
(The Ethics of Conduct)

"좋은 존재"가 윤리적 덕목을 중심으로 이루어진다면, ""좋은 행위"는 가치관을 중심으로 형성된다. 여기에서의 가치관이란 사회 안에서 실현되어지는 도덕적인 선(goods)을 의미한다. 성서의 저자들은 자주 "선"이란 개념을 사용하는데, 그것을 도덕적 가치나 영적인 가치와 일치시킨다. 예컨대, 미가는
"사람아 주께서 선한 것이 무엇임을 네게 보이셨나니 여호와께서 네게 구하시는 것이 오직 공의를 행하며, 인자를 사랑하며 겸손히 네 하나님과 함께 행하는 것이 아니냐." 54)   "가능한 모든 면에서 선을 행하기"를 강조한 웨슬리 목사는 실지로 그의 87평생을 살아가는 동안에 모든 면에서 선을 행하는 실천자이었다. 실수를 최소화하고 항상 선한 행위로 목회를 일관하는 목회자는 훌륭한 지도자로서의 목회자가 될 수 있다.
흔히 한국의 선배 목회자들은 후배들에게 돈과 명예와 성이라는 세 가지 유혹을 물리치는 것이 성공의 비결이라고 충고해 왔다. 돈과 명예와 성의 유혹은 동서고금을 통해서 목사들의 주위를 항상 맴돌고 있다. 이와 같은 유혹에 대비하여 훠스터(Richard Foster)는 영성을 하나의 방편으로 제안하면서, 사회적이고 물질위주를 버리고 수도원적인 훈련이 필요하다고 주장했다.55) 좋은 행

---

54) 미가 6:8.
55) Richard Foster, <u>Money, Sex & Power: The Challenge of the Disciplined Life</u> (San Francisco: Harper & Row, 1985), pp. 10-15.

위자로서의 지도자적 목회자는 무엇으로 이루어지는가? 다음 세 가지를 생각한다.

(1) 검소한 삶을 사는 지도자로서의 목회자

C라는 목사는 많은 교인들로부터 "사장님" 이란 별명으로 불리운다. 그 이유는 그 목사가 교회의 재정을 너무 사적으로 유용하고 사치스러운 삶을 살기 때문이다. 그 교회에서 재정부장을 역임한 사람들은 거의 모두가 시험 들어서 교회를 떠나는 실정이다. 평균 교인들보다 목회자가 훨씬 더 호화스럽게 살고, 교회의 돈을 함부로 남용한다면, 그 목회자는 좋은 지도자의 자격을 상실한 것이다.
교회를 이용해서 사재를 부풀린다거나 해외여행을 즐기는 일이나, 최고급 자동차를 몰고 다닌다거나, 자녀의 유학경비 등을 함부로 쓰는 사람들은 바울의 경고에 귀를 기울여야 할 것이다.
"우리가 세상에 아무 것도 가지고 온 것이 없으매 또한 아무 것도 가지고 가지 못하리니, 우리가 먹을 것과 입을 것이 있은즉 족한 줄로 알 것이니라. 부하려 하는 자들은 시험과 올무와 여러가지 어리석고 해로운 정욕에 떨어지나니 곧 사람으로 침륜과 멸망에 빠지게 하는 것이라. 돈을 사랑함이 일만 악의 뿌리가 되나니 이것을 사모하는 자들이 미혹을 받아 믿음에서 떠나 많은 근심으로써 자기를 찔렀도다." 56)

사실상 바울은 자신의 청빈한 삶과 어떤 환경이든 자족함에 대하여 고백하고 있다: "내가 궁핍하므로 말하는 것이 아니라 어떠한 형편에든지 내가 자족하기를 배웠노니 내가 비천에 처할 줄도 알고 풍부에 처할 줄도 알아 모든 일에 배부르며 배고픔과 풍부와 궁핍에도 일체의 비결을 배웠노라." 57)

---

56) 디모데 전서 6:7-10.
57) 빌립보서 4:11-12.

현대의 목회자들은 초대교회의 임박한 종말론적 긴박성을 가지고 살아가지 않고, 파송 받는 목회자들이 목회여정에서 지팡이나 돈주머니나 아무 것도 가지지 말라는 명령에 따라 살지 않는다.58) 지도자로서의 목회자가 검소하게 살아야 할 이유는 검소한 삶이 성서적이며, 예수가 그런 삶의 모델을 보여 주셨고, 우리의 선구자들, 예컨대 성 베네딕트, 성 프란시스, 요한 웨슬리 등이 본을 보여 주었기 때문이다. 정도에 지나친 소비주의나 이웃에 있는 가난한 사람들을 돌보지 않는 태도는 성서에서는 정죄의 대상이다. 부자와 나사로의 비유에서 예수는 그런 진리를 암시한다. 나사로와 같이 부자 집의 문턱에서 굶주리고 고통을 당해도, 즉 돌봄의 기회가 문턱에 있음에도 그것을 외면한다면, 그는 당연히 벌을 받게 된다는 것이다.

룻기 2장을 보면, 가난한 룻은 시어머니와 함께 먹고살기 위하여 시가의 친척인 보아스의 밭에 가서 이삭줍는 일을 하게 된다. 상황을 알게 된 보아스는 일꾼들에게 명하여 "조금씩 남겨 두라"고 한다. 왜 일부러 남겨 두라고 했을까? 여기에서 우리는 하나의 윤리적 원칙을 발견한다. 그 윤리적 원칙은 "필요한 사람을 도와주어라!" (Help the needy!)라는 것이다. 필요한 사람들을 도와주는 삶의 태도를 갖는 것이 지도자로서의 목회자의 자세이다.

건강한 지도자로서의 목회자는 돈을 사랑해서는 안 된다. 사실상 성경은 돈이 본질적으로 악하다거나 돈을 많이 가지는 것이 죄악이라고 가르치지는 않는다. 성경말씀의 핵심은 인간이 돈을 잘못 사용하는 것과 돈을 사랑하는 그 자체에 있다. 그러므로, 지도자로서의 목회자는 돈의 쇠사슬에 매여 사는 것이 아니라 돈으로부터 자유 해야 한다.

---

58) 누가복음 9:3.

(2) 봉사와 섬김의 지도자로서의 목회자

봉사와 섬김은 지도자로서의 목회자에게 기본적이고 필수적인 요소이다. 위에서 언급한 것처럼, 예수께서 세상에 오신 것은 섬기기 위해서라고 못을 박았다. "섬김"이란 단어는 성경에서 무려 1,400여 번이나 기록되어 있다. 지도자는 먼저 봉사하고자 하는 자연스러운 감정과 순수한 동기가 있어야 한다. 즉, 봉사는 남을 섬기는 자세로 임해야 하고, 봉사자는 자신의 입장이 아니라 다른 사람들의 입장을 수용해야 한다.59)

인도에서 가난한 사람들을 위하여 항상 즐겁게 봉사하고 나누며 살아간 알버트 슈바이처나 마더 테레사는 진정한 봉사와 섬김의 지도자이었다. 이들은 하나님의 사랑을 삶 속에서 실천한 것이다. 현대의 우리나라 목회자 다수가 외적인 체면이나 권위주의에 사로잡혀서 큰 평수의 집, 큰 자동차, 큰 성전 건축을 추구하고 있다. 진정한 봉사와 섬김은 자신의 이기적인 것을 포기해야 가능하다.

목회의 중요한 과제는 성령의 도움으로 "가난한 자에게 복음을 전하고… 포로 된 자를 자유하게, 눈먼 자에게 다시 보게 하고, 눌린 자를 자유케" 60) 하기 위함이다. 즉, 목회의 중요한 명제는 동네 구석구석에 있는 눌린 자와 가난한 사람과 희망을 잃은 사람 그리고 슬퍼하는 자에게 다가가서 위로하고 보살펴 주는 것이다. 애정의 손길로 냉수 한 컵이나 빵 한 조각이라도 베풀어주는 것이 진정한 봉사이며 섬김이다. 목회의 신비는 종 된 예수를 따르는 것이다.

(3) 신실한 지도자로서의 목회자

---

59) 조성종, 목회자 리더십론 (서울: 성광문화사, 1998), pp. 173-179.
60) 이것은 필자가 누가복음 4:18을 의역한 내용이다.

B목사는 교인들이 목사에게 상담한 내용을 다른 사람에게 어떤 모양으로이든 전달하든지 아니면 설교 시간에 언급을 한다. 그래서 교인들이 담임 목사에게 상담하기를 꺼려한다. 이것은 목사에게 있어서 신뢰성의 문제이다. 상담자로서의 목회자에게 있어서 비밀보장은 매우 중요하며, 기독교 전통에서 고해성사와 같은 비밀보장은 교회사의 초기에서부터 기원한다. 지도자로서의 목회자는 사람들로부터 인정을 받음으로 말미암아 권위를 자연스럽게 부여받아야 한다. 추종자가 없는 지도자는 있을 수 없는 법이다. 지도자의 자격을 상실한 지도자는 더 이상 지도자가 될 수 없다. 여러 가지 중에서 특별히 정직성의 윤리와 설교의 윤리를 짚어본다.

① 정직성의 윤리:

레위기 19:2, "...너희는 거룩하라 나 여호와 너희 하나님이 거룩함이니라" 는 성결 규례의 핵심이다. 우리가 거룩하고 신실해야 함은 우리의 창조주 하나님께서 거룩하시고, 의로우시고, 정의로우신 분이기 때문이며, 하나님과 같이 우리도 그런 성결성을 소유하라는 명령이 있기 때문이다. 본래 "거룩함" 은 하나님께 속한 것으로써[61], 거룩함이란 의미는 보통적인 것과 분리되어 선별된 것을 말한다. 하나님이 거룩하시니 그의 백성이 거룩하기를 바라시고, 하나님의 거룩성은 또한 교회의 속성이 되기를 원하신다.[62] 하나님의 자녀는 거룩한 속성을 가질 뿐만 아니라 삶에 실천으로서의 거룩한 삶과 거룩한 행실이 요구되어 진다.

즉, 거룩한 삶이나 신실한 삶은 하나님의 목적이고, 그러한 삶은 인간에 대한 하나님의 도덕적 요구이시다.

---

61) 이사야 6:3, 41:14; 레위기 11:44.
62) 레위기 11:44-45; 고린도 전서 1:2; 에베소서 5:25-27; 베드로 전서 1:15-16.

실제적인 예로써, 목사들은 교인이나 친분 있는 사람의 추천서를 써줄 때, 있는 사실이나 없는 사실 등 모든 것을 동원하여 혹은 과장해서 좋은 점만을 늘어놓는다. 그런 것은 진실성이 결여된 추천서이다. 추천서를 요구한 쪽에서는 장점과 단점 등을 사실 그대로 알려 주기를 바라는 것이다.

② 설교의 윤리:

목회자에게 설교처럼 더 중요한 것은 없다. 그것은 "때를 얻든지 못 얻든지" [63] 말씀을 전파하는 것이 목회자의 중요한 사명 중의 하나이기 때문이다. 설교는 교회성장에 큰 영향을 미치며, 사람들의 믿음을 향상시키고 마음의 평안을 주는 기능을 하는 것이다. 그런데 교인들이 설교를 들으며 졸고 있다거나, 설교에 흥미를 잃어서 교회 출석을 하지 않는 다면, 그 목회자는 문제가 있는 것이다. 그러므로 설교는 살아있어야 하고, 감동적이고, 영적이어야 한다.

설교 혹은 설교자에게 몇 가지 문제점들이 있을 수 있다. 첫째로 설교의 정직성의 문제이다. 즉, 다른 사람의 설교문을 도용하는 것은 다른 사람의 물건을 훔치는 것과 같은 절도의 행위이다. 그것은 바로 다른 사람의 사고와 믿음을 훔치는 것이다. 또한 설교의 도용은 비양심적이고 비진리의 문제이다. 둘째로 설교의 불일치성의 문제이다. 설교의 내용과 설교자의 삶의 실제가 일치되지 않는다면, 설교의 영향력이 말소될 것이다. 어떤 목사의 설교는 무척 감동적이고 영적인 은혜가 많은 듯하지만 실제로 그 설교자의 삶과 설교의 내용이 전혀 일치되지 않는 경우가 많다.

3. 좋은 삶을 사는 지도자적 목회자

---

63) 디모데 후서 4:2.

(The Ethics of Integrity)

'좋은 삶'을 살아간다는 것은 모든 면에서 결함이 없고 구김살이 없이 '성실한 삶'을 의미한다. 이런 삶의 모습을 영어의 단어로 표시한다면 'integrity' 혹은 'wholeness'가 가장 적절한 표현일 것이다. 이것은 성숙된 목회자의 윤리적 총체라고 본다. 이것은 또한 윤리적으로 건전하고, 인격적으로 성숙되었으며, 도덕적으로 탁월하여 어떤 하자도 없는 사람의 삶이다. 이런 삶은 한 사람의 인격의 짜임새와 행위와 삶의 과정 그리고 그 삶의 결과를 통틀어서 좋은 삶(living good)이라고 말할 수 있다. 그러므로 이것을 수학공식으로 표현한다면 Being good + doing good + living good = Life of Integrity일 것이다. 좋은 품성이 전제되어야 좋은 행위가 따르게 되고, 좋은 인격과 좋은 행위가 선행되면 성실한 좋은 삶이 이루어질 것이다.[64] 목회자의 측면에서는 특별히 영적인 성숙함과 목자(shepherd)로서의 성숙함을 살펴보고자 한다.

(1) 영적으로 성숙한 지도자로서의 목회자

지도자로서의 목회자에게 가장 중요한 요건은 영적인 성숙일 것이다. 영적으로 성숙된 사람은 하나님과의 관계가 탁월하며, 책망할 것이 없고, 높은 도덕성을 가질 뿐만 아니라, 바른 자세와 순전한 동기와 적절한 목표, 그리고 좋은 대인관계와 평판을 갖는 사람이다. 열매로 말한다면, 영적으로 성숙한 지도자는 무르익은 사람이다.

사도 바울은 영적으로 성숙된 지도자의 자격에 대해서 설명하면서[65] 그의 선교 사역에 필요한 협조자로서 디모데를 선택하

---

64) Trull & Carter, Ministerial Ethics: Being a Good Minister in a Not-So-Good World, pp. 59-64.
65) 디모데 전서 3:1-13.

였다. 실로 디모데는 그의 고향에서나 이웃 지방에서까지 그리고 교회 안에서나 교회 밖에서도 "칭찬 받는 자"로 평판이 좋았다.66) 그는 또한 그리스도께 대한 믿음과 헌신이 투철하였다.

웨슬리(John Wesley)는 참으로 훌륭한 목회자, 책망할 것이 없고 평판이 좋은 영적으로 성숙한 지도자이었다. 그는 그의 50여 년 목회활동 중에 총 40,000편의 설교문을 작성했고, 일주일에 15번 이상 씩 설교를 했으며, 말을 타거나 걷거나 하여 약 400,000km의 거리를 다니며 전도했다. 그는 성경책과 찬송가, 초라한 식탁과 의자와 이브자리 하나, 그리고 식기와 스푼과 식칼 이외, 그가 가진 모든 것을 남에게 주었고, 끝까지 남을 섬기며 살았다. 그는 "거룩한 삶"의 실현을 가졌다.

웨슬리가 말한 "그리스도인의 완전," 즉 영적으로 성숙된 삶은 그리스도인의 실천을 의미한다. 그것은 우리의 삶 속에서 자기 자신의 노예가 되지 않고 하나님의 사랑과 이웃에 대한 사랑을 말하며, 하나님과 항상 동행하는 삶, 자신의 영원의 눈을 항상 하나님께 고정시키는 삶, 자신의 삶의 우선권을 세상 것에 두지 않고 하나님에게만 두는 삶, 그리고 신앙의 생활화를 말한다. 우리가 영적으로 성숙된 목회자로서의 지도자라면 이러한 삶을 추구해야 할 것이다.

(2) 목자(shepherd)적 지도자로서의 목회자

안수를 받고 성직자가 된다는 것은 우선 하나님과의 약속이며, 이 암시적인 약속에는 일정한 책임과 기능이 부여된다. 미국 감리교의 목사 안수식 예문에 다음과 같은 내용이 있다 : 당신은 예배와 기도로써 하나님의 백성을 인도하고, 하나님의 풍부하신 은혜를 힘입어서 양육하고, 가르치며, 용기를 북돋아 주어야 합니

---

66) 사도행전 16:2-3.

다. 당신은 그리스도의 종됨의 모범이 되어야 하며, 세상에서 그리스도의 선교에 복종하도록 하나님의 백성을 인격적으로 쌓아 올리며 또한 신앙적으로 부흥시키며, 그리고 모든 사람들을 위하여 정의와 평화와 구원을 추구하여야 합니다.

당신은 다음의 사항을 기억해야 합니다. 즉, 섬김을 받기보다는 남을 섬기기 위하여, 일체의 다른 것보다는 교회가 믿는 신앙을 선포하기 위하여, 그리고 무엇보다도 그리스도가 관심 갖는 바를 추구하기 위하여 부르심을 받았다는 것입니다...67)

성경에는 "선한 목자"의 특성에 대하여 네 곳에서 12가지로 말해 주고 있다.
요한복음 10:1-18에 보면: ① 선한 목자는 "양의 이름을 각각 불러 인도" 한다.(3절) ② 선한 목자는 그의 양을 안다(4-5절). ③ 선한 목자는 양들을 위하여 희생한다(11-13절). 시편 23편에 의하면, ④ 선한 목자는 양들이 필요한 것들을 충족시키며(1절), ⑤ 선한 목자는 양들을 안내하며(2-3절), ⑥ 선한 목자는 양들을 위로하고(4절), ⑦ 선한 목자는 양들에게 희망을 준다(5-6절).

에스겔 34장에서, ⑧ 선한 목자는 양떼를 돌보고(2-3절), ⑨ 약한 양을 강하게 힘을 실어 주며(4절a), ⑩ 잃은 양을 찾는다(4b-10). 그리고 베드로 전서 5장에 보면, ⑪ 선한 목자는 그의 책임을 기꺼이 하고 열심을 다하며(2절), ⑫ 선한 목자는 좋은 모범을 보인다(3절). 목회자들은 "그리스도의 일군이요 하나님의 비밀을 맡은 자로" 68) 부르심을 받고 하나님 앞에 서약한 지도자인데, 맡은 일에 죽도록 충성해야 할 것이다.69)

---

67) 여기에 소개된 글은 미국 감리교 안수식 예문의 일부분이며, 필자가 번역한 것임.
68) 고린도 전서 4:1.
69) 요한 계시록 2:10b.

VI. 나가는 말

지금까지 우리는 '지도자가 공동체를 이끌어 가는 진정한 힘은 무엇?'이며, '최고의 지도자는 어떤 요소로 이루어지는가?' 그리고 '건강한 지도자의 자격은 무엇이며 그들의 역할은 무엇인가?' 등의 질문에 대답하려고 노력해 왔다. 그래서 우리는 비윤리적이고 건강하지 못한 지도자의 모습과 건강하고 양심적인 지도자의 요소와 역할, 그리고 지도자로서의 목회자 윤리에 대하여 살펴보았다. 결국 건강한 지도자인가 아닌가? 혹은 지도자가 윤리적이냐 아니냐의 문제는 지도자 자신의 인격형성의 문제이며, 더욱 중요한 것은 윤리적 선택의 문제이다. 어떤 동기를 가지며, 일의 수행을 위하여 어떤 행동의 수단과 방법을 갖느냐, 어떤 결실과 평가를 가져오느냐의 문제는 결국 지도자 자신의 윤리적인 짜임새와 도덕적인 선택의 결과이기 때문이다.

20세기와 그 이전의 시대에는 권위적이고 이기적인 지도자 상(leadership)이 특징이었다면, 21세기의 지도자 상은 봉사하고 헌신하며 솔선수범하는 "써번트 리더십"(servant leadership), 즉 "봉사의 지도자 상"이 요구되어 진다. 다시 말해서, 섬기는 지도자 상이 현대 사회를 가장 효과적으로 이끌 수 있다고 본다. 그러므로 건강하고 훌륭한 지도자가 되려면 써번트 리더십을 적극적으로 추구해야 할 것이다. 예수께서는 "......누구든지 으뜸이 되고자 하는 자는 모든 사람의 종이 되어야 하리라"[70]고 강조했는데, 진정으로 남을 섬기고 봉사하는 사람은 존경받고 권위를 인정받는 훌륭한 지도자가 될 수 있을 것이다. ■

---

70) 마가복음 10:44.

참고도서

김영일. 그리스도교 윤리. 서울: 대한기독교서회, 1998.
김영일. 영화 속의 인생과 윤리. 서울: 대한기독교서회, 2004.
노자. 도덕경. 김상대. 도덕경 강의. 서울: 국학자료원, 1996.
박치정. 지도자와 리더십. 서울: 삼경문화사, 2000.
전형철 역. 파워 리더십. 경기도 고양시: 도서출판 청우, 2000.
John Maxwell. The 21 Indespensable Qualities of a Leader. Nashville: Thomas Nelson, Inc., 1999.
조성종. 목회자 리더십론. 서울: 성광문화사, 1998.
최기운 옮김. 리더십을 갖춘 지도자. 서울: 베다니출판사, 2000.
George Barna, Ed. Leaders on Leadership. Ventura, CA: Regal Books, 1997.
케샤반 나이르, 김진옥 옮김. 섬김과 나눔의 경영자 간디. 서울 씨앗을 뿌리는 사람, 2000.
Keshavan Nair. A Higher Standard of Leadership. SIAT Publishing Co., 1997.
Callahan, Kennon L. Twelve Keys to an Effective Church. New York: Harper & Row, 1983.
Dale, Robert D. Pastoral Leadership. Third Printing. Nashiville: Abingdon Press, 1989.
_____. Ministers as Leaders. Nashiville: Broadman Press, 1984.
Dohan, Helen, Leadership in Paul. Wilmington, Delaware: Michael Glazier, 1984.
Greenleaf, Robert K. Servant Leadership. Ramsey, New Jersey: Paulist Press, 1977.
Mosley, Ernest E. Ed. Leadership Profiles from Bible Personalities. Nashville: Broadman Press, 1979.
Sanders, J. Oswald. Spiritual Leadership. Chicago: Moody Press, 1994.
Trull, Joe E. & Carter, James. Ministerial Ethics: Being a Good Minister in a Not-So Good World. Broadman & Holman Publishers, 1993.
Willimon, William H. Calling & Character: Virtues of the Ordained Life. Nashville: Abingdon Press, 2000.

제 2 장
지도자로서 목회자

이 세 형

감리교신학대학교 (B. Th.)
감리교신학대학교 (M. Th.)
미국 Drew 대학교 (M. Div.)
미국 Drew 대학교 (Ph. D.)
미국 Oakhill & Durham United Methodist Church 담임
미국 Van Cortlandville Community UMC 담임
협성대학교 신학대학 신학부장 역임
현, 협성대학교 교수 (조직신학)

제 2 장 지도자로서의 목회자

이 세 형

I. 들어가면서

　　지도자에 대한 논의가 뜨겁다. 지도자가 누구인가에 따라 그 공동체의 흥망이 결정되기 때문이다. 어느 집단이나 공동체든 그 장래는 지도자의 지도력에 의해 결정된다. 그러니 참된 지도자, 의로운 지도자, 희망과 이상을 가진 지도자, 모든 사람들이 주인임을 느끼게 하는 지도자를 사람들은 시대를 막론하고 언제나 목말라 기다린다.

　　지도자의 지도력을 요청하는 것은 그리스도인들이 속한 교회 공동체도 예외가 아니다. 특별히 교회를 섬기기 위해 전문적인 훈련을 받고 파송 된 목회자의 참된 지도력은 그 어느 때보다도 더욱 시급하게 요청되는 시점이다. 종종 우리는 교회가 위기에 처해 있다는 말을 많이 듣는다. 특별히 한국의 개신 교회가 위기에 서 있다는 말을 많이 듣는다. 교회가 위태롭다는 말은 교회의 정체성의 위기라는 말이고 이 말은 교회를 섬기는 목회자들의 자기 정체성 혹은 그들의 지도력에 위기를 경험하고 있다는 말과 무관하지 않을 것이다. 필자는 "지도자로서의 목회자"란 제목으로 그리스

목회리더십 신학과 실제

도인의 정체성, 교회의 정체성, 교회목회자의 정체성을 지도자 혹은 지도력이란 용어를 맴돌면서 정리해보고자 한다. 글의 성격은 담담하게 풀어지는 대로 써 내려가는 형식을 취하게 될 것이다. 그러니 전문적인 지식을 조목조목 전달해주는 기술적인 방법을 택하기보다는 함께 생각하고픈 주제를 부담 없이 읽어갈 수 있도록 대화의 장을 여는 시도가 될 것이다.

II. 관계적 존재로서의 지도자

아리스토텔레스는 인간은 정치적인 동물이며 사회성을 갖는 존재라고 정의한바 있다. 인간이 사회적 동물이란 말은 관계를 갖고 사랑으로 공동체의 일원이 되도록 지음 받았다는 의미이다. 우리의 탄생이 관계이고, 삶의 과정이 관계이고, 죽음이 관계이다. 관계로 태어나서 관계로 살다가 관계에 참여하게 된다. 달리 표현하면 사랑으로 태어나서 사랑으로 살다가 영원한 사랑에 참여하는 것이 인생의 여정이다. 인간을 사랑의 존재, 관계적 존재, 공동체적 존재, 정치 사회적 존재로 정의하는 것은 인간 모두가 이 땅에 지도자로 부름 받았다는 말의 다른 표현들이다.

사람은 사랑하도록 지음 받은 인격적 존재이기에 우리 모두는 너와의 관계 속에서 비로소 사랑받은 존재로 사랑하기를 배우며 성장하고 성숙해 간다. 너와의 만남을 통해 비로소 내가 되고 내 삶의 의미를 찾게 된다. 너가 생명이기에 나도 생명이 되고 너가 인간이기에 나도 인간이 된다.[1] 인간과의 관계 안에 있기에 우리는 비로소 인간인 것이다.

창세기 1장에 나오는 창조의 이야기에는 인간이 하나님께서

---

[1] Allan Boesak, <u>Black and Reformed</u>(Maryknoll: Orbis Books, 1984), 51.

제정하신 창조의 일부로서 그려지고 있다. 하나님께서 빛과 어둠, 하늘과 땅과 바다를 만드시고 그 안에 살아갈 생물들을 내셨다. 그리고 창조의 마지막에 인간을 내었다. 인간은 다른 피조물에 의존하여 이 땅에 존재한다. 창세기 2장에는 인간이 흙으로 빚어지고 다른 피조물 한가운데 놓여진다. 다른 피조물과 상호 관련 속에서 살아가도록 지음 받은 것이다. 인간이 하나님의 피조물의 일부로 존재하지만 인간에게 부여된 특권은 하나님의 형상을 가진 존재로 그려진다.

창세기 1:27에 "하나님이 당신의 형상대로 사람을 창조하셨으니, 곧 하나님의 형상대로 사람을 창조하셨다. 하나님이 그들을 남자와 여자로 창조하셨다" 라는 인간 창조의 선언이 나온다. 여기서 하나님의 형상을 입은 인간에 대해서 여러 가지로 설명할 수 있겠지만2) 가장 적절한 해석은 인간이 관계적 존재로 지음 받았다는 점이다. 인간은 위로는 하나님과 관계하고, 수평적으로는 동료 이웃 인간과 그리고 다른 피조물과 관계하며, 깊이로는 자기 자신과 관계하도록 지음 받은 존재이다.

또한 남자와 여자로 지음 받았다는 말도 남자와 여자를 독특

---

2) 그리스도교 역사를 통해 볼 때 하나님의 형상에 대한 해석에 몇 가지 전통이 있다. 첫째는 인간의 육체적 모습 곧 직립인으로서의 모습이 하나님의 형상이라고 주장하는 전통이다. 물론 성경에 인간이 거니는 것처럼 하나님을 정원에 거니는 모습으로(창 3:8), 혹은 듣고 말하고 하는 표현을 통해 신-인 동형론적인 표현을 볼 수 있다. 그러나 숨어 계신 하나님, 혹은 우상을 섬기지 금하는 십계명의 전통에서 보면 육체적인 유사성을 하나님의 형상으로 보려는 주장은 무리가 있다. 그런가 하면 인간이 가진 생각하는 능력인 이성이, 혹은 인간이 가진 자유 의지와 세상을 지배하는 능력이 하나님의 형상이라 주장하기도 한다. 일면 일리가 있지만 궁극적 실재에 대한 실체론적 입장을 넘어서는 현대에 와서는 인간이 가진 하나님의 형상을 관계라는 말로 보려는 것이 설득력 있는 주장으로 받아들여지고 있다. 하나님은 삼위일체의 내재적 구조 안에 이미 성부하나님-성자하나님-성령하나님이란 역동적인 관계를 그 실재 구조 안에 안고 있는 것이다. (Daniel L. Migliore, *Faith Seeking Understanding: An Introduction to Christian Theology*(Grand Rapids: William B. Eerdmans Publishing Company, 1991), 120-3; 56-79.

한 각기 다른 성(gender)으로 지었다는 의미로 볼 수 도 있지만, 또 다른 의미는 인간이 관계적 존재로 지음 받았다는 의미로 읽을 수 있다. 한문으로 표기된 인간이란 말이 서로 의지하며 사이를 가진 사이 존재의 의미를 가지는 것처럼, 인간이란 상호 신뢰 안에서 관계하고 교제하도록 지음 받은 존재이다. 인간을 관계적 존재 혹은 사이 존재로 이해하였을 경우, 하나님과의 관계에서는 하느님의 은총에 합당한 믿음의 삶을, 이웃과 동료 피조물과의 관계에서는 사랑으로 서로 연대하는 삶을, 그리고 자신과의 관계에서는 하느님께서 앞에서 부르시는 창조적 삶을 소망 가운데 살도록 요청받고 있다. 이점에서 태초에 관계가 있었다고 선언하면서 인간을 관계적 혹은 대화적 존재로 풀었던 마틴 부버(Martin Buber)의 해석은 적절한 것이다.3)

인간이 관계적 존재란 말은 어떤 모양으로든 인간으로 성장해 가는 과정에서 지도자로 부름 받고 있다는 의미와 상통한다. 인간은 너와 나의 관계 속에서 영향을 미치며 살아가는 과정을 가지게 되고 이 과정에서 인간은 지도자의 과제를 담당하게 된다.4) 지도자란 인간과의 관계에서 그 영향력을 미치는 자이다. 일반적으로 영어의 "리더십(leadership)이란 지도력, 지도적 지위, 지도자로서의 능력 등을 의미하는 것으로 이는 지도자와 추종자 사이의 관계에서 보여 지는 영향력을 말한다. 따라서 지도력이란 대체로 개인적 특성, 행동, 다른 사람들에 대한 영향력, 상호 작용 유형, 역할관계 및 관리직의 점유와 영향력의 합법성에 관한 타인의 지각에 의해 정의되어 왔다." 5) 많은 정의가 가능하지만 필자에게

---

3) Martin Buber, I and Thou(Edinburgh: T. & T. Clark), 1958.
4) 지도력을 하나님과 이웃과 그리고 자신과의 관계에서 풀어간 책으로는 코스타 데어의 『모범적인 지도자』란 책을 참조하면 좋다. Costa S. Deir, *The Exemplary Leader*(Lima: International Leadership Seminars, Inc.), 1996.
5) 박치정, 『21세기 조직을 움직이는 지도자와 리더십』(서울: 삼경문화

는 제임스 헌터(James C. Hunter)가 그의 책 『종: 지도력의 본질에 대한 소박한 이야기』(*The Servant: A Simple Story about the True Essence of Leadership*)에서 정의한 것이 가장 적절한 정의로 보여 진다. "지도력이란 공동의 선이라 인식된 목표를 향해 열정적으로 일하도록 사람들에게 영향을 미치는 지도자의 기술이다." 6)

지도력은 사람에게 영향을 미치는 기술이다. "사람을 볼 줄 알고, 사람을 육성하고, 사람을 움직이는 기술"이 곧 지도력이다.7) 지도력이란 사람과 관계한다. 그리고 그렇게 사람에게 영향력을 미치는 지도력을 가진 자가 지도자이다.

의주 만상 홍득주의 인간미와 임상옥의 지도력이 크게 부각되어 참된 상인의 도리가 어떠해야 하는지 가르치면서 인기리에 방영되었던 MBC 드라마 "상도"가 있었다. 이 드라마 속에서 홍득주가 임상옥에 하는 대화 중에 지도력에 대한 좋은 정의가 나온

사, 2000), 38.
6) James C. Hunter, <u>The Servant: A Simple Story about the True Essence of Leadership</u>(Rocklin: Prima Publishing, 1998), 28. 그런가 하면 헴필(J. K. Hemphill)과 쿤스(A.E. Coons)는 "리더십이란 집단의 활동을 하나의 공동의 목표를 향해 이끌어 가는 한 개인의 행동이다"(J. K. Hemphill & A. E. Coons, "Development of the Leader Behavior Description Questionaire," in R. M. Stogdill and A. E. Coons[eds], *Leader Behavior: Its Description and Measurement*[Columbus: Ohio University Press, 1957], 7)라고 하였고 제이콥스(T. O. Jacobs)는 "리더십이란 한 사람이 다른 사람에게 그가 요구하거나 제안하는 대로 행동하면 결과가 개선될 것이라는 확신이 들도록 정보를 제공해 주는 사람들간의 상호작용이다"(T. O. Jacobs, *Leadership and Exchange in Formal Organizations* [Alexandria: Human Resources Research Organization, 1970], 232)라고 하였다.
7) 우라베 구니요시 저, 이서종 역, 『리더십』 (서울: 집문당), 1994. 우라베 구니요시는 자신의 저서에서 행동주의적 견해를 통해 관리자로서가 아니라 지도자로서의 지도력에 대해 전해하고 있다. 그가 말하는 지도자로서의 지도력은 사람을 키우는 것과 관계한다. 필자도 그리스도인들이 가져야 할 기본적인 지도력은 사람에 관심 하는 지도력이어야 한다고 생각한다.

다. "장사꾼은 돈을 남기는 것이 아니고 사람을 남기는 것이다." 사람을 남기는 것. 사람을 키우는 것, 사람에게 영향을 주는 것. 이것이 곧 지도력이다. 이점에서 지도력이란 사람과 관계되는 것이고 그 관계 속에서 영향력을 미침으로 공동체 혹은 지도자가 원하는 목표를 이루어 내는 기술이다.

지도력이 기술이란 말은 지도자의 지도력이란 타고난 것이기 보다는 학습된 혹은 습득된 능력이라고 볼 수 있다. 이점에서 지도력은 훈련을 통해 더 좋은 지도력으로 발전해 갈 수 있다. 또한 지도력이 다른 사람에게 영향을 미치는 힘이라고 한다면 지도자에게 요구되는 것은 다른 사람을 감화시킬 수 있고 감동시킬 수 있는 권위가 있어야 한다. 여기서 권위란 권위주의와도 다른 의미이고 지위나 그 밖의 외부적인 요인의 물리적인 힘을 상징하는 것도 아니다.

만일 우리가 어떤 사람을 강압적인 방식으로 우리가 가진 지위나 힘에 의존하여 우리가 원하는 일을 하도록 하게 한다면 그것은 힘에 의존한 지도력이다. 힘에 의존한 지도력은 사람들에게 자발성과 일의 즐거움을 가져올 수 없다. 왜냐하면 힘에 의존하다 보면 조건적인 명령이 그 지도력 안에 내포되어 있기 때문이다. "이것을 하시오! 그렇지 않으면 그에 따른 보상이 따를 것이오." 힘에 의존한 지도력은 강제적이고 비인격적인 지도력의 방식이다. 그리스도인의 지도력은 인격에 기초한 지도력이고 인품이 미치는 지도력이다. 때문에 진정한 의미의 지도력이란 힘에 의존할 것이 아니고 지도자의 인격적 혹은 영적 권위에 의존해야 한다. 이를 마틴 부버의 분류대로 한다면 힘에 의존한 지도력은 "나와 그것"의 관계를 갖는 지도력이다. 그러나 권위에 의존한 지도력은 "나와 너"의 관계에 기초한 지도력이다.

지도자가 권위가 있을 때 사람들은 지도자가 갖는 인격적인 감화로 인해 지도자가 원하는 것을 즐거움으로 하게 된다. 이런 맥락에서 지도력의 기술은 지도자의 권위에 의존한다고 할 수 있다. 정리해 본다면 힘에 의존한 지도력과 권위에 의존한 지도력이 있는데, 힘에 의존한 지도력은 지위나 돈에 의존한 지도력이라고 한다면 권위에 의존한 지도력은 지도자의 인격과 성품 그리고 그가 사람들에게 미치는 영향력에 의존한 지도력이라 할 수 있다. 이점에서 지도자란 인격적 영향력을 미치는 자이고 그 영향력을 그가 속한 공동체와 사회에 미치는 기술을 가진 자이다. 그리고 그 영향은 섬김의 영성으로 종합된다.

III. 지도자의 영향은 섬김으로부터

필자에게 깊은 삶의 모델을 보여주었던 스승 몇 분이 계신다. 그중 한 분을 소개한다면 중 고등학교 때 미술 선생님이셨던 하 영식 선생님이시다. 선생님께서 필자뿐 아니라 학생들에게 깊은 감동과 감화를 끼친 이유는 학생들이 필요한 곳에 계셨던 분이시기 때문이다. 선생님은 가난한 학생들을 돌보고 공부가 뒤처진 학생들을 따로 모아 학생들을 지도하셨다. 그분은 자신의 자리보다 훨씬 좋은 배경을 가지고 있었음에도 조그만 학교에서 철모르는 학생들을 위해 시간을 쏟으시고 정성을 쏟으시면서 자신을 아낌없이 주셨던 분이다.

우리의 생애를 통해서 가장 영향을 주었던 이들은 높은 지위나 부유하기 때문이 아니다. 우리에게 영향을 주었던 분들의 목록을 만들어서 그들이 우리에게 보여준 삶의 모습을 정리해 본다면 공통적인 어떤 부분을 발견하게 된다. 곧 그들은 우리를 위해 희생과 사랑으로 우리에게 필요한 것들을 채워준 분들이다. 그들은 삶을 통해 정직과 신뢰를 가르쳐 주었고, 우리가 따라야 할 삶의 본보기를 보여준 분들이다. 돌봄과 헌신의 삶을 보여주었고, 필요한 그 때에 우리의 말을 들어 주었던 분, 의지하게 해 주었고, 나 자신에게 소중함과 존귀함이 무엇인지 가르쳐 준 분들이다. 낙심하고 있을 때 격려를 아끼지 않았고 의기소침해 있을 때 자신감을 주었던 분들이다. 그리고 적극적이고 열정적인 삶의 태도를 가지고 사람에 대해 감사하는 법을 가르쳐준 분들이다. 그들이 우리에게 보여준 것은 그들의 인품이었고 그렇게 훈련된 아름다운 삶이었다. 곧 그들이 우리에게 보여준 삶은 섬김의 삶이었고 그 섬김이 깊은 영향을 미쳤던 것이다.

지도력은 사람을 얻는 것이다. 그리고 사람을 통해 뭔가를 이루는 것이다. 따라서 지도력이란 사람과의 사이에서 일어나는 관계와 그 관계를 통해 만들어 내는 과제라는 두 역동적 관계의 구조가 있다. 다른 말로 하면 지도력이란 사람과의 관계를 발전시킴으로써 우리가 원하는 과제를 수행하는 것이다. 따라서 지도자는 과제를 가지고 사람을 다루는 것이 아니라 사람과의 영향력 있는 관계를 세움으로써 과제를 다루는 자이다. 그런데 그 영향력 있는 관계는 섬김과 희생에서 비롯된다.

섬김이란 우리의 추종자들의 필요에 응답하는 방식이다. 지도자는 섬기는 자이다. 그런데 많은 경우 지도자는 자신이 섬겨야 할 책임을 생각하기보다는 지도자로서 자신들의 권리 찾기에 관심한다. 지도자란 자기를 따르는 사람들의 필요를 알아 그 필요에 응답하는 사람들이다. 지도한다는 것은 섬기는 것이다. 여기서 필요(what they need)에 응답한다는 말은 따르는 사람들의 원하는 것(what they want)에 응답한다는 말과는 다른 것이다. 또한 저들의 노예가 된다는 의미와도 다른 것이다. 원하는 것을 충족시키는 것과 필요한 것을 충족시키는 것 사이에는 차이가 있다. 만일 모든 사람들이 원하는 것을 충족하려 드는 지도력이 있다면 그것은 곧 무정부 상태를 가져오게 될 것이다. 필요에 응답하는 지도력은 기준과 표준이 있고 거기에는 지켜야 할 삶의 원칙이 따르게 될 것이다.

　필자에게 세 아들이 있는데 자녀들의 개성에 맞게 대해주지만, 그렇다고 원하는 모든 것을 다 해주지 않는다. 저들이 원하는 것을 다 들어주다 보면 정작 저들에게 필요한 것을 해주지 못하기 때문이다. 종종 아버지로서 필자는 자녀들의 삶에 간섭한다. 그 간섭의 대부분은 컴퓨터 게임에 탐닉하지 않도록, 규칙적인 생활이 몸에 배도록, 그리고 시간을 창조적이고 미래를 위해 준비하는데 사용하도록 훈련시키는데 쏟아진다. 자녀와 부모사이에는 서로 기준을 정하고 책임적인 영역을 정하는 것이 필요하다. 자녀들은 책임도 원치 않고 삶의 기준을 피하려 할 수 있다. 자기들이 원하는 편한 삶을 원할 수 있다. 그러나 훈련된 가정이나 집단을 가지고 싶다면 지도자는 그를 따르는 이들의 원하는 것에 아무런 기준 없이 따르기 보다는 그들에게 참으로 필요한 것에 응답하는 자세를 가질 필요가 있다.

　원하는 것에 응답하지 않고 필요한 것에 응답하는 책임적 지도자가 되는 것은 비단 부모와 자녀와의 관계뿐만이 아니다. 교회에서는 목회자와 평신도 사이에 적용할 수 있고, 회사에서는 노-사간의 관계에, 그리고 국가의 경영에서는 정부와 국민의 관계에 적용할 수 있다. 많은 임금을 원하는 노동자들에게 원하는 만큼의 임금을 지불했을 경우 회사의 파산을 가져올 수도 있고, 국가는 국민의 욕구에 무조건 응하다 보면 기본 산업이 무너질 수도 있다. 이점에서 여론에 의존한 정치는 대단히 위험한 것일 수 있다. 따르는 사람들의 필요에 응답하는 것 이것이 진정한 의미의 섬김으로서의 지도력이다.

　　그런데 이러한 필요에 따라 응답하는 것이 섬김의 지도력이라면 이 섬김의 지도력은 유연한 지도자의 자세가 요청된다. 왜냐하면 우리를 따르는 사람들의 필요가 각각 다르기 때문이다. 각기 다른 필요에 응답하기 위해서 지도자는 자신의 입장에서 권리를 주장할 것이 아니고 지도자가 섬기는 이들의 필요에 맞게 응답해 주어야 한다. 그러므로 우리가 지도하는 이들의 필요가 무엇인가를 알아 그 필요에 적절하게 응답해 주는 융통성 있는 지도력이 필요할 것이다.8) 융통성 있는 지도력은 패러다임의 전환을 요청한다. 곧 높은 자리에서 낮은 자리에로 돌아가야 하는 '위'에로의 길에서 '아래'에로의 길로, '지배'에로의 길에서, '섬김'에로의 길로 방향전환이 요청된다.9)

예를 들어 한 회사를 경영함에 있어서 위에로의 길을 추구하는 지도력을 가진 회사에서는 그 초점이 어떡하면 최고 경영자의 마음을 만족시킬 것인가에 관심 할 것이다. 이러한 구조는 위계적인 구조를 유지하는데 관심 하게 된다. 그러나 섬김에의 길로 방향 전환하는 회사에서는 상부 구조는 하부 구조를 지원하고 섬기는 일에 관심 할 것이고 궁극적으로 그 회사가 만나게 되는 고객

---

8) 미국 캔사스 시티에 있는 새인 폴 신학교의 교회지도력 학과 과장 겸 교수인 로벳 웜스(Robert H. Weems, Jr.)는 『웨슬리 전통에서의 지도력』이란 책에서 웨슬리 전통에서 얻어진 영적인 각성을 가지고 교회 지도력에 대한 새로운 비전을 제시하고 있다. 이 책에서 로벳 웜스는 지도력의 원리와 실천과 열정이란 세 부분으로 나누어서 12개의 지도력에 대한 웨슬리의 가르침을 정리하고 있다. 12가지의 원리는 1) 사람들과 더불어 시작하라; 2) 사람들을 따라가라; 3) 섬김에 초점을 맞추라; 4) 특별히 가난한 사람들을 기억하라; 5) 다층적 지도력을 실행하라; 6) 중심에서부터 지도력을 발휘하고 주변에서부터 지도력을 발휘하라; 7) 긴장이 있는 삶을 살아라; 8) 포용성을 추구하라; 9) 상호 연결이 일어나게 하라; 10) 하나님을 경험하라; 11) 그리스도를 선포하라; 그리고 12) 정의를 추구하라 이다. (Lovett H. Weems, Jr. Leadership in Wesleyan Spirit[Nashville: Abingdon Press, 1996]).위 책에서 전개한 로벳 웜스의 공헌은 사람을 찾아 나선 특별히 가난한 자들을 찾아 나선 참된 섬김의 지도력을 보였던 전통을 웨슬리를 따랐던 자들의 삶과 목회 속에서 찾아내어 미래의 비전을 제시한다는 점이다.
9) 헨리 나원이 쓴 『탕자의 귀향』(김항안 역. [서울: 글로리아, 2001])과 『데이브래이크로(새벽으로) 가는 길』(성찬성 역. [서울: 바오로 딸, 1999])을 참조하라. 그리스도교인은 지도자로서 위로 향하는 삶(upward movement)을 위해 부름 받은 것이 아니고 아래로 향하는 삶(downward movement)을 위해 부름 받은 자들이다.

을 어떻게 섬길 것인가에 모든 초점을 맞추게 된다. 따라서 섬김의 지도력을 갖춘 지도자는 자신의 욕구를 만족시키는 일에 관심하지 않고 자기를 따르는 사람들에게 필요한 것이 무엇인지를 알아 그 필요에 응답하는데 관심 하게 될 것이다. 고객의 필요에 관심하기 위해서 섬김의 지도자는 그들의 다양한 필요에 응답하는 유연한 자세를 취하게 된다.

감리교의 창시자였던 웨슬리의 경우는 자신의 지도력을 발휘함에 있어서 어떤 고정된 원칙과 신학을 제시하고 그 원칙을 사람들에게 적용시킨 방식이 아니고 자신이 만난 사람들의 필요를 파악하고 그들에게 맞는 설교와 목회를 하였다.10) 보통 우리는 웨슬리를 가리켜 민중 혹은 대중 신학자(folk theologian)11)라 일컫는다. 그는 당시 대학의 사람으로 훈련된 학자였고, 수직적 조직을 가진 성공회 목사였다. 그렇지만 복음을 전하고자 하는 열정으로 그는 조직 안에 갇히지 않고 일반 백성을 찾아 나섰다. 가난한 사람과 노동자들, 교회 밖에 있는 사람들을 만났고 그들을 섬겼다. 웨슬리의 설교가 같은 성경의 본문을 가지고도 다양하게 설교의 내용이 전개된 것은 그의 신학이 일관성이 없었기 때문이 아니고 그가 만난 청중이 달랐기 때문이었다. 이점에서 웨슬리는 그가 만난 사람들의 필요를 읽을 수 있는 능력이 있었고 그 필요에 따라 유연하게 자신의 지도력을 적용하는 섬김의 지도력을 가지고 있었던 지도자였다.

인간이 필요한 필요에 대해서 심리학자 아브라함 매슬로(Abraham Maslow)는 다섯 단계의 인간 필요의 단계를 그려주고 있다. 곧 가장 기본적인 단계로 음식과 물과 쉼터이다. 사람들이

---

10) Lovett H. Weems, Jr. <u>Leadership in Wesleyan Spirit</u>, Nashville: Abingdon Press, 1996, 122-33.
11) 감리교 신학자 알버트 아울틀러(Albert Outler)의 용어임.

충분히 먹고 살 수 있는 적절한 공급이 이루어져야 한다. 다음 단계는 안전과 안정이다. 세 번째 단계는 소속감과 사랑이고 네 번째 단계는 자기 존중이며 마지막으로는 자기실현의 단계가 있다. 자기실현의 단계란 자신이 누구이고 무엇이며 어떤 인물인지, 그리고 자기가 원치 않는 것은 무엇인지를 발견한 단계이고 자기에게 좋은 것과 나쁜 것이 무엇이고 무엇을 향해 가고 있는지 그리고 자신의 사명이 무엇인지를 발견한 단계를 말한다. 매슬로의 자기실현이란 어떤 힘을 가졌는가 혹은 어느 위치에 올랐는가가 아니고 참으로 자기됨을 받아들이는 정점경험을 의미한다. 종교적으로 은총의 경험을 뜻하기도 하고 미적이며 합일의 경험 혹은 사랑의 경험 등을 의미한다.[12]

따라서 지도자들이 그의 사람들에게 저들이 필요에 응답한다는 말은 저들이 건강한 관계 혹은 건강한 자아를 경험하도록 응답한다는 의미이다. 물질적인 필요뿐 아니라 정신적이며 영적인 필요를 응답해 주는 것이다. 이러한 자아실현을 위해 꼭 필요한 지도력은 섬김의 지도력이다. 그리고 이러한 섬김의 지도력은 예수 그리스도가 보여준 종의 지도력에서 가장 잘 나타난다.

그리고 이러한 섬김의 지도력을 통해서 비로소 지도자는 지도자를 탄생시키는 것이다. 이점에서 지도자는 자기를 추종하는 자를 만드는 것이 아니라 또 다른 지도자를 낳는 것이다. 이것이 존 맥스웰이 말하는 리더십의 "재생산의 법칙"이다. 맥스웰은 그의 책 『리더십의 21가지 불변의 법칙』이란 책에서 두 가지의 중요한 가르침을 주고 있는데 지도력은 지도자의 영향력을 통해 또 다른 지도자를 낳는다는 것이며, 두 번째는 지도력은 훈련을 통해 점진적으로 발전된다는 점이다.[13] 맥스웰은 주장한다. 지도자

---

[12] Howard Gardner, *Developmental Psychology*(Boston: Little, Brown and Company, 1978), 589-90.

제2장 지도자로서의 목회자

의 인격이 지도자가 가진 비전보다 우선이라고. 이 말의 뜻은 지도자와의 관계가 어떤 과제보다도 우선한다는 관계 중심 혹은 영향력 중심의 지도력을 말하고 있는 것이다.14) 이제까지 지도력은 사람과의 관계에서 영향력을 미치는 기술이며 그 영향력은 섬김을 통해 나타남을 살펴보았다. 이제 성서에 나타난 섬김과 종의 의미를 위해 제 이 이사야서의 고난 받는 종의 개념을 통해 섬김에 기초한 종의 지도력을 살펴보고, 섬김의 지도자로서의 목회자를 제

---

13) 맥스웰이 말하는 21가지 법칙은 다음과 같다. 1)수준의 법칙: 리더십 능력이 그 사람의 결과를 결정한다; 2) 영향력의 법칙: 리더십의 참된 측정을 영향력에서 온다; 3) 과정의 법칙: 리더십은 매일 발전하는 것이지 하루아침에 되는 것이 아니다; 4) 항해의 법칙: 배를 운항할 수는 있으나 항로를 결정하는 것은 리더가 한다; 5) 휴톤의 법칙: 참 리더가 말할 때 사람들은 듣는다; 6) 굳건한 토대의 법칙: 신뢰는 리더십의 기초이다; 7) 존경의 법칙: 사람들은 자연스럽게 자신보다 더 강한 리더를 따른다; 8) 직관의 법칙: 리더는 리더십의 성향으로 모든 것을 평가한다; 9) 자석의 법칙: 당신이 어떤 사람이냐에 따라 사람에게 매력을 준다; 10) 친밀의 법칙: 리더는 따를 것을 요구하기 전에 사람의 마음을 감동시킨다; 11) 핵심 인물의 법칙: 리더의 잠재력은 그와 가까이 있는 사람들에 의해 결정한다; 12) 권한 이임의 법칙: 확신에 찬 리더들만이 다른 이들에게 권한을 위임할 수 있다; 13) 재생산의 법칙: 리더를 길러내는 것은 리더에게 달려있다; 14) 수용의 법칙: 사람들은 리더를 먼저 받아 들인 후, 그 후에 리더의 비전을 수용한다; 15) 승리의 법칙: 리더는 팀이 승리하는 길을 찾는다; 16) 동력의 법칙: 동력은 리더의 가장 좋은 친구이다; 17) 우선순위의 법칙: 리더는 활동이 필연적으로 성취는 아니라는 것을 안다; 18) 리더는 앞으로 나아가기 위해 포기해야 할 것을 포기한다; 19) 타이밍의 법칙: 무엇을 하고 어디로 가야하는 것이 중요한 만큼 지도력을 발휘해야 하는 시점도 대단히 중요하다; 20) 폭발적인 성장의 법칙: 약간씩의 성장을 이루려면 팔로워들을 이끌고 많은 성장을 이루려면 리더들을 이끌라; 21) 리더의 유산: 리더의 마지막 가치는 계승으로 측정된다.(존 맥스웰, 채천석 역, 『리더십의 21가지불변의 법칙』[서울: 청우], 1998). 맥스웰의 리더십 법칙은 리더십은 영향력을 미치는 힘이며 그리고 그 리더십은 훈련을 통해 발전되고 또한 계승되기도 함을 말하고 있다.
14) 존 맥스웰 저, 채천석 역, 『리더십의 21가지 불변의 법칙』, 서울: 도서출판 청우, 2000. 맥스웰은 어떤 조직이나 과제에 앞서 지도자의 지도력이 성패를 좌우한다고 한다. 그는 조직을 이끌려면 다음을 기억하라고 한다. "인사는 조직의 잠재력을 결정한다. 관계는 조직의 사기를 결정한다. 구조는 조직의 규모를 결정한다. 비전은 조직의 방향을 결정한다. 리더십은 조직의 성공을 결정한다." 위의 책, 307-8쪽.

시하기 위해서 예수의 섬김에 기초한 종의 지도력을 살펴보고자 한다.

IV. 이사야서에 나타난 섬김에 기초한 종의 지도력

종 혹은 섬김이란 말의 의미가 현대 우리의 문화 속에서는 부정적인 의미로 해석되기 쉽다. 한국인들의 의식 속에 깔려 있는 양반-상놈, 주인-종의 구조 속에서 종이란 자기의 의사나 의지가 없는 존재로 이해되어 왔다. 종이란 주인의 손과 발이고 주인의 소유일 뿐이다. 때문에 현대인들은 누구도 종이 되길 원치 않는다. 그리고 종을 두고 싶어 하지도 않는다.

패미니스트 신학자 레티 러셀(Letty Russell)은 자신의 선택이 무시된 채 언제나 종의 역할만 감당해야 했던 여성이나 피 압제의 경험을 가진 사람들에게 종이 되라는 것은 복음적인 해방의 의미를 가질 수가 없다고 본다. 러셀은 종의 도에 이르는 길로서 자매성(sisterhood)을 말하기를 원한다. 종이기 앞서 먼저 스스로 종 됨을 선택할 수 있는 자기 정체성의 회복이 필요하기 때문이다.

같은 맥락에서 매튜 폭스[15]나 헨리 나웬[16]은 원죄보다는 원축복을 제시한다. 그리스도교인들의 종 됨의 사명을 감당하기 위해서는 우리가 먼저 하나님께 선택된 이들이고 축복 받은 이임을 자각하는 일이 필요하다. 그리고 마침내 우리의 삶이 나뉘어 이웃을 위해 섬김으로 드려질 수 있다고 본다. 구약과 신약 시대에 사

---

[15] Matthew Fox, 『원복』(*Original Blessing*) 황종렬 역. (서울: 분도출판사, 2001)
[16] Henri J. M. Nouwen, 『이는 내 사랑하는 자요』(*Life of the Beloved*) 김명희 역. (서울: IVP, 1994).

회 구조 속에서도 종의 일반적 개념이 긍정적인 이미지를 가지고 있었던 것은 아니다. 그렇지만 종의 부정적인 일반적 의미가 하나님 나라에서의 종이란 하나님의 사명을 받은 자란 의미로 변환되어 사용되었다. 따라서 러셀은 구약과 신약에서 말하는 종의 역할이 열등한 존재를 뜻하거나 종속된 의미를 뜻하지 않는다고 본다. 그녀는 종의 역할이 교회와 사회의 역사에서 어떤 의미로 쓰였든지 간에 성서가 말하는 종의 의미는 하나님께로부터 받은 사명으로 인해 존귀함과 책임성의 역할을 가진다고 주장한다. 러셀은 종이 됨으로 부과되는 위험과 그 희생을 받아들이는 사람들에게는 종 됨은 아름다운 것이고 강력한 영향력이 된다고 주장한다.17)

예수는 종의 이미지가 부정적인 이미지를 담고 있는 사회의 현실을 잘 알고 있었다. 예수가 사용했던 종의 개념은 분명코 그 사회의 위계질서 속에서 사용되었던 부정의 의미를 가진 단어였다. 그렇지만 그는 종이란 개념을 다시 재해석함으로써 사회와 문화의 패러다임에 새로운 전환을 선포하였다. 이제 예수의 섬김의 지도력 혹은 종의 지도력을 이해하기 위해 먼저 구약의 제 이 이사야서에 나오는 고난 받는 종의 개념을 잠시 생각해보자.

이사야서에 등장하는 종의 개념은 두 가지를 지칭하는 바, 하나는 이스라엘 국가 전체를 가리키고, 또 다른 하나는 약속된 구세주를 가리킨다. 이스라엘을 종으로 보는 것은 하나님께서 이스라엘을 선택하신 목적과 관계가 있다. "종"이라 불리는 것은

---

17) Letty M. Russell, Human Liberation in a Feminist Perspective: A Theology(Philadelphia: Westminter, 1974), 140, 142, 143, 145. 이와 다른 관점을 위해서는 Jacquelyn Grant, "The Sin of Servanthood and the Deliverance of Discipleship," in *A Troubling in My Soul: Womanist Perspective on Evil and Suffering,* ed. Emilie M. Townes(Maryknoll: Orbis, 1933), 199-218쪽과 "Servanthood Revisited: Womanist Explorations of Servanthood Theology," in *The Papers of the Henry Luce III Fellows in Theology*, ed. Jonathan Strom(Atlanta: Scholars Press, 2:25-41쪽을 참조하시오.

하나님께서 특별한 관심과 목적을 가지고 선택했고 또한 그에게 개인적으로 사명을 주었다는 것을 의미한다.

"그러나 나의 종 야곱아,
내가 택한 이스라엘아,
이제 너는 들어라."
너를 지으신 분
네가 태어날 때부터
'내가 너를 도와주마' 하신 주께서
말씀하신다.18)

위 구절에서 하나님께서 '종' 이라 부를 때 그 의미는 비천한 의미가 아니다. 하나님의 종은 언제나 하나님께 특별한 의미를 갖는다. 하나님께 부름 받은 종이란 하나님의 약속을 맡은 사람들이고 소명을 받은 사람들이다. 종을 통하여 하나님은 이스라엘의 회복을 말씀하셨다.
　　종의 개념이 이스라엘 전체를 뜻하는 것과 함께 이것보다 더 중요한 의미는 종의 개념을 메시아와 연결하여 본다는 점이다. 이사야 42장에 나오는 종은 포로된 자에게 자유를 선포하는 자로서 역사 속에 도래할 구원의 메시야를 뜻한다.

"나의 종을 보아라.
그는 내가 붙들어 주는 사람이다.
내가 택한 사람,
내가 마음으로 기뻐하는 사람이다.
내가 그에게 나의 영을 주었으니,

---

18) 이사야 44:1-2

제2장 지도자로서의 목회자

그가 뭇 민족에게 공의를 베풀 것이다.
그는 소리치거나 목소리를 높이지 않으며,
거리에서는
그 소리가 들리지 않게 하실 것이다.
그는 상한 갈대를 꺾지 않으며,
꺼져 가는 등불을 끄지 않으며,
진리로 공의를 베풀 것이다.
그는 쇠하지 않으며,
낙담하지 않으며,
끝내 세상에 공의를 세울 것이니,
먼 나라에서도 그의 가르침을 받기를
간절히 기다릴 것이다." 19)

전통적으로 여기서 말하고 있는 종을 그리스도교 신학에서는 도래할 메시야를 가리키는 것으로 이해하였다. 그는 성령을 받아 이 땅에 진리와 공의를 세울 것이다. 그는 저항을 만나기도 하고 어려운 시련을 만나기도 하지만, 결코 낙심하거나 실패하지 않으시고 하나님께서 부르신 목적을 이룬다. 하나님께서 부르실 때 소명만 준 것이 아니라 종을 향한 약속도 주어진다. "나 주가 의를 이루려고 너를 불렀다. 내가 너의 손을 붙들어 주고, 너를 지켜 주어서, 너를 백성의 언약과 이방의 빛이 되게 할 것이다." 20)

구약성서에 나오는 종의 신분은 매력 있는 삶이 아니다. 치러야 할 대가가 비싸다. 이사야서에 나오는 종의 신분을 살펴보면 이점이 잘 드러난다. 종은 여호와의 택함을 입은 자이다.21) 또한

---

19) 이사야 42:1-4.
20) 이사야 44:6.
21) "나의 종을 보아라. 그는 내가 붙들어 주는 사람이다. 내가 택한 사람, 내가 마음으로 기뻐하는 사람이다"(이사야서 42:1); "주께서 이미 모태에서부터 나를 부르셨고, 내 어머니의 태 속에서부터 내 이름을 기억하

종은 하나님의 성령을 받은 자이다.22) 하나님은 종에게 힘이 되신다.23) 종이 고난을 당하는 것이 하나님의 뜻이었다.24) 그는 연약하게 생겼고, 풍채도 보잘것없이 생겼고, 사람들에게 멸시를 받았으며,25) 온유하고,26) 자비롭고,27) 불평 한 마디 없었다.28) 그는 순결무구했음에도 불구하고29) 끊임없이 고난을 당했다.30) 그리하여

셨다"(이사야서 49:1).
22) "내가 그에게 나의 영을 주었으니, 그가 뭇 민족에게 공의를 베풀 것이다"(이사야서 42:1b).
23) "내가 태어나기도 전부터 주께서는 나를 그의 종으로 삼으셨다. 야곱을 주께로 돌아오게 하시고 흩어진 이스라엘을 다시 불러모으시려고, 나를 택하셨다. 그래서 나는 주님의 귀한 종이 되었고, 주님은 내 힘이 되신다"(이사야서 49:5).
24) "주께서 그를 상하게 하고자 하셨다. 주께서 그를 병들게 하셨다. 그가 그의 영혼을 속죄 제물로 여기면, 그는 자손을 볼 것이며, 오래오래 살 것이다. 주께서 세우신 뜻을 그가 이루어 드릴 것이다"(이사야서 53:10).
25) "전에는 그의 얼굴이 남들보다 더 안 되어 보였고, 그 모습이 다른 사람들보다 더욱 상해서, 그를 보는 사람마다 모두 놀랐다"(이사야서 52:14); "그는 주 앞에서, 마치 연한 순과 같이, 마른 땅에서 나온 싹과 같이 자라서, 그에게는 고운 모양도 없고, 훌륭한 풍채도 없으니, 우리가 보기에 흠모할 만한 아름다운 모습이 없다. 그는 사람들에게 멸시를 받고, 버림을 받고, 고통을 많이 겪었다. 그는 언제나 병을 앓고 있었다. 사람들이 그에게서 얼굴을 돌렸고, 그가 멸시를 받으니, 우리도 덩달아 그를 귀하게 여기지 않았다"(이사야서 53:2-3); "그는 굴욕을 당하고 고문을 당하였으나, 아무 말도 하지 않았다. 마치 도살장으로 끌려가는 어린양처럼 마치 털 깎는 사람 앞에서 잠잠한 암양처럼, 끌려가기만 할 뿐, 아무 말도 하지 않았다. 그가 체포되어 유죄 판결을 받았지만 그 세대 사람들 가운데서 어느 누가, 그가 사람 사는 땅에서 격리된 것을 보고서, 내 백성의 허물 때문이라고 생각하였느냐? 그는 폭력을 휘두르지도 않았고, 거짓말도 하지 않았지만, 사람들은 그에게 악한 사람과 함께 묻힐 무덤을 주었고, 죽어서 부자와 함께 들어가게 하였다"(이사야서 43:7-9).
26) 이사야서 42:2.
27) 이사야서 42:3.
28) "나는 나를 때리는 자들에게 등을 맡겼고, 내 수염을 뽑는 자들에게 뺨을 맡겼다. 내게 침을 뱉고 나를 모욕하여도 내가 그것을 피하려고 얼굴을 가리지도 않았다"(이사야서 50: 6); 53:7).
29) 이사야서 53:9.
30) 이사야서 50:6; 53:3, 8-9.

그는 거의 절망에까지 이르렀다.31) 그러나 그는 끝까지 야훼 하나님을 신뢰하였다.32) 그는 여호와께 순종하였고,33) 그가 승리에 이르기까지 끝까지 견디었다.34)

    종의 삶이란 고통스런 삶이고 주변화 된 삶이다. 이스라엘 사회에서 종은 육체뿐만 아니라 영혼까지도 그 자신에 속하지 않고 주인에게 속하였으며 동물과 같이 취급되었다. 고대 이스라엘 사회에서는 두 종류의 종이 있었다. 히브리 노예와 가나안 노예가 그것이다. 히브리 노예는 그의 주인에게 단지 '임금 노동자'로서의 의무를 지니고 있었기 때문에 매매할 수 없었다. 이에 반하여 가나안 노예는 주인의 소유물로서 매매 가능하고 그의 육체와 영혼 모두가 주인에게 속해있었다.35) 그러나 구약성서의 사회적인 종의 신분이 하나님의 나라에서는 그 지위가 역전되고 있음을 볼

---

31) "그러나 나의 생각에는, 내가 한 것이 모두 헛수고 같았고, 쓸모없고 허무한 일에 내 힘을 허비한 것 같았다. 그러나 참으로 주께서 나를 올바로 심판하여 주셨으며, 내 하나님께서 나를 정당하게 보상하여 주셨다"(이사야서 49:4).

32) 이사야서 49:4; "주 하나님께서 나를 도우시니, 그들이 나를 모욕하여도 마음 상하지 않았고, 오히려 내가 각오하고 모든 어려움을 견디어 냈다. 내가 부끄러움을 당하지 않겠다는 것을 내가 아는 까닭은, 나를 의롭다 하신 분이 가까이 계시기 때문이다. 누가 감히 나와 다투겠는가! 함께 법정에 나서보자. 나를 고소할 자가 누구냐? 나를 고발할 자가 있으면 하게 하여라. 주 하나님께서 나를 도와주실 것이니, 그 누가 나에게 죄가 있다 하겠느냐? 그들이 모두 옷처럼 헤어지고, 좀에게 먹힐 것이다"(이사야서 50:7-9).

33) "주 하나님께서 나를 학자처럼 말할 수 있게 하셔서, 지친 사람을 말로 격려할 수 있게 하신다. 아침마다 나를 깨우쳐 주신다. 내 귀를 깨우치시어 학자처럼 알아듣게 하신다. 주 하나님께서 내 귀를 열어 주셨으므로, 나는 주께 거역하지도 않았고, 등을 돌리지도 않았다"(이사야서 50:4-5).

34) "주 하나님께서 나를 도우시니, 그들이 나를 모욕하여도 마음 상하지 않았고, 오히려 내가 각오하고 모든 어려움을 견디어 냈다"(이사야서 50:7).

35) F. L. Strack and P. Billerbeck, <u>Kommentar zum Neuen Testament aus Talmud und Midrasch, Band IV,</u> 9. unverand. Aufl. Munchen, 1986. 709-27.

수 있다. 하나님의 종으로 부름을 받은 주의 종은 고귀하고 특별한 것이고 하나님과의 언약을 포함하고 있다.

V. 예수 그리스도의 어린이 모델을 통한 섬김의 지도자

인류의 역사를 통해 예수는 가장 위대한 지도자로 통한다. 그의 삶은 골고다 언덕 십자가에 처형되어 마감하였지만 그가 보여준 삶, 십자가를 지심으로 인류의 죄를 대속 해 주신 그의 하나님의 사랑에 기초한 섬김과 희생은 온 인류의 마음에 구원의 메아리로 울려오고 있다. 그런데 예수의 위대한 지도력은 그가 보여준 섬김의 지도력에서 찾아진다. 성경에서 제시하는 예수의 섬김의 지도력은 종의 지도력으로 표현된다. 신약성서에서 예수가 강조하는 참된 지도력은 세도를 부리는 고관들과 이방인 지도자들이 가진 힘에 의존한 지도력이 아니다. 으뜸이 되고 큰 사람 혹은 더 보다 큰 사람이 되고자 하면 나중 되고 섬기는 사람 그리고 종이 되어야 한다는 예수님의 말씀은 공관복음에서 7번 등장한다.[36] 그리고 종의 모델로서 예수는 어린아이를 내세워 교회 공동체를 향해 섬김의 지도력을 가르쳐 주고 있다.[37]

어린아이를 통한 예수의 가르침 속에서 우리는 제자들과 예

---

[36] 막 9:35; 10:41-45; 마 18:4; 20:25-28; 23:11; 눅 9: 48; 22: 24-27. 공관복음에 나타난 예수의 섬김의 지도력에 대한 연구로는 김명수, "섬기는 지도자: 마태복음 23장 10절을 중심으로" 『그리스도교사상』 1991년 3월호. 8-22쪽을 참조할 것.

[37] 참고로 공관복음서에서 어린아이란 말이 마가복음에서 12번, 마태복음에서 18번, 누가복음에서 13번 등장한다. 마가복음에서 어린아이는 힘없고 가난하고 누군가의 도움 없이는 살아갈 수 없는 자의 표상이고, 마태복음에서는 우리가 닮아야 할 영적인 존재의 모습이며, 누가복음에서는 결단해야 할 낮은 자의 상징으로 사용된다.

수의 지도자에 대한 인식이 첨예하게 대비되는 것을 발견한다. 제자들의 관심은 "공동체내에서 누가 크게 보이냐?" 였다. 곧 남과 비교해서 "누가 가장 위대하고 크게 보이는가?" 였다. 제자들은 물음의 주체가 나가 아니고 너였다. 저들을 다른 사람과 비교해서 너의 눈으로 보았을 때 겉으로 드러난 외면적인 모습으로 누가 더 크냐에 관심하였다. 그러나 예수는 정말 큰 사람, 정말 지도자는 누구이고, 어떻게 행동해야 하느냐에 관심하였다. 지도자는 가장 미미한 사람처럼 행동해야 한다는 것이 예수의 섬김의 지도력에서 배우는 가르침이다. 그리고 예수는 그런 삶을 통해 섬김에 기초한 종의 지도력을 지닌 지도자가 되라고 역설하고 있는 것이다. 잠시 공관복음에 나타난 어린아이를 모델로 한 종의 지도력을 살펴보자.

1. 마가복음의 가르침 :
지도자가 되려는 사람은 어린아이와 같이 의존적일 수밖에 없는 사람을 공동체의 일원으로 받아들이고 섬기는 자가 되라.

마가복음에 보면 예수님은 하나님 나라를 선포하고 병자들을 치유하고 난 후 자신이 가야할 수난의 길을 예고하였음에도 불구하고 그의 제자들은 여전히 예수를 이해하지 못하고 있었다. 제자들은 우리와 마찬가지로 누가 더 크냐? 누가 더 높은 지위를 차지할 것이냐? 하는 데에 관심이 집중되어 있었다. 결국 수난예고 한 가운데 예수는 제자들을 가버나움의 집에 들어가 앉혀 놓고는 지도자의 본에 대해 가르치신다. "'누구든지 첫째가 되고자 하면, 모든 사람의 꼴찌가 되어서 모든 사람을 섬겨야 한다.' 그리고 어린이 하나를 데려다가 그들 가운데 세우신 뒤에, 그를 껴안으시고서 그들에게 말씀하셨다. '누구든지 내 이름으로 이런 어린이 하나를 영접하면, 나를 영접하는 것이요, 누구든지 나를 영접하면,

나를 영접하는 것보다, 나를 보내신 분을 영접하는 것이다." 38)

이 구절들에서 첫째와 꼴찌와 섬기는 자는 본래 첫째-꼴찌와 가장 큰 사람-섬기는 자의 대비로 읽을 수 있다.39) 그리고 섬기는 자를 어린이에 대한 제자들의 행태의 관계에 초점을 두고 있는데, 여기서 어린이란 "7세 미만의 미숙하고 이해력이 부족하며 엄한 교육을 필요로 하는 존재," 곧 사회학적으로 타인의 도움 없이는 살아갈 수 없는 존재를 의미한다고 본다. 이점에서 마가복음은 교회 공동체 내 지도자의 지도력은 약자들을 섬기는 태도와 그들과의 연대적 실천에서 찾아져야 한다고 가르친다. 교회는 누군가의 도움이 없이는 살수 없는 어린아이 같은 존재가 영접되고 받아들여져야 하며, 이들을 영접하게 될 때 비로소 주님을 영접하는 것이 되고, 주님을 영접하는 것이 곧 주님을 보내신 하나님을 영접하는 것이 된다. 역설적으로 말하면 주님이 계신 곳은 가난하고, 힘없고, 의존적인 사람들이 환영되는 곳이다. 이점에서 교회 공동체는 주님이 계신 곳으로 힘 있는 자가 영접되고 환영받기 보다는 힘없는 자들이 영접되는 곳이어야 한다. 교회 공동체의 정체성은 힘없는 자가 주인이 될 때에 살아난다고 역설하고 있는 것이다.

마가복음 10장 35-48은 공동체 규율에 대한 종결부분이다. 35절에서 40절은 예수와 세베대의 두 아들사이의 대화가 소개되어 있고, 41절에서 45절은 열두 제자에 대한 가르침으로 이루어져 있다. 여기에서 예수는 이방인들의 지도력과 그리스도교 공동체의 지도력을 대비시키고 있다.

"너희가 아는 대로, 민족들을 다스린다고 자처하는 사람들은, 그들을 마구 내리누르고, 고관들은 세도를 부린다. 그러나 너희끼리는 그렇게 해서는 안 된다. 너희 가운데서 누구든지, 위대하

---

38) 마가복음 9장 35-37.
39) 김명수, "섬기는 지도자," 9쪽.

게 되고자 하는 사람은 너희를 섬기는 사람이 되어야 하고, 너희 가운데서 누구든지, 으뜸이 되고자 하는 사람은 모든 사람의 종이 되어야 한다. 인자는 섬김을 받으러 온 것이 아니라 섬기러 왔으며, 많은 사람을 위하여 자기 목숨을 대속물로 내주러 왔다." 40)

이 구절에서 제시하는 바는 공동체내에서의 지배 질서이다. 정리해보면, 마가복음에서 교회 공동체는 가장 연약한자 곧 어린아이를 받아들이도록 요청받고 있고, 지도자는 그렇게 어린아이, 곧 가장 약한 이들을 공동체의 중심인물로 받아들일 뿐 아니라, 지도자 자신이 낮은 자가 되어 섬겨야 함을 가르쳐주고 있다. 사람의 아들이 섬기러 왔기 때문에 공동체 내에서 크게 되고자 하는 사람, 곧 지도자는 섬기는 사람이 되고 으뜸이 되고자 하는 사람은 종이 되어야 한다고 가르친다. 첫째가 되고자 하는 자는 지배를 포기하고 섬겨야 하며 그 모델은 바로 예수께서 보여주신 대속적 희생을 본받는데서 찾아진다.

2. 마태복음의 가르침 :
지도자가 되려는 자는 영적이고 도덕적인 차원에서
어린아이로 거듭나야 한다.

마가복음이 가르치는 예수의 섬김의 지도자 상은 마태복음에서도 반복된다. 마태복음 18장에서 예수께서 "우리 중에 누가 제일 크냐?" 라는 질문을 가지고 온 제자들에게 어린아이 하나를 저들 앞에 세우시고 말씀하셨다. "그러므로 누구든지 이 어린이와 같이 자기를 낮추는 사람이 하늘나라에서는 가장 큰 사람이다. 또 누구든지 내 이름으로 이 어린이 하나를 영접하면, 나를 영접하는 것이다." 41) 이 구절에서 어린아이와 같아진다는 말은 어린

---
40) 마가복음 10: 42-45.
41) 마태복음 18장 4-5.

목회리더십 신학과 실제

이와 같은 존재로 되돌아가는 것을 의미한다. 마가의 경우는 지도자의 행태로서 어린이를 영접함으로 어린아이와 같은 약한 자들과의 연대를 말하고 있는 반면, 마태복음에서는 내면적이고 도덕적인 거듭남의 의미 곧 어린아이처럼 자기를 낮추는 겸비한 자가 되라고 가르치고 있다.[42] 하늘나라는 바로 이런 어린아이의 것이고 하늘나라의 시민이 되기 위해서는, 곧 교회 공동체의 일원이 되기 위해서는 내면적으로 영적으로 거듭나는 삶의 전향이 있어야 함을 강조하고 있다. 결국 마태는 생각과 의지와 행위에 있어서 어린이 같은 존재로 혹은 어린이로 되돌아가라고 촉구하고 있다.

또한 마가복음 10장 42-45절의 내용은 마태복음 20장 25-28절에서 반복되어 나타난다. 예수의 섬김과 대속적 죽음이 교회 공동체 질서의 이상이 되어야 한다고 가르치고 있는 것이다. 또한 마태복음 23장 8절부터 12절[43]까지 예수께서 말씀하셨다.

"그러나 너희는 선생이라는 칭호를 듣지 말아라. 너희의 선생은 한 분 뿐이요, 너희는 모두 학생이다. 또 너희는 땅에서 아무도 너희의 아버지라고 부르지 말아라. 너희의 아버지는 하늘에 계신 분, 한 분뿐이시다. 또, 너희는 지도자라는 칭호를 듣지 말아라. 너희의 지도자는 그리스도 한 분 뿐이시다. 너희 가운데서 으뜸가는 사람은 너희를 섬기는 사람이 되어야 한다. 자기를 높이는 사람은 낮아지고, 자기를 낮추는 사람은 높아질 것이다."

이 구절에서 예수께서는 그리스도교 지도자들은 랍비의 권위적이고 위선적인 지배 행태를 받아들이지 말고 헬라문화권에서 권

---

42) 에두아르트 슈바이처, 『마태복음』, 천안: 한국신학연구소, 381.
43) 에두아르트 슈바이처는 그의 책 『마태복음』에서 마태복음 23장이 여러 자료로 결합되어 있음을 지적하고 있다. 2절에서 7절까지는 민중에 대한 말이고, 8절에서 12절은 제자에 대한 말이고, 13절에서 33절까지는 율법학자와 바리사이파 사람들에 대한 말이며, 34절에서 39절까지는 온 백성, 특히 예루살렘에 대한 말이다. (에두아르트 슈바이처, 『마태복음』, 453).

위의 상징인 선생의 칭호를 듣지 말라고 경고하고 있다. 이렇게 함으로써 마태는 찬탈당한 신적 권위로서의 지도자의 자리를 하나님께 곧 본래의 위치로 환원시키고 있다. 따라서 마태는 예수를 중심한 교회 공동체에서 본래적 지도자의 자리는 하나님께 돌려드리고 대신 그 구성원들은 다 같은 학생이요 형제와 자매로서 평등한 관계를 가지는 구조를 가지라고 가르친다. 결국 마태는 교회 공동체내에서 가부장적 지배구조와 교권주의적 공동체 모델을 거부하고 있다. 이러한 하나님의 사랑에 기초한 평등의 공동체를 이루어가기 위해서 지도자들은 섬기는 자가 되어야 함을 요청받고 있고 그 모델을 마가복음의 경우와 같이 대속적 삶을 살았던 예수의 지도력에서 찾아져야 한다고 역설하고 있는 것이다.

3. 누가복음의 가르침 :
지도자가 되려는 자는 주인임에도 종이 되기로,
어른임에도 어린아이가 되기로 결단하라.

누가복음에서도 가장 작은 어린아이를 제자들보다 큰 사람으로 부각시킴으로써[44] 공동체의 지도자들은 작은 사람 곧 어린이가 될 것을 결단하도록 촉구하고 있다. 또한 제자들 가운데서 누구를 가장 큰 사람으로 칠 것이냐는 물음에 대해 가장 큰 사람은 미미한 사람처럼 행동해야 하는 지도자의 자세를 가르쳐 주고 있다. 또한 지도자는 섬기는 자가 되어야 함을 가르치고 있다.

예수께서 제자들에게 말씀하실 때 어린아이를 자기 곁에 두고 말씀하셨다. 예수 곁은 상징적으로 제자들이 차지하고 싶은 자리, 높아짐의 상징이다. 예수께서 어린아이를 자기 곁에 혹은 제자

---

44) 누가복음 9장 48절. "누구든지 내 이름으로 이 어린이를 영접하면, 나를 영접하는 것이요, 누구든지 나를 영접하면, 나를 보내신 분을 영접하는 것이다. 너희 가운데서 가장 작은 사람이 큰 사람이다."

들의 앞에 세웠다는 말은 제자들이 원하는 큰 사람의 자리는 바로 어린아이의 것이라는 뜻이다. 곧 어린 아이처럼 가장 작은 사람이 가장 위대한 사람이란 뜻이고, 어린 아이처럼 미미하게 된 사람이 가장 위대한 지도자란 뜻이다. 예수는 어린 아이를 첫째 자리에 올려놓음으로써 어린아이가 예수의 제자들보다 큰 사람으로 부각되고 있다. 때문에 공동체의 지도자인 제자들은 작은 사람, 어린이가 될 것을 결단해야 한다고 가르치고 있는 것이다. 곧 지도자는 가장 작은 사람처럼, 가장 미미한 사람처럼 행동해야 함을 가르쳐 주고 있다.

    누가복음에서 제자들이 누가 크냐로 다툴 때 예수님은 식탁의 구조를 말하면서 식탁에서 식사하는 사람이 큰지 시중드는 주인이 큰지를 질문한다.45) 보통 우리의 문화에서 식탁을 시중드는 사람과 시중을 받는 사람 중에서 식탁에 앉아 시중을 받는 사람이 더 큰 사람이다. 그러나 누가는 옛 패러다임을 바꾼다. 식사를 하는 사람이 아니고 식사를 초대한 주인이 주인임에도 불구하고 종처럼 섬기는 자로 선 그가 가장 큰 사람이라는 가르침이다. 누가의 패러다임의 기준은 예수의 삶의 행태로 결정된다. 예수께서 우리 가운데 섬기는 사람으로 와있기 때문에 너희 지도자들도 섬기는 자가 되어야 한다는 것이다. 지도자는 섬기는 자이고 그 섬기는 자는 곧 예수의 지도력을 본받은 것이 되는 것이다.

    누가는 지도자의 지위를 비판하지 않으면서 다른 사람을 섬기는 모델을 제시하고 있다. 곧 지도자란 지위를 포기하여 종이

---

45) 누가복음 9장 25-27절. "민족들을 지배하는 왕들은 백성들 위에 군림한다. 그리고 백성들에게 권세를 부리는 자들은 은인으로 행세한다. 그러나 너희는 그래서는 안 된다. 너희 가운데서 가장 큰 사람은 가장 어린 사람과 같이 되어야 하고, 또 다스리는 사람은 섬기는 사람과 같이 되어야 한다. 누가 더 높으냐? 밥상 앞에 앉은 사람이냐? 시중드는 사람이냐? 밥상 앞에 앉은 사람이 아니냐? 나는 시중드는 사람들로 너희 가운데 와 있다."

될 것을 요구하지 않고 오히려 주인이지만, 지도자이지만 식탁에서 시중을 드는 사람처럼 행동해야 한다고 주문한다. 여기서 누가의 지배 포기는 권력의 올바른 사용으로 나타나는 바, 지도자의 위치에서 섬기라고 가르치고 있다.

이상을 정리해 보면, 지도자는 이방인 지도자들이 추구하는 것처럼 높아지기를 추구하지 말고 낮아지기를 추구해야 한다. 그리고 사회로부터 낮아진 사람들과 연대하도록 결단해야 한다. 더불어 스스로가 어린이와 같이 되는 도덕적 영적 결단을 해야 함을 가르치고 있다. 이는 지도자 개인의 결단뿐 아니라 지도자들이 일하고 있는 교회 공동체의 정체성의 문제 곧 공동체를 운영함에 있어서 가장 약하고 보잘 것 없고 가장 미미한 사람들처럼 되어 그들 위주로 그들과의 연대 속에서 공동체를 운영해야 한다고 지적하고 있는 것이다. 곧 섬김이 그리스도교 공동체의 지도력이며 교회 공동체가 회복해야 할 영성인 것이다.

VI. 예수가 가르치는 종말론적 지도자

그리스도교 교회 공동체의 정체성은 섬김이다. 섬기되 구체적 물질적 도움으로써 섬김의 도를 감당해야 한다. 성서는 재산과 소유를 팔아 가난한 사람을 도우라고 가르치고 있고, 홀로된 여성과 부모를 잃은 아이들과 가난한 사람들에 대한 관심이 지대하다. 초대교회 당시 예루살렘 교회가 어려울 때 다른 교회들이 헌금을 해서 구체적으로 도움을 주었던 것을 상기한다면 섬김은 구체적이고 손과 발이 움직이는 몸으로 물질적으로 하는 것임을 알 수 있다. 곧 물질적 구체적 몸의 도움이 섬김이다.

그런가 하면 빌레몬서에 보면 말씀의 전파도 섬김으로 이해한다. 바울 자신이 데리고 있던 종 오네시모를 보내면서 자신을 섬기도록 붙잡아 둘 수도 있었지만 교회에 보내는 것은 바울이 자신을 대신해서 말씀을 전파하도록 돕는 종으로 보냈다고 밝히고 있다. 말씀을 전하는 것을 하나님을 향한 종 혹은 섬김으로 표현한 경우이다. 바울 자신이 복음을 전하고 돌아다니는 것도 섬김이고, 자신을 대신해 복음을 전하는 모든 활동이 섬김으로 표현되고 있다. 곧 말씀 전파가 섬김으로 이해되었다.

고린도 교회의 경우는 갈등이 많은 교회였다. 이때에 바울은 교인들이 따라야 할 공동체의 삶의 표상으로 예수 그리스도를 소개하였다. 예수 그리스도가 우리에게 보여준 것은 섬김이었다. 성령의 감동으로 살아가는 사람들에게 꼭 필요한 것은 새로운 사고와 말뿐 아니라 삶의 변화를 내포하고 있는 것이다. 곧 그리스도교인의 본질적 존재의 모습은 섬김이다. 사랑하고 사랑받기 위해 태어난 사람들이며 섬기고 섬김을 받기 위해 태어난 사람들이다. 하나님의 사랑을 받은 이란 고백이 그리스도인의 정체성이고, 사랑받은 이들이 섬기기 위해 모인 섬김의 공동체란 고백이 그리스도교 공동체의 정체성이다.

이제 그리스도교 교회 공동체와 그리스도인의 정체성을 마태복음 25장 31절에서 46절을 중심으로 예수 그리스도가 가르치는 종말론적 지도자 혹은 그리스도인의 삶에 대한 가르침을 살펴보자. 이 구절들을 우리는 세 가지 각도에서 해석해 볼 수 있다.

1. 종말론적 지도자는 예수를 닮는 자이다.
Imitatio Christi

마태복음 25장 31절 이하에 보면 마지막 날에 모든 민족이 예수 앞에 모였을 때에 예수는 목자가 양과 염소를 나누듯이 모인 사람들을 둘로 나누어 놓는다. 나눔에 대해 양측 모두가 놀라워한다. 주님이 제시한 심판의 기준에 대해 "주님 언제 우리가 그리하였습니까?" 라고 반문한다. 놀람! 이것이 주님 앞에 선 이들의 반응이다. 천국으로 분류된 사람들도 놀라고, 천국에서 탈락된 이들도 놀란다. 하나님의 나라는 우리의 기대를 넘어선 것이기 때문이다. "주님 언제 우리가 그리하였습니까?" 이에 대해 예수께서 말씀하신다. "내가 진정으로 너희에게 말한다. 너희가 여기 내 형제 자매 가운데, 지극히 보잘 것 없는 사람 하나에게 한 것이 곧 내게 한 것이다."

주님은 주님을 따른다고 하면서 지극히 작은 자에게 사랑과 섬김을 베풀었느냐 질문한다. 그러니까 주님을 잘 믿고 따르는 것의 기준은 "지극히 작은 자를 돌보았느냐?" 라는 섬김이 기준점이 된다. 그리고 예수를 닮은 삶이란 작은 자를 섬기는 삶이 되는 것이다. 우리는 종종 주님을 따르는 기준점으로 믿음을 강조한다. 특별히 개신교의 경우에는 종교 개혁 전통에 따라 믿음으로만(sola fide)이란 교리적 기준을 강조한다. 그러나 마태복음 25장에서 예수는 예수를 따르는 기준, 예수를 닮는 기준, 예수를 믿는 기준이 지극히 작은 자를 섬기는데 있다고 역설한다.

> 너희는 내가 주렸을 때에 내게 먹을 것을 주었고, 목말랐을 때에 마실 것을 주었고, 나그네 되었을 때에 영접하였고, 헐벗었을 때에 입을 것을 주었고, 병들었을 때에 돌보아 주었고, 감옥에 갇혔을 때에 찾아 주었다. (마 25:35-36)

여기서 예수를 믿고 따른다는 것과 주린 자, 목마른 자, 나그네 된 자, 헐벗은 자, 병든 자, 감옥에 갇힌 자를 찾아 돌보는 일은 서로 나뉘지 않는다. 예수를 믿는 것과 이들을 돌보는 것은 밀접한 관계가 있다. 이들을 돌보지 않는다면, 미미한 자를 돌보지 않는 것은 예수를 믿는 것이 아니다. 믿음과 행함은 나뉘는 것이 아니다. 믿음이 있은 즉 행함이 있는 것이고, 행함으로 믿음이 드러나는 것이다. 곧 믿음이 이들을 돌보는 것이다. 믿음은 그리스도를 따르는 것이고, 그리스도를 따르는 것은 미미한 자들을 섬기고 돌보는 것이다. 이 모범을 주님이 보여주셨다. 그러니 종말론적 그리스도인의 신앙은 예수를 따르는 자로서 섬김의 도를 실천하는 자들이다. 섬김이 곧 그리스도를 본받는 것이고, 이것이 종말론적 지도자의 표상이다.

2. 종말론적 지도자는 하나님의 형상을 회복하는 자이다.
Imitatio Dei

종말적 지도자는 주린 자에게 먹을 것을 주고, 목마른 자에게 마실 것을 주고, 나그네 된 자에게 거처를 허락하고, 헐벗은 자에게 입을 것을 주고, 병든 자를 방문하며, 감옥에 갇힌 자를 방문하면서 그 행동 자체에 자족하고 만족하는 것이 아니다. 우리가 누군가 도움이 필요한 사람에게 도움을 준 그 행동 자체에 정당성과 의로움을 부여함으로써 스스로 자기 의를 챙기는 것은 참된 그리스도교 지도자의 모습이 아니다. 오히려 우리가 방문했던 그 사람을 통해, 도움을 받았던 그 상대를 통해 그 안에 있는 하나님을 볼 수 있어야 한다. 너희가 나를 따른다고 하면서, 미미한 자들을 돌보면서 "그들 안에 있는 하나님의 역사, 하나님의 형상을 보았는가?" 라는 말이다.

어느 목사님의 간증을 읽은 적이 있다. 대학생들이 소록도를 방문한 경험을 전하는 간증이다. 한 달여간 소록도를 방문하기 위해 학생들은 모여 기도하고 여러 가지로 준비했다. 마치 자신들이 문둥병자들에게 많은 도움을 줄 양으로 소록도 방문길에 올랐다.

그날 학생들은 자신들이 준비한 방문을 마치고 집으로 출발하기 위해 차에 오르기 시작했다. 차안에서 이상한 일이 벌어지고 있었다. 어떤 학생은 가슴을 치며 울고, 어떤 학생은 차안의 의자를 부여잡고 들썩이고 있었다. 모두가 감격에 겨워 있었다. 목사님이 물었다. 무슨 일이 있었냐고? 학생들의 대답은 자기들이 문둥병자들을 돌보고 섬길 것이라고 생각했는데 오히려 자신들 보다 훨씬 열악한 환경에서 더 깊은 신앙과 감격과 감사가 넘치는 신앙을 가진 문둥병자들을 만나면서 그들 가운데 계신 살아계신 하나님을 만났노라고 전했다.

저들 속에서 하나님을 보았느냐? 저들 속에서 예수 그리스도를 보았느냐? 저들 속에서 살아 역사하는 성령을 보았느냐?

헨리 나윈이 쓴 『아담』46)이란 책이 있다. 나윈이 마지막으로 섬겼던 라쉬 공동체에서 만난 아담은 지체 부자유자의 청년이었다. 가장 약하고 의지하지 않고는 살 수 없는 아담을 통해 나윈은 참된 스승이자 인도자인 예수의 삶을 발견한다. 나윈은 아담을 통해 예수 그리스도를 만나면서 복음과 하나님의 사랑을 새롭게 이해한다. 이러한 이해의 빛에서 아담의 생애를 예수의 생애에 따라 기술한 것이 『아담』이란 책이다. 아담의 숨겨진 이야기, 라쉬 공동체에서의 아담의 공생애, 사역, 기적, 수난, 죽음, 부활이 그것이다. 가장 약한 자, 가장 미미한 자, 가장 상처 받기 쉬운 자를 통해 하나님을 만난 이야기이다. 그리고 그 가장 약한 자를 통해 비로소 강한 자들이 도움자 혹은 섬기는 자로 전환하면서 그리스도 공동체가 이루어지는 교회의 진정한 모델을 나윈은 제시한다.

그리스도를 따른다고 하면서 누군가를 돕게 될 때 우리가 저들을 돕는 것에서 그치는 것이 아니다. 저들을 돌보다가 저들 안에 계신 참 하나님의 형상을 보도록 도전 받고 있는 것이다. 연약

---

46) 헨리 나윈, 『아담: 하나님이 사랑하시는 자』, 김명희 옮김, 서울: IVP, 1988.

한 자들 돌보다가 그 연약함 가운데 모든 사람을 연결하고 받아들이는 예수 그리스도를 보는 것이다. 예수께서 우리로 미미한 자를 돌보라고 하는 것은 미미한 자 가운데 계신 그리스도를 만나라는 뜻이고, 그리고 그분을 만남 가운데 하나님의 형상을 회복하고 약함을 섬기는 가운데 공동체를 세워가라는 예수 그리스도의 축복어린 초청인 것이다.

3. 종말론적 지도자는 정의를 이루는 자이다.

너희 가난한 사람은 복이 있다. 하나님의 나라가 너희의 것이다. 너희 지금 굶주리는 사람은 복이 있다. 너희가 배부르게 될 것이다. 너희 지금 슬피 우는 사람은 복이 있다. 너희가 웃게 될 것이다. 사람들이 너희를 미워하고, 인자 때문에 너희를 배척하고, 욕하고, 누명을 씌울 때에 너희는 복이 있다. 하늘에서 받을 너희의 상이 크다. 그들의 조상이 예언자들에게 이와 같이 행하였다. (눅 6:20-23)

가난한 자가 복이 있다. 예수는 가난한자와 자기를 연대하고 있다. 자신을 가장 힘들다고 느끼는 가난한 사람들과 예수는 일치시키고 있다. 가난한자가 복이 있다는 말은 예수께서 가난한 사람들과 연대하면서, 그 가난한 사람들이 곧 약자들이 도움을 받고 복을 받을 권리가 있다고 선언하고 있다.

가난한 자들은 도움을 받을 수밖에 없다는 것을 깨달았기 때문에 축복이 된다. 구약은 경건한 자는 정의를 위해 살아야 한다고 가르친다. 그런데 신약에 오면 정의가 이루어지기 위해서는 가난한 자가 도움을 받을 권리가 있으며 축복을 받을 권리가 있다고 선언한다. 가난한 자란 도움을 주어야 할 대상이 아니다. 도움을 받을 권리가 있는 사람들이라고 선언한다. 도움의 대상이 아니고 축복의 주체인 것이다. 가난한 자가 복이 있다. 여자가 복이 있다.

어린이가 복이 있다. 지체 부자유자가 복이 있다. 우리의 이웃 고난 받는 피조 세계가 복이 있다. 가난한자가 피동자가 아니고 곧 능동자이다. 가난한 자가 도움을 받을 자가 아니고 권리가 있는 복 있는 자로 전환된다.

　　선진국과 후진국의 차이는 가난한 자가 어떤 대우를 받고 있는가에 의해 나뉘어 진다. 한국의 상황에서 좀 극단적인 경우로 받아들여지겠지만, 필자의 경우 미국 대학원에서 마지막 졸업을 하는데 졸업생 가족 중 한 분이 지체부자유자라는 이유로 지체 부자유자를 위한 시설이 준비되지 않았던 품위 있는 대학원 건물에서 박사학위 수여식을 못하고 허름한 학생회관에서 졸업식을 했던 기억이 있다. 한 사람의 지체 부자유자가 누리는 권리를 새삼 경험했던 사례다. 가난하기에 복 있다고 주장할 수 있는 사회, 그런 사회를 만들어가도록 종말론적 지도자는 부름 받은 것이다. 우리 사회에서 약한 자들을 찾아보면 무수히 많이 있다. 외국인 노동자들, 북한을 탈출해 들어와 있는 탈북자들, 북한의 모든 형제와 자매들, 그리고 무수히 많은 독거노인, 소년 소녀 가장, 가난한 이들. 이들이 다 권리가 있다고 복이 있다고 주체적으로 그 복의 권한을 말할 수 있는 사회를 만들어 주어야 할 의무가 종말적 지도자들에게 주어져 있다.

　　헨리 나원이 쓴 『상처 입은 치유자』(*The Wounded Healer*)[47] 라는 책 서문에 도망병의 이야기가 나온다. 목회자의 지도에 따라 섬김의 영성이 잘 훈련된 어느 마을에 어느 날 도망병이 찾아왔다. 마을 사람들은 지친 도망병에게 먹을 것을 주고 입을 것을 주면서 머물 곳을 마련해 주었다. 얼마 지나지 않아 군인들이 들이닥쳤다. 도망병을 찾아 마을에 들이닥친 군인들은 마을을 뒤지기 시작했다. 도망병을 찾지 못하고 마을을 나서면서 군인들을

---

47) 헨리 나원, 『상처 입은 치유자』(*The Wounded Healer*), 최 원준 역. 서울: 두란노, 2000.

마을 주민들에게 내일 아침까지 도망병을 찾아 내놓으라고 했다. 만일 그렇지 않으면 마을을 불살라 버리겠노라는 말을 남겨놓고 마을을 떠났다.

그날 밤 마을 사람들은 회의를 거쳐 목회자에게 마지막 결정권을 남겨두고는 각자 집으로 돌아갔다. 혼자 남은 목회자는 밤새 강단에서 기도하기 시작했다. 그러나 그날 밤 주님은 목회자의 기도 가운데 나타나지 않았다. 새벽녘이 되어 마음이 다급해진 목회자는 하나님을 향해 결사적으로 기도했다. 주님! 어째서 제게 응답해 주시지 않는 것입니까? 마침내 목회자는 주님을 향해 제안을 내어놓았다. 기도하면서 쥐고 있었던 성경을 펴서 임의대로 읽는 말씀을 통해 응답을 달라고 기도하였다. 그리고는 성경을 펴 들었다. "한사람의 생명을 대속물로 드려 많은 생명을 살림이 낫지 않겠는가!" 그런 내용이었다. 목회자는 마음을 다스리며 정리를 하였다. 도망병을 내주기로..

아침이 되어 목회자는 마을 사람들에게 지난 밤 있었던 일을 소개한 뒤 도망병을 군인들에게 내주었다. 마을 사람들은 자기들 동네를 살린 위대한 지도자 목회자의 영도력에 탄성을 올리며 축하하기 위해 마을회관으로 몰려갔다. 그러나 목회자는 마음이 무거워 파티에 참석할 수 없었다. 홀로 강단에 엎드려 다시 기도하기 시작했다. 주님. 왜 제 마음이 이리도 무겁습니까? 그 때에 주님이 말씀하셨다. "네가 오늘 메시야를 넘겨주었노라!" 깜짝 놀란 목회자는 물었다. "그러면 왜 주님이 지난 밤 기도 가운데 말씀해 주시지 않았습니까? 제가 그렇게도 애쓰고 힘써 구했는데 왜 주님은 말씀해 주시지 않았습니까? 주님의 말씀을 통해 제게 말씀하신 것은 무엇입니까?" 그러자 주님이 다시금 목회자의 마음에 말씀하셨다. "네가 어젯밤 기도하는 것을 잠시 멈추고, 성경 말씀 읽는 것을 잠시 멈추고, 두려움에 떨고 있는 도망병을 한번만 방문했더라면 너는 그 도망병에게서 메시야를 만났을 것이다."

헨리 나웬은 가장 연약한 자 도망병의 이야기를 통해 도망병과 예수가 연대하고 있음을 가르치고 있다. 도망병이 곧 예수였다. 가난한자들 안에 하나님이 계시고 그들이 곧 예수다. 이는 마더 테레사가 환자들을 돌보면서 주님의 몸을 돌보는 것을 경험했던 것과 같은 맥락이다. 주님은 가난한 자들 가운데 계시고, 더 나아가 가난한 자들이 곧 예수 그리스도다. 그들이 복을 받을 권리가 있는 사회를 만들어 내는 것 이것이 종말적 지도자의 몫이다. 목회는 곧 가난한 자들의 섬김이다.

VII. 결언: 지도자로서의 목회자

목사(minister)란 말은 바울이 그리스도교 지도자를 지칭할 때 쓰던 디아코노이(*diakonoi*)란 말에서 유래한 것으로 봉사 혹은 섬김의 의미를 갖고 있다. 문자적 의미로 디아코노이란 말은 집안의 술을 관리하는 집사(butler) 혹은 식탁을 시중드는 사람(waiter)란 의미를 갖는다. 그리스도교 교회가 목사라는 의미를 이처럼 세속적이고 천한 의미의 용어에서 빌려온 것은 참으로 놀라운 일이다. 목사를 궁궐이나 집안의 관리자 정도로 생각한 것이다. 그러나 하늘나라의 질서에 들어오면서 목사의 직분은 주님의 식탁을 시중드는 종들 중의 하나로 그 신분이 상승하게 된 것이다.

앞서 인간은 관계적 존재이고 혹은 사이 존재로서 지도자로 부름 받고 있음을 제시한바 있다. 이러한 관계적 존재로서의 인간 이해는 그리스도교 신앙의 내용인 삼위일체적 하나님 이해에서 비롯된 것이다. 하느님께서 창조자와 구속자와 변혁자로 서로 내어 주고 받아주는 순환적 교류를 통해 공동체를 이루듯이 인간 또한 나와 너 그리고 나와 너 속에 이루어지는 관계를 통해 삼위일체적 관계를 이루어 간다. 이러한 공동체적 하나님 이해가 곧 교회 공동체의 기원이 되고 그리스도교 인간을 이해하는 기초가 된다.

그리스도인이 된다는 것인 하느님의 형상을 회복하는 길이고, 하느님의 형상은 공동체를 이루어가는 궁극적 이상에서 찾아질 수 있다. 그것이 곧 그리스도 교회의 믿음과 사랑과 소망의 비전이다. 공동체를 이루어 가는 수평적 삶에서 교회가 갖는 정체성을 사랑과 섬김이라고 정리했다. 그리고 그 공동체를 위해 부름받은 지도자로서의 목회자는 섬김의 지도력을 갖도록 부름 받고 있다.

요한복음 13장은 예수님의 수난 이야기가 시작되는 시점이다. 공관복음서의 경우 이 시점에서 성만찬의 이야기가 등장한다. 그런데 요한복음서에서 성만찬의 자리에 제자들의 발을 씻기는 대목이 나오는 것은 발을 씻기는 섬김이 성만찬만큼 중요한 위치에 있음을 암시하고 있다. 성경이 전하는 그리스도인의 정체를 알리는 두 자리가 있다. 곧 세례와 성만찬이다. 그리고 그리스도교 목회가 시작되는 시점이 있다. 바로 세례의 자리이다. 세례는 그리스도와 함께 죽고 그리스도와 함께 사는 그리스도안에서의 새로운 삶의 자리이다. 그리고 성만찬은 그리스도와 함께 산 이들이 세례의 사건을 되새기면서 그리스도인 됨을 반복적으로 상기하는 사건이다. 세례와 성만찬은 둘 다 옛 자아의 죽음과 그리스도인으로서 십자가를 따르는 고난의 삶을 담고 있다. 성만찬의 자리에 제자들의 발을 씻기는 섬김의 도를 삽입시킨 요한은 주님을 따르는 그리스도인 혹은 목회자의 자리는 곧 섬김의 자리여야 함을 역설적으로 전하고 있는 것이다. 바로 섬김이야 말로 그리스도 교회의 정체성을 알리는 자리이며, 목회자가 지녀야 할 지도력의 모범임을 보여주는 대목이다.

예수님이 제자들을 부르셨다. 그리고 저들에게 소명을 주셨다. 그런데 소명을 주시면서 조건을 따져 묻는다. "자기를 부인하고 나를 따르라." "쟁기를 들고 뒤를 돌아보지 말라." "나를 사랑하는 자는 나를 따르라." 나를 섬기고자 하는 자는 나를 따르라. 그런데 여기서 예수 그리스도를 섬기는 것은 미미한 자를 섬기는 것이다.

예수는 이 땅에 섬기러 왔다. 그가 사는 동안 제자들과 세상을 섬기고 가셨다. 그리고 그가 재림하면 섬기러 오겠다고 약속했다. 예수는 섬기러 왔고, 섬기다 갔고, 섬기기 위해 다시 올 것이다. 어제와 오늘과 내일이 동일한 예수 그리스도의 유일한 가르침은 섬김이었고, 그 섬김의 삶을 오늘 우리가 살아가야 한다고 요청하고 있다.

오늘 한국 교회는 위기를 경험하고 있다고 한다. 교회는 주님이 떠난 이후 종말의 시대를 살아가면서 바다 위를 표류하는 배처럼 늘 위험을 느끼며 살아간다. 왜 교회가 위태롭고 위기인가? 너무 높아지려 하기 때문이다. 섬김을 받으려 하기 때문이다. 지배하려 하기 때문이다. 너무 많이 가지려 하기 때문이다. 너무 많이 가르치려 하기 때문이다. 효과적이고 화려하려 하기 때문이다. 너무 커지려 하고 조직적이고자 하기 때문이다. 교회가 눈의 교회, 귀의 교회, 머리의 교회가 되어가기 때문이다. 곧 교회가 교회의 정체성을 잃고 있기 때문이다.

그리스도교 교회는 주님이 계신 곳이다. 어떤 이들은 감독이 주재하는 곳에 그리스도가 계시다고 믿는다. 어떤 이들은 성만찬이 이루어지는 곳에 주님이 계시다고 한다. 그런가 하면 어떤 이들은 주님의 말씀이 선포되는 곳에 주님이 계시다고 한다. 그런데 정작 주님은 가난한 이들 가운데 계신다고 한다. 그러니 교회는 눈의 교회도, 귀의 교회도, 머리의 교회도 아니고, 진정한 교회는 손과 발의 교회 곧 섬김이 구체적으로 일어나는 몸의 교회여야 한다. 그리고 그 몸의 교회를 이루는 섬김의 지도력을 교회 공동체의 지도자들이 지녀야 할 지도력이다.

다시 한번 정리해보자. 하나님의 이야기는 사랑과 섬김의 이야기이다. 창조를 통해 하나님은 자기를 제한하면서까지 자기를 내어주는 사랑을 하신다. 구속을 통해 하나님은 자기를 희생하며 이웃을 끌어않는 사랑을 하신다. 변화와 연합을 통해 하나님은 조각난 우리를 다시 연합해 하나님의 형상을 회복케 하시고 섬김의 공동체를 이루어 가도록 사랑하신다. 하나님은 사랑의 이야기이다. 하나님의 자녀가 된 우리 모두도 사랑의 이야기를 만드는 자들이다. 사랑의 구체적인 몸의 모습이 섬김이다. 우리는 섬김을 받고 섬기도록 지음 받은 존재들이다. 섬기기 위해 우리는 성령의 은총을 입는다. 성령의 은총으로 맺어진 열매가 모두 사랑의 이야기다. 도날드 반 그래이(Donald Van Gray)는 성령의 아홉 가지 열매를 사랑으로 표현한 바 있다. 사랑이 열쇠이다. 기쁨은 빛나는 사랑이다. 평화는 쉼을 주는 사랑이다. 인내는 오래 참는 사랑이다. 친절은 어루만지는 사랑이다. 양성은 사랑의 성품이다. 충성은 사랑의 습관이다. 온유는 자기를 잊고 하는 사랑이다. 절제란 성내지 않는 사랑이다. 우리의 존재가 사랑의 존재이고 우리의 삶의 과제가 사랑으로 열매 맺도록 지음 받았다. 곧 섬김의 사람들로 지음 받은 것이다.

종종 우리는 목회자로서 유혹을 받는다. 효과적인 지도자가 되려는 유혹이다. 그래서 지혜와 능력을 구한다. 그리고 그 성서적인 배경을 사도행전 6장에 나오는 집사 선택의 기준에서 찾는다. 그러나 사도행전을 썼던 누가가 쓴 복음서에 나오는 선한 사마리아 사람의 비유는 교회 공동체의 지도자가 어떠해야 하는지 결정적인 단서를 제공한다.

누가복음 10장 25절에서 37절에 나오는 선한 사마리아 사람의 비유에서 우리는 이방인을 향해 문호를 개방하고 이들을 수용하는 개방성을 만나게 된다. 그리고 사마리아인의 도움(목회)이 구체적이고 물질적인 모델을 보게 된다. 예수의 목회의 특징은 기적

제2장 지도자로서의 목회자

을 베푸는 것이라기보다는 배고픈 사람들에게 먹을 것을 준 사건이었다. 구체적으로 행동으로 섬기는 것이 목회다. 그리고 사마리아 사람을 통해 새로운 목회의 비전을 보는 바, 섬기기 위해 스스로를 낮추고 끝까지 책임지고 사랑을 구체적으로 실천하는 모습을 만나며, 폭력을 포기하고 사랑으로 치유하는 모델을 만난다.

복음을 전하면서 섬김이 없는 복음은 생각할 수 없다. 섬김이 곧 그리스도인 됨이다. 교회는 섬김의 공동체이다. 그리고 그 섬김의 공동체를 위해 부름 받은 목회자는 섬기는 지도력을 발휘해야 한다. 지도자는 지도자를 낳는 자들이다. 그러니 지도자로서의 목회자는 섬김이란 목회의 철학을 갖고 보고, 자신의 꿈을 분명하게 회중과 나누며, 그리스도를 따르는 제자에로의 부름에 헌신하도록 회중들을 지도자로 양육하여 그리스도의 제자로서 이 땅에서 영향력을 미칠 수 있도록 양육하는 자이다. 섬김의 지도자로서 목회자는 섬김의 지도자를 낳은 자들이다. 그리함으로 이 땅에 섬김의 지도자들이 넘쳐나게 될 때 교회는 다시금 이 땅의 희망이 될 것이다. ■

참고문헌

거름 편집부 역음. 『지도자의 철학』. 서울: 거름, 1994.
김명수. 「섬기는 지도자: 마태복음 23장 10절을 중심으로」 『그리스도교사상』 1991년 3월호.
로렌스 O. 뤼쳐즈 저. 남철수 역. 『교회 지도자 신학』. 서울: 정경사, 1983.
박치정. 『21세기 조직을 움직이는 지도자와 리더십』. 서울: 삼경문화사, 2000.
우라베 구니요시 저. 이서종 역. 『리더십』. 서울: 집문당, 1990.
이대웅. 『한 시대를 이끄는 리더의 행동지침: 지도자의 전략과 리더십』. 서울: 혜진서관, 1999.
Boesak, Allan. *Black and Reformed*. Maryknoll: Orbis Books, 1984.
Buber, Martin. *I and Thou*. Edinburgh: T. & T. Clark, 1958.
Cleary, Thomas. *Zen Lessons: The Art of Leadership*. Boston: Shambhala, 1989.
Clemens, John K & Douglas F. Mayer. 『서양 고전에서 배우는 리더십』. 이은정 역. 서울: 매일경제신문사, 1997.
Dale, Robert D. *Pastoral Leadership*. Nashville: Abingdon Press, 1986.
---. *Leading Edge: Leadership Strategies from the New Testament*. Nashville: Abingdon Press, 1996.
---. *Leadership for a Changing Church*. Nashville: Abingdon Press, 1998.
Deir, Costa S. *The Exemplary Leader*. Lima: International Leadership Seminars, Inc., 1996.
Fox, Matthew. 『원복』(*Original Blessing*). 황종렬 역. 서울: 분도출판사, 2001.
Gardner, Gardner. *Developmental Psychology*. Boston: Little, Brown and Company, 1978.
Grant, Jacquelyn. "The Sin of Servanthood and the Deliverance of Discipleship," in *A Troubling in My Soul: Womanist Perspective on Evil and Suffering*, ed. Emilie M. Townes(Maryknoll: Orbis, 1933.
---. "Servanthood Revisited: Womanist Explorations of Servanthood Theology," in *The Papers of the Henry Luce III Fellows in Theology*, ed. Jonathan Strom. Atlanta: Scholars Press, 1935.

Hedahl, Susan K. *Listening Ministry: Rethinking Pastoral Leadership*. Minneapolis: Fortress Press, 2001.
Hemphill, J. K. & A. E. Coons. *Leader Behavior: Its Description and Measurement*. Columbus: Ohio University Press, 1957.
Hunter, James C. *The Servant: A Simple Story about the true Essence of Leadership*. Rocklin: Prima Publishing, 1998.
Jacobs, T. O. *Leadership and Exchange in Formal Organizations*. Alexandria: Human Resources Research Organization, 1970.
Maxwell, John. 채천석 역. 『리더십의 21가지 불변의 법칙』. 서울: 청우, 2000.
Migliore, Daniel L. *Faith Seeking Understanding: An Introduction to Christian Theology*. Grand Rapids: Willaim B. Eerdmans Publishing Company, 1991.
Nouwen, Henri J. M. 『이는 내 사랑하는 자요』 (*Life of the Beloved*). 김명희 역. 서울: IVP, 1994.
---. 『탕자의 귀향』 (*The Return of the Prodigal Son*). 김항안 역. 서울: 글로리아, 1998.
---. 『데이브레이크(새벽)으로 가는 길』 (*The Road to Daybreak*). 성찬성 역. 서울: 바오로 딸, 1999.
---. 『아담 - 하느님이 사랑하시는 자』 (*Adam - God's Beloved*). 김명희 역. 서울: IVP, 2000.
---. 『상처입은 치유자』 (*The Wounded Healer*). 최원준 역. 서울: 두란노, 2000.
Russell, Letty M. Russell. *Human Liberation in a Feminist Perspective: A Theology*. Philadelphia: Westminster, 1974.
Walton, Steve. *Leadership and Lifestyle*. Cambridge: University Press, 2000.
Weems, Lovett H. Jr. *Leadership in the Wesleyan Spirit*. Nashville: Abingdon Press, 1999.
Wildavsky, Aaron. *The Nursing Father: Moses as a Political Leader*. The University of Alabama Press, 1984.
Willimon, William H. *Pastor: The Theology and Practice of Ordained Ministry*. Nashville: Abingdon Press, 2002.
Yrigoyen, Charles Jr. *John Wesley: Holiness of Heart and Life*. Nashville: Abingdon Press,

제 3 장
선교우선의 리더십

Mission-First Leadership.

이 후 천
협성대학교 선교와 문화 교수

감리교신학대학 (B. Th.)
감리교신학대학 대학원 (M. Th.)
독일 하이델베르그대학 (Dr. theol.)
한국선교신학회 회장 역임
현, 협성대학교 교수 (선교학)

제 3 장 선교 우선의 리더십
Mission-First Leadership

이 후 천

"전문적(professional) 목회자의 시대는 지나갔고,
선교적(missionary) 목회자의 시대가 도래했다"
- Kennon L. Callahan[1]

1. 서 론

한국의 교회는 지난 세기를 통해 세계에 그 유례를 찾아보기 힘들 정도로 급속한 성장을 하였다. 이 성장의 과정에서 한국교회는 대형교회들의 출현과 함께 탁월한 리더십을 가진 목회자들도 배출하였다. 리더십은 교회에 주신 하나님의 선물 가운데 하나인데[2], 한국교회는 그 하나님의 은사를 잘 활용한 셈이다. 그 결과로 소위 카리스마를 가진 초대형 교회 리더십의 등장은 한국교회의 위상을 그만큼 세계에 드러내 놓았고, 성공요인에 대한 연구대

---

[1] Kennon L. Callahan, Effective Church Leadership. Building on the Twelve Keys, San Francisco 1990, 3.
[2] Harris W. Lee, Effective Church Leadership. A Practical Sourcebook, Augusburg/Minneapolis 1989, 21.

상이 되기도 한다.3) 그러나 이와 함께 리더십에 대한 이해를 양분시키는 결과를 빚기도 하였다.

 그 하나는 교회성장이 하나님의 축복이라는 논리에 입각하여, 어느 정도 성장이 되면 경영 마인드를 통해 더욱 성장시키려는 복음주의적 경향의 리더십 유형이다. 여기서 성장의 비결은 설교와 조직관리 그리고 다양한 전도, 양육, 정착, 훈련 프로그램들을 통해 교인들의 욕구를 충족시켜 주는데 있다. 이 경우 목회자는 주로 교회의 수적 팽창을 통한 교세 확장에 치중한다. 물론 이속에 질적 성장 요소가 없는 것은 아니지만, 여기서 리더십의 성공여부는 교세의 크기에 의해 결정된다.

 또한 우리는 한국교회에서 이와는 다른 목회자 리더십도 발견한다. 사회로부터 소외된 집단들에 깊은 관심을 가지고 그들을 위한 행동의 근거를 예수님의 말씀과 선교에서 찾으려는 에큐메니칼 경향의 교회 지도자 모습이다. 이러한 리더십은 수적 팽창을 지향하지 않으며, 작은 교회일지라도 현장의 소리에 귀 기울이는 것이 예수님의 삶을 본받고 실천하려는 공동체의 사명이라고 주장한다.

 우리는 이 두 유형의 목회자 리더십을 바라보면서 어떤 것이 과연 성서적이고, 신학적으로 정당한 리더십인가를 해명할 수 있지만, 그렇다고 해서 그것만이 옳다고 쉽게 판정을 내릴 수는 없다. 왜냐하면 주로 전자, 즉 교세확장 지향의 경우가 문제시되지

---

3) 그 동안 리더십에 대한 연구는 거의 60년 이상 된 것으로 보인다. 1985년 자료에 의하면 리더십에 대한 정의가 350개에 이르고, 이와 관련된 저서만도 4000권 이상에 달하며, 수많은 논문들이 있는데, 지금은 그 수에 있어서 훨씬 증가했으리라는 것을 추측할 수 있다 (참조하라, Warren Bennis and Burt Nanus, Leaders: The Strategies for Taking Charge, New York 1985, 4; Effective Church Leadership. A Practical Sourcebook, 12). 특히 최근 한국 교회의 카리스마 리더십에 의한 초대형 교회의 성장 요인을 분석한 것으로 홍영기 박사의 한국 초대형 교회와 카리스마 리더십은 주목할 만한 저서이다 (참조하라, 홍영기, 한국 초대형 교회와 카리스마 리더십, 교회성장연구소 2001).

만, 후자도 교회의 사회적 차원을 강조하기 때문에 교인들이 교회 안에서 자신들 내면의 심리적이고, 영적인 안정을 구하려는 태도를 폄하하는 경향도 있음을 부인할 수 없다.

그러나 어쨌든 여기서 근래 들어 나타나는 교회 성장률의 감소 또는 정체의 원인과 관련하여 한국 교회의 미래 내지는 목회자 리더십의 위기에 대한 책임의 소재로서 대체로 전자의 리더십을 많이 거론하는 것이 사실이다. 그 이유에 대해서 사회학적인 연구 결과들이 있는데, 대표적으로는 교회의 사회적 역할에 관한 것이다. 교회는 자기 재생산 구조에만 관심을 가졌지, 사회에 나눠주는 데에는 인색했다는 것이다. 그리고 다른 또 하나의 요인으로는 교인들과 목회자의 관계성에 관한 것을 들 수 있다. 목회자의 정직성과 신뢰성에 상당한 의문을 표시하는 사회적으로, 신학적으로 의식화 된 평신도 층이 점차 확대되는 형편이다. 때로 그들은 교회의 운영과 질서의식이 사회보다도 못하다고 비판하기도 한다.

그런가 하면 평신도들은 목회자들이 교회 내부에만 눈을 돌려 거기에 익숙하여 안주하는 동안, 바뀐 세상 속에서 재빠르게 적응하며, 자신을 변화시켜 살아간다.[4] 교회의 더딘 변화는 세상에서 살아가는 사람들로 하여금 교회로 향하지 못하는 결과를 낳고 있다. 목회자들이 교회 내부의 문화에만 익숙해 있기 때문이다. 급기야 교회와 세계는 뚜렷한 이분법적 구조로 나누어진다. 이런 상황에서는 지금까지의 교회내부 지향적 목회자 리더십 패러다임만으로 오늘날과 같은 근본적인 변화를 겪는 세계에서 사회적 차원뿐만 아니라, 변화하는 교인들의 의식에 비전을 제시하는 리더십을 올바로 발휘할 수 없다는 것이 자명한 이치이다.

쉽게 말해서 목회자 리더십이 안팎으로 도전을 받고 있다. 이것은 자연히 목회자 리더십의 누수를 가져온다. "전략적 변곡

---

4) 참조하라, Effective Church Leadership. Building on the Twelve Keys, 10.

점"의 관점에서 볼 때, 오르막이 있으면, 내리막이 있게 마련인데 지금이 결단의 시점이다.5) 리더십이란 영향력이고, 이것이 선교와 관련될 때 그것은 교회성장과 밀접한 연관이 있는 것이 사실이다. 그러나 바로 이 점에서 우리는 목회자 리더십이 대형교회를 형성하고, 그것을 이끌어 가는 힘만을 의미하는 것인가에 대해서 묻지 않을 수 없다. 여기서 우리는 이 두 가지 리더십의 경향, 즉 바깥지향(go-structure/mission outpost/ "The world is my parish")과 안지향(come structure/focus inside the church/ "The church is my parish")을 동시에 통전적으로 아우르는 리더십을 선교우선의 리더십으로서 21세기의 목회자 지도력은 적어도 이러한 방향으로 나가야 되지 않을까 하는 점을 제시할 수 있다.6)

　　이 리더십이 실제로 교회에 의해 어떻게 활용되느냐에 따라 교회는 하나님의 나라와 가까워지기도 하고, 멀어지기도 한다. 신약은 특별히 예수의 이미 오심과 또 오실 그날까지의 사이에 교회의 과제로서 선교를 설정하고 있는데, 바로 이 점 때문에 리더십은 철저히 선교우선이 되어야만 한다. 여기서 선교적 혹은 선교우선이란 말은 모든 교회와 관련된 일을 선교적으로 사고하고, 준비하며, 실천하는 자세를 말한다. 그렇기 때문에 선교우선의 리더십은 단순히 교회를 성장시키기 위한 리더십 지침이나 훈련코스가 아니다. 그것은 어떻게 하면 교회가 하나님의 도구로서 이미 하나님의 백성 된 사람들과 아직 아닌 사람들을 껴안을 수 있을지를 고민하고, 종말을 기대하며, 이 땅 위에 하나님의 나라를 건설하려는 삼위일체 하나님의 선교와 깊이 연관된 리더십이다. 환언하면,

---

5) 참조하라, 앤드류 그로브 저, 유영수 역, 편집광만이 살아남는다, 한국경제신문사 1998; Eddie Gibbs, Church Next. Quantum Changes in How We Do Ministry, Downers Grove, Illinois 2000 (이 책은 임신희 역, 넥스트 처치. 미래목회의 9가지 트렌드, 교회성장연구소 2003으로 번역되었다). "전략적 변곡점"에 대해서는 3장에서 다시 논한다.
6) 참조하라, a.a.O., 8ff.

선교우선의 리더십이란 정직과, 신뢰, 헌신으로 무장한 선교적인 삶을 통해 복음의 진리를 향해 나아가려는 사람들로 하여금 그들이 누구이든지 그것을 찾도록 가장 잘 도와주는 영향력을 말한다.7) 그러면 이때 그 영향력이 미칠 교회 안과 바깥 지향의 구체적인 방향과 틀은 무엇인가?

이것을 위해 우리는 먼저 우리 시대를 특징 짓는 현상들을 이해해야 한다. 현 시기 리더십의 위기는 무엇이고, 그 위기의 본질을 규명함으로써 우리는 올바른 선교우선의 리더십의 방향을 가늠할 수 있다. 따라서 이 글은 특히 한국적 상황을 염두에 두고 교회 안과 밖을 아우르는 목회자의 리더십의 회복을 통해서 이 시대의 선교우선의 지도력을 확보하려는 하나의 작은 시도이다. 왜냐하면 우리는 이 선교우선의 리더십을 통해서 교회 안과 밖에서 목회자의 진정한 리더십을 발휘할 수 있다고 생각하기 때문이다.

2. 변화된 시대와 목회자 리더십의 위기

1) 변화된 세계, 변해버린 목회현장

목회자 리더십의 위기는 무엇보다 지도자가 변화된 상황을 읽지 못하고, 현재에 안주하려는 태도에서 비롯된다. 현재에 있어서 상황의 구조변화는 테크놀로지 차원에서 인류가 지금까지 경험한 것과는 근본적으로 전혀 다른 새로운 모습을 보여준다. 미래학자들에 따르면 21세기에는 변화의 발걸음이 상당히 빨라지게 된다. 예컨대, 우리가 주목하는 새로운 상황의 구조변화는 세계화의 물결과 그것을 뒷받침하는 새로운 권력구조로서 가공할 만큼 빠르

---

7) A.a.O., 19; 59.

게 팽창하는 인터넷의 등장으로 나타난다. 인터넷의 출현은 "세계화의 덫(Globalisierungsfalle)"에 대한 우려와 함께 인류가 지니고 왔던 전통적인 삶의 구조와 사고방식, 세계관 등을 뿌리째 흔들어 놓고 있다.[8]

예컨대 어떤 과학 기술도 www(world-wide web)보다 더 빠르게 성장하지는 못했다. 1969년에 전 세계를 통틀어 단지 4개의 웹사이트만이 존재했었다. 1990년까지는 330,000개가 만들어졌다. 1997년말까지 웹사이트는 무려 거의 2천만 개로 증가하였다. 이러한 급속한 변화를 초기 대중매체 기술들의 도입기간과 비교해보자. 미국에서 5천 만의 라디오 청취자를 끌어 모으는데 40년이 걸렸다. 텔레비전은 14년이 걸렸다. 그러나 인터넷은 겨우 4년이 걸렸다.[9]

이러한 인터넷의 증가와 속도의 향상은 문화에 대한 이해조차도 바꾸어 놓는다. 지금까지 문화는 물의 흐름과 같이 위에서 아래로 흐르는 것으로 이해되어 왔지만, 이제 문화들은 상호교류가 가능해졌다. 그래서 문화들의 다양한 형태들이 가감 없이 모든 사람들에게 전달된다. 개인의 다양한 색깔들이 본인이 원할 경우 인터넷을 통해 전세계에 중계된다. 말하자면 인터넷은 개체단위문화를 세계화시키는 중요한 매개체가 된다. 이러한 의미에서 세계화라는 상황의 구조변화는 곧 개인들의 삶의 구조도 바꾸어 놓는다.

한국 사회도 여기에서 제외되지 않는다. 세계의 보편적이고 일반적인 삶의 유형이 토속적이고 전통적인 생활을 혼란시킨다. 그래서 지금까지 당연시되던 유일한 가치관이 해체되고, 다양한

---

8) 참조하라, 한스 피터 마르틴 등 저, 강수돌 역, 세계화의 덫. 민주주의와 삶의 질에 대한 공격, 영림카디널 1998.
9) Leonard Sweet, Soul Tsunami: Sink or Swim in New Millennium Culture (Grand Rapids: Zondervan, 1999), p. 32.

삶의 가치관과 삶의 방식이 수용된다. 물론 토종문화가 보편을 가장한 외래문화와 대면하여 살아남기도 하는데, 결국 사람들은 자신의 욕구를 충족시켜주는 구조를 향해 움직인다. 극단적인 근본주의적 종교문화가 강제되는 사회를 제외하고는 모든 경제, 정치, 문화구조는 이런 식으로 사람들의 취향대로 바뀌어진다. 그렇지 않으면 도태되게 마련이다.

교회 역시 이와 같은 인터넷을 통한 정보의 바다 속에서 목회자가 점유했던 교회와 관련된 정보가 속속들이 공개되고 있다. 설교의 내용들과 신학관련 서적들이 일반 대중들에게 읽혀짐으로서 신학함의 신비감이 사라지고, 굳이 교회에 가지 않더라도 인터넷상에서 설교가 보여지고, 들려진다. 사이버 처치는 그 대표적인 경우이며, 개교회의 목회 관련 모든 정보들이 소개된다. 신세대들의 주소는 이메일이며, 그것을 통해서 정보가 전달되고, 공유된다. 교인들은 자신들이 필요로 하는 정보를 모두 인터넷에서 구한다. 따라서 과거 교회관련 정보를 독점함으로써 유지되었던 리더십은 이제 더 이상 무의미해지고 있다. 더 나아가 교회 내의 사건들이 여론을 타고 비판 내지는 안티 세력의 신속한 근거가 되기도 한다.

다른 한편으로, 목회차원에서의 환경은 또한 어떻게 바뀌었는가? 목회자들은 심각한 스트레스로 인한 피로감이 누적되어 리더십의 위기는 물론이고, 심지어 가정의 해체 및 소외현상마저 벌어지고 있다.[10] 예수회 사제 헨리 나우웬(1932-1996)도 그의 저서 "상처 입은 치유자(The Wounded Healer)"에서 정체성 상실로 인간 삶의 주변부로 밀려났다가 중심부로 이동하길 갈망하는 사역자의 외로움을 다음과 같이 고백한 적이 있다:

---

10) 이와 관련하여 참조하라, 피터 칼도르, 로드 불피트 공저, 목회자 충격 보고서, NCD 2004.

몇 년 전, 네덜란드와 미국을 오가는 배의 선상 신부로 일할 때였습니다. 나는 거대한 네덜란드 원양 정기선의 선교(船橋)에 서 있었는데, 그 배는 짙은 안개를 헤치고 로테르담 항구에 입항하려 하고 있었습니다. 안개가 너무 짙어서 조타수가 뱃머리조차 볼 수 없는 상황이었습니다. 선장은 다른 선박과 그 배의 위치를 알려주는 레이다 요원의 얘기에 귀를 기울이고, 초조한 마음으로 분주히 선교를 오르내리며 조타수에게 큰소리로 명령을 내리곤 했습니다. 그러다 선장이 갑자기 나와 마주쳤는데 버럭 소리를 질렀습니다.

"이런 젠장, 신부님, 저리 좀 비켜요."

그 순간 무력감과 죄 의식이 마음속에 밀려들었습니다. 내가 막 도망가려 할 때, 그 선장이 다시 다가와 말했습니다.

"그냥 여기 좀 계셔 주세요. 정말 당신이 필요한 순간은 바로 지금인 듯싶습니다."

그리 오래 전은 아니지만, 우리 사역자들이 마치 능력과 자신감을 가지고 배를 조정하는 선장 같다고 느꼈을 때가 있었습니다. 그러나 이제 우리는 방해하는 존재가 되었습니다. 그것이 바로 우리의 외로운 위치입니다. 우리는 무능합니다. 갑판을 청소하다가 농땡이치고 우리와 함께 맥주를 마시는 선원들은 우리를 좋아할지도 모릅니다. 그러나 날씨가 좋을 때 그들은 우리의 얘기를 진지하게 받아들이지 않습니다.11)

오늘날 한국의 상황에서 사역하는 개신교 목회자들의 외로움도 결코 이와 다르지 않을 것이다. 과거에는 목회자들이 목회현장에서 권위를 가지고 거의 독자적인 판단에 의해 인사권, 행정권, 경영권을 장악하였다. 그리고 교인들 삶의 중심이 되어 치유하고

---

11) 헨리 나우웬, 최원준 역, 상처 입은 치유자, 두란노 1999, 116f.

전도하였다. 그러나 현재 목회자의 위상은 상당히 축소되었고, 위축되었다. 목회 운영에 있어서만 보더라도, 예전에 목회자 단독의 의사결정 구조에서 교인대표들과 협력 내지는 대화를 통한 운영체제로, 그리고 이제는 목회자의 영역은 따로 정해져 있고 교인들이 모든 의사결정을 하는 경향이 있다. 대표적으로 인사권 문제와 관련하여, 후임자의 결정은 전임 담임자의 몫이었다. 그러나 지금은 그것이 문제가 되고, 교회 갈등의 원인이 된다. 심지어 이러한 변화에 능동적으로 재빨리 적응하지 못하면 권위주의적이라고 비판받는다. 더 나아가 교회성장에 방해되는 목회 부적격자로 인식되기에 이른다.

이처럼 목사라는 타이틀만 가지고서 지도력을 나타내던 시대가 이제는 지났다고 볼 수 있다. 사회의 변화로 인한 신분의 다양화는 목사도 하나의 전문적인 직업으로 분류하며, 목회자의 질적 수준을 의문시하기 조차하는 형편이다. 과거에는 가부장적인 목회자의 지도력이 파워 있고, 박력 있는 것으로 모방의 대상이 되기도 하였지만, 이제는 여성스럽고, 자상한 리더십이 위력을 발휘하기도 한다. 말하자면 이런 형편에서 목회지도력을 직위나 소명의식만을 통해서 유지할 수 없게 되었다.

게다가 오늘날의 상황은 미래를 예측할 수 없는 불연속성을 특징으로 하는 포스트 모던한 시대이다. 거대담론으로서 전지구적 차원의 환경문제를 비롯하여, 가난의 문제, 종교간의 갈등문제, 전쟁의 위협, 인종간의 차별 문제 등등 세계는 진보할수록 더욱 인류를 위협하는 조건들이 많아지고 있다. 또한 작게는 교인들의 갈등, 교회들간의 경쟁, 교회운영의 투명성 요구, 교인들의 개별적 상담 등이 목회자들의 치유를 원하고 있다.[12] 그러나 목회자들이 이처럼 현대사회의 복잡한 문제들 앞에서 전능한 해결사로 나설

---

12) 인터넷 웹사이트 가운데 www.newsniov.co.kr 은 이러한 문제를 제기하는 중요한 매체 가운데 하나이다.

수는 없다. 교인들도 그렇게 크게 기대하지 않는 것 같다. 이렇듯 개신교 목회자들이 교회 내에서 리더십 소외를 맛보고 있다는 것은 주지의 사실이다. 하물며 교회 밖을 향한 목회자의 리더십은 어떻게 되겠는가?

이런 상황에서 목회자의 자기 정체성 상실로 인한 외로움과 박탈감, 소외감은 점점 심해질 것이다. 목회자들은 이제 교인들 삶의 언저리에 얹혀 월급이나 받고 설교하며, 축복해주는 기계로 전락할 가능성도 없지 않다. 과연 목회자들은 이러한 상황에 적응하며 순응해야 하는가? 그러면 왜 이렇게 되었는가?

2) 리더십 위기의 본질적인 요인

목회자 리더십 위기의 원인에 대해서는 여러 각도에서 살펴 볼 수 있다. 그런데 여기서는 주로 목회자 현실의 차원에서 분석하려고 한다. 서론에서 아주 간단하게 언급했지만, 목회자 리더십 위기의 주요 원인은 교회내부 지향과 교회의 사회적 차원의 조화로운 통전에 실패했기 때문이랄 수 있다. 그러나 보다 근본적으로는 인성과 영성의 부조화 및 안, 밖을 구별하지 못하는 목회자와 교회의 자기중심적인 사고와 행동패턴이 목회자의 리더십 상실을 가져온다고 볼 수 있다. 여기 이 목회자와 교회의 자기중심성이 결국 양적 팽창에 대한 숭배와 그 교회의 사유화를 부추겼으며, 목회자들의 공존을 위한 구조변화에 실패하도록 했고, 교인을 상대화 시켰으며, 어떤 일이든 요구되는 헌신의 영성을 상실하도록 했다고 볼 수 있다.

그렇지만 우리는 여기서 먼저 리더십 위기의 부차적인 원인일 수 있는 목회자들이 놓인 삶의 현실을 한 번 살펴보는 것이 중요하다. 우리가 이것을 보려는 이유는 한편으로는 목회자들이 자기중심적이 될 수밖에 없는 상황을 이해하고, 그것을 이제는 극복

제3장 선교우선의 리더십

할 수 있는 단서를 찾기 위함이다.

목회자들은 개인적인 고민이 많다. 자신의 길과 믿음에 대해서 실로 많은 학습과정과 결단의 순간들을 거쳐 목회자가 되었지만, 실제 목회를 하는 과정에서 실망도 하고, 그래서 심지어 목회자임을 포기하는 경우도 있다. 또한 공적인 고민도 있지만 쉽게 의논할 상대를 마련하기가 쉽지 않다. 다른 목회자는 경쟁자일 수가 있고, 그러니 자신의 교회문제를 터놓고 공개적으로 말 할 기회를 갖지 못하는 것이다. 그러다가 체념과 자신의 그러한 태도에 익숙해지고, 결국 이렇게들 고백한다: "외롭다".[13]

다른 한편으로, 목회자들은 교인들의 인기를 의식하기도 한다. 본래 목회자는 교인들을 즐겁고, 기쁘게 하는 것을 조심스럽게 수행해야 한다. 그 대신 진지하게 교인들의 내면적인 삶을 꿰뚫어 보며, 자상하게 돌보는 것을 추구해야 한다. 그래서 그레고리(Gregory)는 "신부인 교인들은 목회자에 의해 신랑되신 그리스도에게 인도되는 것이므로, 목회자가 교인들의 사랑을 차지하는 것은 간음하는 것과 같다"고 말한 것은 옳다.[14] 그러나 교인들이 다른 목회자들과 비교하는 태도로 인해서 목회자들은 교인들의 인기를 얻음으로써 자신의 위치를 확인하려고 한다.

다른 또 하나는 목회자들이 자신도, 교단도 변화가능성에 대하여 무관심해졌고, 심지어 냉소적이기조차 하게 되었다는 것이다. 무관심은 자기관리의 실패를 말하는 것이요, 냉소는 각 자가 속한 교단을 둘러싼 운영방식에의 실망을 말한다. 다시 말해서 목회자가 자신을 성장시키기 위해 "이래서는 안돼" 하는 교단 일들에 무관심하였고, 이로 인해 교단구조가 점차 안 좋은 방향으로 전개

---

13) 참조하라, 조지 바나, 탁영철 역, 위기에 처한 목회자, 비전은 있다, 베다니출판사 1997.
14) 이후정, "대그레고리의 목회규칙에 나타난 목사상", in: 그리스도교의 영적인 스승들, 이후정/이주연 엮음, 대한그리스도교서회 1996, 132; 136.

되자, 다시 그것을 바꾸어 보려하지만 이미 때는 늦었다는 말이다. 그러한 구조 속에서는 자신을 계속해서 성장시킬 수도 없고, 교단도 함께 발전할 수 없게 된다. 악순환이 시작되는 것이다. 예컨대, 자신의 모든 리더십 역량을 권력과 명예와 관련된 일에 집중해야 하는 구조를 생각해보자. 그것은 리더십의 상당한 낭비이다. 그러나 이러한 일의 제도적 개선은 쉽지 않다. 젊은 목회자가 그 문제에 문제의식을 가지고 있어도 어느덧 나이가 들어 그 나이가 되면 그도 결국 어찌할 수 없는 명예욕으로 동일한 구조 속에서 움직이게 된다. 목회자로서의 윤리적 지침과 도덕적 가치판단도 희미해져 간다.

공자는 나이 40을 불혹(不惑)이라고 하였다. 그리고 맹자는 30년 후 나이 40을 부동심(不動心)이라고 말하였다. 대체로 한국 목회자들의 40대 이후가 문제이다. 맹자는 이러한 부동심의 마음을 유지하기 위해서는 호연지기(浩然之氣)가 필요하다고 하였는데, 목회자들이 도덕적 문제에 있어서 이러한 그들의 말에 귀를 기울여야할 필요가 있다고 본다. 그렇지 않으면 결국 목회자는 자신의 부덕으로 소치로서 변혁의 문제와 관련하여 냉소적 입장을 취하게 되는 것이다.

이제 우리는 위에서처럼 목회자 개인들의 현실적인 고민도 이해하지만, 여기서 좀더 구체적으로 목회자들의 영향력이 감소될 수밖에 없는 목회자들이 놓인 현실 속으로 들어갈 필요가 있다. 목회자들을 곤혹스럽게 만드는 그 위기의 구조는 무엇인가?

첫째로, 한국교회의 선교구조상 교단본부, 신학교, 교회선교현장간의 상호 유기적인 관계를 형성하지 못하고 있다는 사실을 보여준다. 대체적인 교인수의 정체 내지는 감소현상, 넘쳐나는 무임 목회자들의 양산, 미자립 현장교회들의 양산으로 특징 되어지는 현재의 선교구조는 그야말로 한국교회 선교의 난맥상과 총체적 위기감을 고조시킨다. 목회자가 (자질과 품성의 문제에 관심 갖는)

소프트웨어라면, 목회자가 어떤 형태로든 소속되어 있는 교단과 신학교는 하드웨어이다. 이러한 인프라 스트럭쳐의 불균형이 바로 현재 한국교회의 선교구조 모습이다.

　　이러한 구조를 극복하기 위해 모든 지도력은 선교전략과 방법을 연구하고 개발하는데 진력하고, 자원을 동원해야 하는데, 생존 내지는 패권 혹은 명예를 위하여 역량들을 소진하고 있는 실정이다. 나라 정치하는 사람들이 교회 정치하는 사람들한테 배운다는 말이 있을 정도로 교단정치는 뿌리가 깊고 복잡하다. 그만큼 교단정치는 목회자들 삶의 일부분이 되고 말았다.

　　특히 신학교는 경영상 그럴 수밖에 없다 하더라도, 목회자들이 과잉 배출됨으로서 수요, 공급간의 균형이 깨질 수 있다는 점을 유의해야 한다. 왜냐하면 이것은 교단간, 학연간 지나친 경쟁의 원인으로 작용하게 되고, 인사문제의 불공정과 임지 회전의 정체를 가져올 소지가 많으며 (10년 이상 된 부목사들), 신학교육의 정체성 상실로까지 이어질 수 있기 때문이다.

　　이 점과 관련하여 제 2바티간 공의회 문건은 다음과 같은 입장을 취한다: "학생들을 선발하고 시험해 보는 일 전반에 걸쳐서, 비록 사제들의 수가 너무 부족해서 마음 아픈 경우라 할지라도, 언제나 용감해야 한다. 합당한 사람들을 선발하고, 적당치 못한 사람을 적기에 다른 직무를 맡도록, 아버지답게 지도해 주고 도와주어, 그로 하여금 그리스도교적 성소를 의식하며 기꺼이 평신도 사도직을 맡도록 한다고 해서, 하느님께서 당신 교회를 일꾼 없이 버려두실리 없겠기 때문이다" 15)

　　이러한 현상은 독일이나 미국도 예외는 아니다. 조지 바나는 미국에서의 목회자 과잉 배출 문제와 관련하여 이렇게 말한다:

---

15) 제2차 바티칸 공의회문건, Optatam totius, 418.

실제로 우리가 연구한 것을 살펴보면 신학교들은 재정적인 어려움 때문에 입학 지원자들에게 자격요건을 덜 요구하고 있었다. 다시 말해서 신학교들은 재정적으로 안정을 이루는 데에 보다 초점을 맞춘 나머지 등록금을 지불할 수많은 학생들을 불러 모으며 프로그램의 범위와 이용할 수 있는 시설 때문이라고 합리화한다. 이런 이유 때문에 입학한 학생들의 상당수는 신학생으로서의 자질을 의심받고 있다.16)

사역에 대한 논문과 시험으로 좋은 점수를 받는 것은 그 학생들이 그 지식을 잘 적용하여 효과적으로 사역할 것인지를 보장해 주지는 못한다.17)

입학 지원자의 입학기준 첫째로, 사역에 대한 열정을 제시해야 한다. 둘째로, 사역을 하도록 부르심을 받았다는 뚜렷한 소명의식을 보여주어야만 한다. 셋째로, 신학교에 들어가기 전에 지역교회에서 봉사했다는 확실한 증거를 제시해야 한다. 넷째로, 자신의 사역을 통해 맺은 열매가 많이 있다는 것을 증명해야 한다. 다섯째, 보통의 지성인 이상의 존재라는 결론을 내릴 수 있을 정도의 학적으로 충분한 경험과 능력을 갖추고 있어야 한다.18)

그러나 그렇다고 해서 신학생의 수적 감소를 인위적으로 추진해서도 안 된다. 목회자들이 적체되어 있다고 해서 그것을 신학생들의 수적 감소로 해결하려 한다면 그것은 소극적인 문제해결밖에는 되지 않는다. 보다 적극적으로 교단과, 신학교, 현장의 교

---

16) 조지 바나, 210.
17) A.a.O., 211.
18) A.a.O., 219f.

회들이 새로운 선교현장과 목회패러다임을 바꾸어서 새로운 일자리를 창출해야 하는 것이다.

이와 동시에 교단의 선교적 비전의 상실로 경제적 미자립의 상태로 허덕이는 동료 목회자가 있는 것을 본다면, 어떻게 함께 자신의 과거 경험을 공유할 수 있을지를 겸허하고, 진지하게 고민해야 한다. 이것은 경제발전과 함께 환경문제도 함께 고려했어야만 했다는 이치와 맥이 닿아있다. 환경을 파괴하는 대가로 경제적 성공을 이루었지만, 이제 환경을 살리기 위해 쏟아 부어야 하는 노력과 에너지는 그 몇 배 이상을 요구한다. 목회자의 지나친 경제적 궁핍과 은급제도의 부재 등은 목회자로서 신학적이고, 복음적인 소신을 접게 만들고, 목회자 한 개인의 집중주의와 교회 사유화를 촉발시키며, 필연적으로 목회자사회 전체를 침체의 늪에 빠지게 할 수도 있다. 따라서 전체 목회자가 공존하는 생존의 틀이 전제되어야 안심하고 목회에 전념할 수 있으며, 리더십이 살아난다.

둘째로, 담임목회자 중심구조는 팀사역에 대한 전망을 어둡게 만들고, 결과적으로 협력을 통한 리더십 발휘에 부정적 요인으로 작용한다. 특히 한국적 상황에서 담임자와 부담임자와의 관계는 절대적인 맹종관계에 속한다. 이것이 일견 일사불란한 조직의 원동력이 되기도 하지만, 더 나은 지혜를 얻기에는 실패하는 요소이기도 하다. 바울도 그의 동역자들과 협력하여 선교를 수행하였듯이 상호 존중하는 분위기에서 현대교회도 더욱 건전해질 수 있다.

따라서 오늘날 부담임자의 위상조정을 통한 팀사역에의 모델들이 출현해야 한다. 팀사역의 리더십이 절실하게 요구되는 때이기 때문이다. 왜냐하면 선교 내지는 목회는 그리스도인들의 더불어 하는 행위이기 때문이다. 비유하여 말해서 목회는 담임자 혼자서 질주하여 골 넣는 행위가 아니다. 담임자가 혼자서 골을 넣을 수가 있고, 그가 그래서 목회의 차원에서 명성을 얻을 수도 있을 것이다. 그러나 그것은 본질적으로 자기만족, 자기 욕망의 채움에 불과하다. 함께 일하는 동역자들을 불신하고, 그래서 자신의 사역을 위임하지 못하는 것 자체가 이미 불안한 리더십을 보여주는 단적인 증거이다.

셋째는, 목회자들이 지나친 이념주의에 빠져 있다는 것이다. 소위 진보적인 목사와 보수적인 목사들 사이의 분류가 그것을 말해준다. 자신의 이념만이 정당한 복음적인 입장이라고 주장하는 한 올바른 선교적 전망을 얻기란 쉽지 않다. 현재의 다문화적인 상황에서 이러한 분류는 진정 무의미한 도식일 뿐이다. 이러한 분류의식이 바로 목회자의 자기 중심성을 더욱 강화하는 요소이다.

현대목회는 대화가 필요하고, 정보의 공유를 통한 상호 배움이 절실하게 요청되는 시대이다. 여기에서 리더십은 그 위력을 발휘한다. 그러나 목회자의 지나친 이념주의는 스스로를 편견에 가두어 버리고, 다른 삶에 대해서 배타적으로 행동하게 한다. 게다가 이러한 분류에 따라 하나의 그룹이 형성되고 (혹은, 교단 분열), 목회자들은 어쩔 수 없이 그 어떤 한 곳에 가담해야 하는 것이 현재 목회자들이 처한 현실이다.

넷째로, 목회자들이 현실적인 이유에서 교회성장에 대한 심리적 압박을 받을 수밖에 없는 현실에 처해있다. 본래 "교회성장"이란 용어는 선교와 전도의 개념이 무의미하고, 진부하게 되어 만들어 낸 독립적 용어이다[19]. 이 교회성장이란 용어는 80년대 이후 한국 교회 목회자에게 있어서, 교회의 성장이 목회자의 성공이란 등식을 성립케 하였다. 하지만 교회성장이란 목회자의 선교적 한 측면일 뿐이다. 크게 성장한 교회가 바로 그 교회를 담임하는 목회자의 인격과 신앙 그리고 목회관등을 모두 설명하지 못한

---

19) 피터 와그, 권달천 역, "교회성장 원리", 생명의말씀사 1980, 10.

제3장 선교우선의 리더십

다. 반대로 고매한 인격과 깊은 신앙을 소유했다고 해서 모두 교회를 크게 부흥시키는 것은 아니라는 말이다. 이미 이러한 견해에 대해서는 목회자 세계에서 쉽게 공감할 수 있는 내용이다. 그렇기 때문에 교회성장을 목회자의 성공 혹은 목회자의 성장으로 이해하는 것은 상당한 문제가 있다. 물론 교회를 성장시키는데 있어서 남다른 열심과 치밀한 계획수립 등 이루 헤아릴 수 없는 수고가 있었을 것이라는 점을 우리는 간과하거나 폄하시킬 수 없다.

그런데 문제는 교회성장이 곧 목회자 성장이라는 이데올로기가 광범위하게 수용되고 있으며, 그것은 다시 적절하게 상업화된다. 성장한 교회 목회자의 성장 노하우는 상품화되어 여기저기서 강연되는 사례가 많다. 하지만 무분별한 성공 사례의 도입은 오히려 화가 되는 경우도 있다. 목회자들의 개교회 성장에 대한 욕구를 우리는 진정으로 이해 할 수 있다. 그러나 무원칙적이고, 자기 상황을 도외시한 성공 노하우는 자칫 이중적으로 피해를 볼 수 있는 것이다. 교회성장에 대한 심리적 압박증 외에도 그나마 소신껏 유지해 온 목회철학마저 흔들릴 수 있기 때문이다. 그러면 도대체 교회성장을 통한 리더십은 본래 무엇을 말하는가?

교회성장이 목회자의 리더십에 달려있다고 할 때, 특히 평신도에게 복음전도의 동기유발능력은 목회자 리더십 형성의 관건이 된다. 그러나 그 동기유발에는 잘못된 방식과 올바른 접근이 있을 수 있다. 우리는 본 장에서 교회성장 리더십이 어떻게 교인에게 바람직한 복음전도에 대한 동기를 부여해야 하는지 교회성장론의 창시자 맥가브란의 입장을 통해 그 방향을 제시해본다.

교회 성장론은 호켄다이크의 미시오 데이 신학[20]과 세계교회협의회(W.C.C)의 신학노선[21]에 반하는 보수적 선교입장에 속하며,

---

20) 참고하라, J.C. 호켄다이크, 이계준 역, 흩어지는 교회, 서울 1979.
21) 참고하라, 세계교회협의회 편, 박근원 역, 세계를 위한 교회, 서울 1979; 이형기, "교회성장과 에큐메니칼 운동", 그리스도교사상 (1996/10)

그렇기 때문에 보이는 수적인 교회의 성장을 위한 목적 지향적이고, 교회론에 대한 신학적 숙고가 깊지 않다는 비판점도 있다. 사회학, 문화학, 그리고 통계학 등이 교회성장 전략으로 채용되기도 한다. 특히 맥가브란이 말하는 성장의 두 단계, 교회의 일원이 되는 "제자화(Discipling)"와 갈라디아서 3,28절에 따라 옛것을 극복하여 새로운 공동체를 성장시키는 "완전화(Perfecting)" 이론은 그 불투명성뿐만 아니라, 회심의 사회적, 종교적 차원을 망각한다는 사실을 보여주기도 한다.22) 그러면 본래 그 이론은 무엇을 주장하고 있는가?

교회성장운동은 미국 교회성장 연구소에서 그 출발점을 갖는다. 이 연구소는 1960년 맥가브란이 세운 것인 바, 1965년 이래로 세계선교 학교로서 그리고 캘리포니아(Califonia)의 파사데나(Pasadena)에 있는 풀러신학대학(Fuller Theologocal Seminary)에 부속되어 일반적으로 "교회성장학파"로 잘 알려져 있다.23) 맥가브란은 17년 동안 (1937-1954) 인도에서 그리스도의 제자(The Disciples of Christ)의 선교사 경험을 가지고 학문적 작업을 수행하였으며24), 두 가지 경험이 그의 교회성장운동에 영향을 끼쳤다. 하나는 남인도 지역에서의 집단개종운동(mass movements)에 대한 경험이었고, 또 다른 하나는 많은 교회들이 눈에 띄게 성장하는가 하면 그렇지 않은 사실에 대한 경험이다. 그가 1955년에 출판한 저서 "하나님의 다리(The Bridge of God)"는 교회성장학파를 형성하는 중요한 계기가 된다25).

39-53.
22) 참조하라, H. Wagner, Art.: Kirchenwachstum, Gemeindewachstum, in: Lexikon missionstheologischer Grundbegriffe, 211-214.
23) Ebd.
24) 참조하라, D. 맥가브란/G.G. 헌터, 박은규 역, 교회성장학, 서울 1982.
25) 한국어로『하나님의 선교전략』이란 제목으로 이광순에 의해 한국장로교출판사에서 1993년에 번역되었다. 이외에도 맥가브란의 한국어 역으로는, 교회성장이해, 전재옥, 김종일, 이요한 공역 (서울: 한국장로교

피터 와그너에 의하면 맥가브란은 원래 "전도"와 "선교"라는 개념을 사용하려 했으나 이러한 용어들이 효력 없다는 것을 깨닫고 "교회"와 "성장"이란 말을 결합시켰다는 것이다. 여기서 교회성장 이란: "예수 그리스도와 아직 아무런 개인적인 관계를 가지고 있지 않은 사람들로 하여금 그와 더불어 교제를 가지도록 해주며, 책임 있는 교인이 되도록 만들어 주는 데 관련된 모든 사항을 의미하는 것이다." 26)

맥가브란에 의하면 이 "교회성장"이란 용어는 단지 교회 교인 수 증가에만 관심 갖지 않는다는 것이다. 교회교인들에게 복음전도에 대한 동기를 올바로 불어 넣어줄 때에 교회성장이 가능한 것이고, 이것은 바꿔 말해서 목회자 리더십은 바로 그 과정을 통해서 확립된다는 것이다: "어떤 교역자가 '교회성장'이라는 용어를 처음 사용할 때, 그는 단지 교회의 신도수가 더 많아지는 것에만 관계되는 것으로 생각하기 쉽다. 비성장에 대한 낡은 합리화의 영향 때문에 그는 교회성장을 수적인 확장, 통계학의 횡포, 그리고 이와 비슷한 구실과 동일시한다. 이런 생각을 강하게 반대하는 입장인 나에게는 교회성장은 굉장히 중요한 차원으로 받아들여진다. 교회성장은 단지 보다 많은 사람들과 돈을 교회 안으로 끌어들이려는 전략이 아니다. 교회성장의 기반은 신학적이다. 교회성장은 그리스도 밖에 있는 모든 사람들은 사실상 잃은 자들이며 하나님께서는 그 잃은 자들을 찾기 원하신다는 성서적 원칙에 기반을 두고 있다. 그러므로 교회성장은 하나님께 대한 성실한 복종이다." 27) 이같은 맥락에서 복음전도의 목표를 "단순히 회중의 수적 성장을 가능케 하는 측면만이 아니라 교회성장의 여러 가지 측

출판사, 1993)과 맥가브란이 안(W.C. Arn)과 함께 펴낸 저서로서, 교회성장 십단계 원리, 정대익, 김영봉 공역 (서울: 삼일당, 1983) 등이 있다.
26) 피터 와그너, 권달천 역, 교회성장원리, 서울 1980, 10.
27) A.a.O., 15. 참조하라, 하나님의 선교전략, 131f.

면을 뒷받침하고 이에 적절히 개입하도록 교회지도자들에게 동기를 부여하는 일"28)이라고 전제할 때, 성장은 네 가지 방향으로 진행된다고 맥가브란은 주장한다:

"1. 내적 성장은 수적인 성장뿐만 아니라 회중들의 신앙적인 면에서의 깊이와 질적인 성장을 말하는 것이다. […] 2. 팽창성장은 새로운 교인들이 늘어남으로써 이루어진다. [여기에서 맥가브란은 교인들의 자녀가 주일학교에 출석하고 견신례 교육에 참여하고, 신앙교육을 통해서 교회에 참여할 때 이루어지는 것을 **생물학적인 성장**이라 칭하고, 교회의 한 신도가 또 다른 회중들과 함께 할 때 이루어지는 것을 **전이성장** (transfer growth) 이라 말하며, 과거에 믿지 않던 사람이 처음으로 신앙고백하고 교회에 출석할 때 이루어지는 것을 **회심성장**이라 부른다.] […] 3. 확장성장은 지리적인 문제나 문화적인 거리감 때문에 교회의 손을 뻗치지 못하는 사람들에게, 특별히 이 사람들에게 적합한 목회를 하는 교회를 새로 시작함으로써 이루어진다. […] 교량적 성장은 선교사를 '파송하는' 교회와는 문화와 언어가 아주 다르고, 보통 지리적으로도 이주한 사람들에 대해 새롭게 통문화적 (cross-cultural) 복음전도를 계획할 때 이루어진다."29) 맥가브란에 의하면 이 같은 논의는 다시 세 가지 문제와 관련 있다는 것이다: "첫째로, 많은 교회지도자들은 내적인 성장에는 신경을 쓰지 않으면서 팽창성장을 바란다. […] 둘째로, 많은 지도자들은 비신자들에게 접근하지 않고 생물학적 성장이나 전이성장에 의한 팽창성장에만 의존한다. […] 셋째로, 많은 지도자들은 자신의 교회를 위한 팽창성장 (그리고 내적 성장) 에는 관심을 가지면서도 그리스도가 명령한 확장성장과 교량적 성장에는 귀를 기울이지 않는다. 그러

---

28) 교회성장학, 45.
29) A.a.O., 45f.

므로 이 교회의 회중들은 그들이 전도할 수 있는 모든 사람들에게 손을 뻗쳐 전도하기보다는 자신들이 속해있는 교회의 조직강화에 더 많은 관심을 가지고 나머지 일들은 잊어버린다. 우리는 그리스도께서는 그 규모가 교회적이건 교단적이건 주로 조직자체의 이기심에 근거를 둔 교회확장을 위한 노력은 인정하지도 않으시고 권능을 주시지도 않는다고 믿어왔다." 30)

이러한 입장에서 맥가브란은 특히 교회지도자들의 바람직하지 못한 교회성장을 위한 복음전도의 동기를 소개한다. 그에 의하면, 목회자들이 평신도에게 "강한 죄의식을 불어넣으려고" 애쓴다는 것이고, 목회자들이 "죄를 강조하는 것보다 더 자주 평신도들이 해야만 하는" 의무를 훈계하려 한다는 것이며, 교인들이 신입교인을 교회로 인도하면 "면류관이 당신의 것"이라는 "영원한 보상"을 목회자들이 장담하는데 이것들은 모두 개교회 교인들의 교회성장 참여에 대한 잘못된 동기부여라는 것이다.31) 그러면 무엇이 맥가브란에 있어서 복음전도의 동기유발을 위한 바람직한 접근방법인가?

먼저 맥가브란에 의하면, "그리스도에 대한 감사"가 교회성장을 위한 동기들 가운데 가장 큰 신학적 요인이라는 것이다.32) 목회자는 "감사와 관련된 복음을 선포하고" "하나님의 은총과 사랑을 경험할 수 있도록" 교인들을 도와주어야 한다는 것이다. 이것들을 경험할 때 비로소 교인들은 복음전파자가 될 수 있다는 것이다. 다음으로, 그리스도의 전도명령 (마 28,19) "가라"라는 명령은 율법주의적인 명령이 아니라 "우리의 정체성에 대한 그리스도의 선언"이며, "그가 인도하는 길에 그와 함께 동참할 수

---

30) A.a.O., 46f.
31) A.a.O., 48f.
32) A.a.O., 49ff.

있다는 특권으로서의 명령"을 의미한다는 것이다. 이 특권을 받아들이는 교회는 "초대 사도 시대적인 성장"을 경험할 수 있다는 것이다. 셋째로, "교인들을 위하여 정열적으로 최선을 다하는 많은 수의 교회지도자가 요청"되며, 이것은 이웃사랑이라는 동기에서 출발해야 한다는 것이다. 이 동기가 그리스도의 제자들을 만들어 낼 수 있다는 것이다. 넷째로, 교인들에게 그리스도가 우리와 함께 하신다는 확신이 들게끔 할 때, 교회는 성장하도록 교인들이 일한다는 것이다.

지금까지 교회성장론의 기본적이고 이론적 입장을 통해서 우리는 교회성장이 단지 교인 숫자 증가에만 관련된 것이 아님을 살펴보았다. 성장에는 다양한 방향이 있을 수 있고, 교회성장을 위해서는 목회자의 리더십이 교인들에게 복음전도의 동기를 올바로 유발할 때 가능하다는 점 역시 파악하였다.

3) 교회성장 리더십에서 선교우선의 리더십으로

조지 피터스는 그의 저서 『교회성장신학』 제7장에서 "교회성장과 하나님의 종"에 대해 언급한다.[33] 여기서 그가 교회성장과 관련하여 초대교회 사도의 열 가지 특징을 제시하는 것을 통해서 목회자의 리더십을 위한 성품이 어떠해야 하는가를 가늠해 볼 수 있다. 이것을 요약하면, 첫째, "사도는 그리스도에 의해 부름 받고 변함 없이 그와 결속된 자"라는 것이며, "사도"와 "종"이란 두 용어 속에는 소명과 자발적 위임의 뜻, 다시 말하다 그리스도의 영향을 받고 그리고 그분의 선택에 의해 제자가 된 자들이라는 것이다. 둘째, "사도는 물질적 이익 또는 인격적 증진에 관심 없는 제자학교에 기꺼이 들어갔다"는 것이다. 오히려 주

---

33) 조지 피터스, 임흥빈 역, 교회성장신학, 서울 1991, 184-207.

의 말씀에 따라 고난받을 각오를 가지고 제자가 되었다는 것이다. 셋째, "사도는 주께 훈련받은 자"라는 것이다. 예수께서 제자들을 훈련시키시되, 그의 인격과 삶을 통해 제자들이 관찰, 제정, 참여, 파송 등의 과정을 거쳐 복종과 확신을 배웠다는 것이다. 넷째, "사도는 성령 안에서 살면서 행하는 자"라는 것이다. 제자들은 성령께 종속되고 성령만을 의지하여 살았다는 것이다 (갈 5,25). 다섯째, "사도들은 자신들의 우선 순위 (중요성) 을 확고히" 한다는 것이다. 교회가 커짐에 따라 사도들이 행할 일 들이 벅차게 되고, 결정해야 할 때 우선 순위를 정해야 했던 바, 사도들의 사역에 있어서 분명한 것은 다음의 것들이었다: "사도들은 사회적 그리고 물질적 봉사보다 영적인 사역을 우선했다 [...] 그들은 기도와 말씀 전하는 것에 전념했다 [...] 복음 전하는 일이 그 모든 다른 사역에 앞선다." 34) 여섯째, "사도는 '팀' 사역의 가치를 배운 자"라는 것이다. 하나님 사역에 있어서 협력과 협조의 원리를 사도들이 잘 체득하였다는 것이다. 일곱째, "사도의 마음속은 메시지로 불붙었다"는 것이다. 사도들은 말씀의 화신이 되어 전하지 않고는 견딜 수가 없는 상태였다는 것이다. 여덟째, "사도는 실재적 지혜와 성령의 광명의 통찰력으로 메시지를 전달한다"는 것이다. 순전히 고기 잡던 어부들이 예수의 말씀을 듣고 시대의 변화와 상황의 변화에 따라 백성들의 문화에 적합한 복음전파의 방법들을 구사할 수 있었던 것은 오순절 사건 (행 5,26-28) 이 결정적이었다는 것이다. 아홉째, "사도는 기쁨으로 고난 당하고 희생한다"는 것이다. 사도들은 자신들의 가난, 고통, 그리고 심지어 생명조차 희생제물로서 바쳐지는 것을 거부하거나 단념하지 않고, 오히려 기쁨으로 주께 봉사했다는 것이다. 열 번째, "사도는 성서적, 역사적, 인격적으로 하나님 관념을 이해한다"는 것이다. 사도

---

34) A.a.O., 197.

들은 하나님을 하늘에만 숨어 계시고, 역사와 개인의 현실경험에는 관여하지 않는다는 생각을 갖지 않았다는 것이다.

이상에서 언급된 것은 피터스의 사도적 특징 열 가지이며, 이것은 시대의 변화에도 불변하고 사도의 마음가짐과 신앙으로서 부족함이 없다고 생각된다. 그러나 그럼에도 불구하고 이러한 열 가지 특징이 간과하고 있는 것이 있다면, 그것은 시대의 변화와 상황의 변화를 통해서 추가해야할 상황의 변수가 생겼다는 것이다. 예컨대 여성의 교회에서의 역할증대와 환경문제의 관심 그리고 정보화 시대 등이 그것이다. 시대의 변화와 현실문제에 관심 가짐으로써 목회자의 리더십을 향상시키고 싶어하는 목회자가 있다면 반드시 이러한 문제들에 올바로 교회적 차원에서 응답해야만 한다. 목회자가 이 같은 문제들에 대해서 시대에 뒤떨어진 말과 행동을 취한다면 교회성장이란 기대할 수 없다. 왜냐하면 첫째는 교회성장이란 개체교회의 성장만을 의미하는 것이 아니기 때문이며, 둘째로, 사도로서 목회자가 교회성장을 위하여 복음전파를 하도록 어떻게 교인들의 동기를 유발할 것인지가 목회자 리더십의 관건이라고 할 때, 한국교회에서와 같이 여성들이 70% 이상을 차지하는 구조 속에서 여성들의 의식구조 변화에 대한 이해 없이는 바로 그 동기유발이라는 것이 불가능하기 때문이다.

이 밖에도 교회성장 리더십이 씨름해야 할 21세기에 직면한 선교적 과제는 대단히 많이 쌓여 있다. 주 5일 근무이후의 교회예배의 변화, 사이버 처치에 대한 문제, 선교적 대안으로서 NGO의 문제, 대중문화의 범람과 그의 도전에 대한 교회문화의 확립, 생태계 파괴로 인한 인류의 시급한 창조의 보전 문제, 타종교들 가운데 근본주의자들의 폭력 행위에 맞선 그리스도교적 평화 운동, 신자유주의 세계경제 질서로 인한 부익부 빈익빈의 문제에 맞서 정의 실천의 과제, 25만으로 추산되는 국내 외국인 불법 체류자들에 대한 선교적 접근, 민족 통일에 대한 치유와 화해의 문제, 세계 평

제3장 선교우선의 리더십

화에 이바지하기 위한 한국교회의 협력 과제 등 현안이 산적해 있다. 실제로 환경문제 역시 교회의 대 사회적 기여라는 측면에서 보아, 교회가 이같이 실제로 대중들의 관심을 외면하고서는 점차 믿지 않는 사람들로부터 멀어질 것이 뻔하기 때문이다. 마찬가지로 정보화 시대라는 말이 의미하는 바대로, 일반교인들의 정보는 늘어가고 그들의 삶은 과학적이 되가는 마당에 교회가 아직도 마치 호미질 하듯이 교회 일을 처리한다면 이같은 세대들을 교회 안으로 흡수할 수 없는 노력이다.

물론 교회가 새로운 시대의 변화에 너무 민감하게 반응하는 것도 문제일 수 있다. 하나님의 말씀은 언제 어떤 상황에서라도 대답이어야 하기 때문이다. 칸트가 그의 시대에 이미 "우리가 현재에 힙포크라테스 보다도 더 나은 의사는 발견할 수 있어도 소크라테스나 플라톤보다도 더 위대한 철학자를 찾을 수는 없다"고 말하였듯이, 오히려 전통의 계승이라는 차원에서 복잡한 현재의 문제들을 원점에서 다시 반추해보는 입장도 의미 있는 것이다. 웨슬리 역시 언제나 그가 어려운 문제에 빠질 때면 성서에서 다시 시작하려했기 때문이기도 하다. 이런 의미에서 시대의 변화와 그에 따른 목회자의 리더십이 교회성장을 지향한다고 할 때, 목회자의 성품은 중요한 것이다. 여기서 목회자 성품이라는 것은 피터스가 말한 사도의 열 가지 특징과 다르지 않다. 그러나 이 글이 강조하려는 것은 시대의 긴급한 문제에 적절하게 교회적 차원에서 응답할 수 있는 교회성장 리더십이 요청된다는 점이다.

피터 와그너도 가장 최근의 저서 "사도들과 선지자들, 교회의 기초Apostles and Prophets. The Foundation of the Church)"라는 저서에서 엡 2,20 "너희는 사도들과 선지자들의 터 위에 세우심을 입은 자라 그리스도 예수께서 친히 모퉁이 돌이 되셨느니라" 본문을 근거로 하여 예수께서는 자신을 교회의 모퉁이 돌로 계시하였는데, 이 교회를 지속시키는 것은 성령에 의해 위임받은 사도들과 선지자들이라고 주장한다35). 말하자면 현재 교회를 유지하는 결정적인 역할은 교회내 부서의 여러 직책들 외에 사도들과 선지자들이라는 것이며, 그들이야말로 교회를 통한 하나님의 목적을 성취시켜나가야 할 공동의 동반자라는 것이다. 그에 의하면 초대교회부터 이미 하나님의 계획을 성취시키는 사람들은 사도들과 선지자들이었다는 것이다. 이처럼 교회성장 리더십은 사도적 리더십 외에 예언자적 리더십을 통전시켜야 할 것이다. 이를 통해 선교우선 리더십에로의 논의가 시작된다.

어쨌든 우리가 지금까지 살펴 본 목회자의 현실은 참으로 힘겹다. 그래서 그 형편을 이해하면서도 목회자와 교회의 리더십이 자기중심적으로 될 수밖에 없고, 이로 인해서 선교의 지평을 잃어버리는 것은 안타까운 일이다. 목회자가 놓인 환경이 건강해야, 선교적 전망도 획득되고, 리더십도 건강하게 발휘되는 법이다. 그런데 목회자의 자기중심성은 다시 교회의 선교구조를 열악하게 만드는 악순환이 전개된다.

이스라엘이 예루살렘 중심성을 고수했기 때문에, 예수께서 바로 그 예루살렘 중심주의를 극복하려고 하신 것이 선교의 출발이다. 따라서 목회자의 현재 리더십이 개인 중심주의에 머물고 있는 한, 올바르고, 건강한 리더십이라고 볼 수 없다. 여기서 우리는 선교우선의 리더십에로의 전환이 필요하다는 사실을 다시 한 번 강조하게 된다. 선교우선의 리더십을 통해서 우리는 목회자의 불평등한 현실과 불균등한 선교구조 그리고 무엇보다도 목회자들을 짓누르는 성장병 등과 같은 억압에서 벗어나 온전한 리더십을 실행할 수 있다. 따라서 이제 우리는 선교우선 리더십의 원리를 파악하여 이러한 리더십의 위기를 극복해야겠다.

---

35) 참조하라, C. Peter Wagner, Apostles and Prophets. The Foundation of the Church, Ventura, California 2000.

3. 선교우선 리더십의 원리

1) 리더십의 선교 우선 이미지 창출

선교우선의 리더십이 왜 필요한가에 대해서는 이미 앞에서 충분히 검토하였다. 그 이유 가운데 하나는 과거 자기중심적 리더십의 패러다임으로는 현재의 상황에 적절하게 대처할 수 없다는 것이다. 그렇기 때문에 우리는 먼저 리더십이 선교우선적으로 변화되고 있다는 이미지를 회복하고 실천해야 한다.

인텔(Intel) 하면 컴퓨터로 유명한 회사이다. 이 회사의 회장은 헝가리에서 태어난 유대인 앤드류 그로브(Andrew S. Grove)라는 사람이다. 그는 이 회사를 맡은 이후 매년 30%의 성장률로 키웠다. 1996년 한 해 매출액이 208억 달러였다. 이 사람이 1996년에 쓴 "편집광만이 살아 남는다(Only the Paranoid Survive)"라는 책이 있다. 그는 이 책에서 "기업환경, 특히 기술이 10배로 변화할 때, 전략적 변곡점을 접하게 되는데, 이에 잘 대처한 기업은 생존해 번성하고, 그렇지 못한 기업은 생존하기 어렵다"는 사실을 보여준다[36]. 따라서 상황의 변화를 예측하며 능동적으로 대응하지 못하면 결코 성공할 수 없다는 것을 말한다. 그런데 그가 이

---

36) 경영을 하는 사람은 위기 상황에 민감하게 변화해야 하는데, 그 변화의 상황을 그로브는 전략적 변곡점(strategic inflection point)이라고 한다. 그것을 알 수 있는 것은 1) 무언가 달라졌다는 심상치 않은 느낌을 갖게 된다고 한다 (눈치와 육감); 2) 모든 것이 예전 같지 않고 고객들의 태도에도 변화가 있다; 3) 성공작을 내 놓았던 연구 개발팀의 성과도 신통찮아 진다; 4) 대수롭지 않게 생각했던 경쟁자들이 부상한다. 그리고 경영자와 실무자 사이의 의사소통이 잘 이루어지지 않는다. 이런 형편에서 새로운 변화의 타이밍을 놓치게 되면 S 곡선의 아래로 몰락하게 된다. 그런데 이러한 전략적 변곡점은 기업에만 존재하는 것이 아니다. 교회에도 마찬가지로 적용된다. 교회가 성장을 하기 위해서는 늘 신중하게 교인들의 태도와 운영에 집중해야 한다.

러한 결론을 얻게 된 데에는 중요한 교훈이 있다. 1994년에 그의 회사 제품이 작은 결함, 즉 2만 7000년 만에 한 번 발생할 수 있는 문제 때문에 소비자들로부터 외면당해 6주 만에 5억 달러의 손해를 감수해야 했다. 한 번 잃은 이미지는 쉽게 회복할 수 없는 것이었다.

예컨대, 얼마 전 한국의 대건설업체인 현대건설 부도 위기 때, 삼성과 현대아파트 같은 지역에서의 같은 평수가 수 천 만원까지 차이를 보여주는 것이 보도되었는데, 이것은 이미지가 얼마나 회사의 이익과 깊이 관련되어 있는지를 잘 보여주는 이야기이다.

목회자와 교회 역시 선교우선의 리더십을 다시 회복하기 위해서는 과거의 자기중심적인 이미지에서 탈피해야 한다. 왜냐하면 오늘날의 교회가 성서에 나타난 바대로 본래적인 선교와의 일치를 최근에야 다시 발견하기 시작하여 진정으로 타자와 함께 하는 교회라는 선교신학적 입장을 갖고는 있지만, 아직도 실제로는 세상을 정복하려는 배타적 이미지를 보여줌으로써 세상의 비그리스도교인들에게 두려움의 교회이미지를 불러일으키기 있기 때문이다.37) 로버트 카이사는 하나님의 예수 이미지와 구약의 이미지들은 교회의 사회적 실천(social ministry)을 보여준다고 주장한다.38) 본래 초대교회는 선교와 교회의 일치된 이미지들과 실천들을 보여주는데, 특히 신약의 "세상의 빛"이나 "소금"과 같은 표현은 바로 이렇게 이 세상에서 선교하는 교회이미지를 가장 적절하게

---

37) A Cospiracy of Goodness, 54: "역사적으로, 그리스도교 교회의 선교(missions)는 너무도 흔하게 정치적 지배, 경제적 착취, 군사적 정복, 인종차별주의와 연관되어 왔다. 수천 년 이상 수백만 명의 사람들을 뒷받침 해 주었던 영적, 윤리적인 시스템들의 우월성을 강조하는 그리스도교의 배타적 입장은 하나님의 가족을 하나로 묶는데(uniting) 난점을 제공한다".

38) R. Kysar, Called to Care. Biblical Images for Social Ministry, Minneapolis 1991, 55.

보여준다. 그래서 오늘날에도 이 이미지 용어들은 매우 흔히 선교를 표현하는 심벌로 사용된다. 그런데 오늘날 이러한 초대교회의 영성으로서의 선교이미지 회복의 실패는 결국 문화들 간의 대화단절을 초래할 수 있고, 선교우선 리더십의 형성을 방해한다. 따라서 리더십의 선교우선적 이미지를 회복해야하는 당위성과 함께 오늘날 교회는 선교를 실천하는 교회이미지들을 성서에서 발견하고, 그것을 오늘날의 상황에서 재구성하고, 현재의 언어로 다시 표현해야 하는 과제가 있다.

그러면 교회의 선교적 이미지 현실은 어떤가? 한편으로, 대부분의 교회는 교인들의 비선교적 자세로 세상을 향해 선교하는 교회의 이미지보다는 교회의 내적 성장에만 치중하는 형편이다. 이렇게 해서 교회는 개인의 영적 자만심만 키워준다.[39] 다른 한편으로, 교회는 세계가 신자유주의의 물결로 정치·경제적 양극화 현상을 보여줌으로써 고난당하는 사람들이 더욱 많아지는 상황에서 과연 얼마나 이러한 세계화 시대의 선교적 과제를 책임지려 하는지 이미지가 희미하다.[40] 또한 이와 관련된 지구촌 파괴의 현장 앞에서 교회가 취할 수 있는 선교적 자세는 무엇인지 아직 어떠한 이미지도 선명하지 못하다. 게다가 가상공간의 힘과 폭력 앞에서 교회는 어떠한 이미지를 지닐 수 있는지 아직 연구와 과제가 산적한 상태이다. 이처럼 교회는 변화하는 상황을 대하는 자세가 냉소적이고, 때로는 방치함으로써 시대가 요구하는 선교적 이미지를 상당부분 상실하고 있다. 그러면 우리는 이렇게 교회가 가야만 할 방향을 정하지 못하는 혼돈과 상실의 상황에서 선교하는 교회의

---

39) 한국교회가 강조하는 영성은 교인들 각자의 내부만을 향하게 함으로써, 자칫 세상을 향한 근본적인 초대교회의 선교적 영성을 잃게 할 염려가 있다.
40) 참조하라, R.H. Bliese, Art.: "Globalization", in: K. Müller/T. Sundermeier/S.B. Bevans/ R.H. Bliese (ed.), Dictionary of Mission. Theology, History, Perspectives, Maryknoll, New York 1997, 172-178.

이미지를 과연 어떻게 표현할 수 있을까?

이미지는 "초역사적 세계를 향한 입구"로서 신앙의 차원을 표현하면서41), 문화들 간의 커뮤니케이션을 가능하게 하는 측면도 있지만42), "존재의 가장 내밀한 양상을 숨김없이 드러내" 주는 기능을 가지며43), 또한 "비전을 성취하는 강력한 수단"이다44). 이런 점에서 교회이미지들은 "현재 존재하는 교회의 자기이해를 반영하며, 하나님의 백성들로 하여금 부름 받은 바 원래의 교회가 되도록 자극"45)하는 비전을 보여준다.

이렇게 본다면 현재 교회에 대한 부정적 이미지들은 비그리스도교인들과의 의사소통을 불가능하게 만들기 때문에, 현재 교회의 자기 모습에 대한 자기 반성을 촉구하고, 원래의 교회이미지들을 회복하라는 신호이다. 왜냐하면 "교회가 교회의 자기이해를 위하여 사용하는 이미지들은 교회의 본질을 회복하는데 결정적"이기 때문이다46). 따라서 실제로 교회가 지향해야 할 교회이미지를 상정하고, 그 이미지를 실천하려는 자세가 절실하게 요청된다고 하겠다. 말하자면 본래적 교회이미지를 회복하고, 그 이미지에 상응하는 삶을 실천함으로써 비그리스도교인들과의 커뮤니케이션

---

41) 미르치아 엘리아데, 이재실 역, 이미지와 상징. 주술적-종교적 상징체계에 관한 시론, 까치글방 1998, 191.
42) 문화들간의 커뮤니케이션을 돕는 이미지의 요소는 상징이 갖는 의미와도 일맥 상통하다: "상징에는, 온 시대를 뛰어 넘으면서 인류의 보편적인 전통이 되어 왔고, 여느 소통 방법의 한계를 초월해서 국제적인 언어를 구성하는 거대한 상징체계가 들어 있다" (진 쿠퍼, 이윤기 역, 그림으로 보는 세계문화상징사전, 까치 1994, 7).
43) A.a.O., 15.
44) Images of the Church in Mission, 16.
45) Ebd. 에서는 이렇게 이미지대로 되려고 시도하는 작업을 다음과 같이 표현한다: "이미지들은 (사람들이 무언가 성취하기 위해 시도하는) 기능적인 것 이상이며, (사람들이 무언가 되려고 하거나 되도록 시도하는 것을 강조하는) 관계적이고, 인격적이다" (Contemporary Images of Christian Ministry, 21).
46) Images of the Church in Mission, ebd.

을 가능하게 해야 한다.

　이것을 우리는 특히, 선교신학의 입장에서는 선교를 실천하는 교회이미지라고 말할 수 있다. 여기서 실천하는 교회이미지는 단지 교회가 이미지를 형성하는 데에만 머무르지 않고, 구체적으로 그것을 완성하려는 운동을 보일 때, 이미지와 실제가 결합한다는 사실을 말한다. 물론 동시에 이미지 역시 동적이며, 시대와 문화에 제한됨으로써 끊임없이 새로운 이미지들이 창출된다.47) 그렇기 때문에 이미지는 항상 상황에 따라 새롭게 변화될 수 있다.

　그러나 교회가 단지 교회의 이미지만을 좋게 하려고 시도할 때, 거기에는 반드시 유혹과 왜곡이 있게 마련이다. 실천하지 않는 교회의 이미지 구축은 거짓에 불과하다.48) 그렇기 때문에 교회가 이미지를 회복하고 실천한다는 것은 기업이나 TV스타들이 자기관리나 자기이미지 개선을 위하여 취하는 태도와는 다른, 보다 심층적이고, 근본적인 선교적 자세를 말한다. 웹은 능력 있는 교회가 되기 위한 첫 번째 원리로서 "독특한 상징"을 지녀야 한다고 말하는데49), 바로 이런 점에서 실천하는 교회의 이미지가 필요한 것이고, 교회의 본질인 선교를 실천하는 것이야말로 교회 이미지 형성의 가장 중요한 "선의의 모반"이라 할 수 있다50). 다시 말해서 이 세상 안에서 선교를 실천하는 것이 교회 이미지를 가장 잘 전달할 수 있는 커뮤니케이션 방향이다.

　이러한 맥락에서 교회와 세상 그리고 교회와 선교와의 관계성들을 의식하면서 도날드 메서(D. Messer)는 그의 저서 "선의의

---

47) Contemporary Images of Christian Ministry, 45.
48) A Conspiracy of Goodness, 78: "이미지들은 우리들로 하여금 쉽게 측량되거나, 객관화 할 수 없는 실체들을 인식하도록 도와주고, 우리들의 상상력을 활활 타오르게 함으로써 메마른 개념들을 넘어 설 수 있게 한다".
49) J.D. Webb, How to Change the Image of Your Church, Nashville 1993, 28.
50) A Conspiracy of Goodness, 148.

모반. 그리스도교 선교의 현대적 이미지(A Conspiracy of Goodness)"을 통해 선교의 부정적 이미지들을 선교의 새로운 이미지들로 바꾸어야 한다고 선교적 상상력의 한 예를 보여준다. 그에 의하면 과거 "승리주의적, 군주적, 가부장적" 선교에 대한 이미지들은 오늘날의 세기에는 적합하지 않으며, 그로 인한 이분법적 선교사상을 극복하기 위해서는 성서적인 선교의 개념을 재정의할 필요가 있는데, 여기에는 새로운 선교를 위한 이미지들이 요구된다는 것이다.51)

메서에 의하면 "설교자" 혹은 "목자"와 같은 오늘날의 산업화 사회에서 "죽은 은유들(dead metaphors)" 대신에52), 현대적인 그리스도교 목회이미지를 말한다는 것은 "그것들이 세상에서 그리스도의 사랑을 보여주길 원하는 사람들에게 그 동기와 실행(motivation and sustenance)의 새로운 스타일을 제공하리라는 희망"을 담고 있기 때문이라고 한다53). 그리고 그는 현대적인 그리스도교 목회이미지를 찾는 이유로서 다음의 세 가지를 제시한다: 1) "이미지들은 상상력에 불을 붙이고, 단순히 사무실들을 지키거나 역할 기대치를 채워주는 것을 넘어 정체성들을 제공한다"; 2) "현대적 이미지들은 긴박감을 재발견할 수 있는 희망을 준다"; 3) "이미지들은 세상에서 신앙공동체를 조직해야 할 동기나 방향감각을 발견할 수 있도록 한다".54)

이러한 전제 아래 메서는 "다리 세움이(bridge builders)", "지구 지킴이(global gardners)", "조개 던짐이(star throwers)",

---

51) A Conspiracy of Goodness, 77f.
52) D. Messer, Contemporary Images of Christian Ministry, Nashville 1989, 24.
53) A.a.O., 25. 메서는 이러한 현대적 목회이미지 찾기 시도가 "전통적인 주제들을 반드시 버려야 한다거나 추상적으로 말하기 위함", 혹은 "새로운 유행이나 풍조를 따르기 위해서"가 아니라고 한다 (참조하라, a.a.O., 24f).
54) 참조하라, a.a.O., 25ff.

"장벽 허뭄이(fence movers)"와 같은 이미지들을 제안한다.[55] 그의 이러한 이미지들은 각각 다음과 같은 의미를 표현한다: 1) "소외되고, 가난하고, 지배당하며, 정신적 질병에 시달리고, 육체적 장애자들"이기 때문에 제대로 "인간대접 못 받는 사람들(nonpersons)"에 대한 복음화[56]; 2) 지구촌의 생태학적 위기에 대한 돌봄으로서의 하나님의 선교사역[57]; 3) 복음주의자들과 에큐메니칼주의자들이 하나되어 정의로운 세계평화를 유지하기 위한 선교사역[58]; 4) 교파와 민족, 문화, 종교들의 경계선을 넘어서는 선교사역[59].

이렇듯 목회자와 교회가 "소금"과 "빛"으로 표현되었던 성서시대의 선교우선 리더십의 이미지를 오늘날 하나의 원리로서 재해석하고, 재구성함으로서 리더십의 선교우선성을 회복하고, 실천해야 할 것이다.

교세가 성장하는 데에는 여러 요인이 있다. 목회자 개인의 리더십 외에도 시대적 상황 요인도 무시할 수 없다. 이처럼 여러 요인들이 합쳐져서 성장하였지만, 시간이 흐르고, 역사가 바뀌어 새로운 상황이 도래하면, 아무래도 처음 성장할 당시의 논리와 구조를 가지고서는 계속된 성장에는 무리가 있을 수 있다. 따라서 교회가 만약에 교세확장만을 지향하더라도 무언가 새로운 구조적이고, 내용적인 변화를 추구해야 한다. 아무리 커지더라도 성장이후의 시간과 변화된 상황에 올바로 이미지 변화를 주체적으로 개발하지 않으면 언제든 퇴보할 수 있다.

2) 다섯 원리: 모험성, 개방성, 공존성, 연약성, 헌신성

---

[55] A Conspiracy of Goodness, 77f.
[56] A.a.O., 91ff.
[57] A.a.O., 79ff.
[58] A.a.O., 109ff.
[59] A.a.O., 127ff.

동아일보에서 정부수립 50주년 특별 여론조사를 실시하였다 (1998. 8. 13). 거기에서 21세기를 이끌 차기지도자들의 덕목으로 일반인과 여론선도층 모두 "청렴 도덕성"을 꼽았다. 다음으로는 미래에 대한 비전과 참신한 개혁성이 지도자의 덕목임을 보여주었다. 이것은 목사세계에도 그 정형과 관련하여 대단히 중요한 품성 요건으로 시사하는 바가 많다.

헨리 나우웬의 저서 "예수님의 이름으로(In the Name of Jesus)"는 이러한 목회자의 현실적인 욕구들에 대하여 어떻게 행동해야 할 지 다음과 같이 설명한다.[60] 나우웬은 본래 이 책을 미래 크리스챤의 리더십 방향에 관한 대답을 모색하기 위하여 썼는데, 예수께서 "성령에게 이끌리어 마귀에게 시험을 받으러 광야로 가사 사십 일을 밤낮으로 금식하신 후에 주리신" 다음에 받은 시험 3가지를 가지고 그 대답을 모색한다. 그에 의하면 그 세 가지는 "현실적이 되도록 해라(To be Relevant)", "폼나게 보이도록 하라(To be Spectacular)", "힘있게 보이도록 하라(To be Powerful)"이다.

예수께서 받은 첫째 시험은 돌들을 빵으로 바꾸라는 것인데, 나우웬은 이것을 현실에 충실하라는 것으로 생각한다. 동시에 이것은 하나의 유혹이다. 가난한 사람들을 보면서 우리는 아 내가 이 종이들을 돈으로 만들 수 있다면, 그 배고파하는 어린이들을 먹여 살릴 수 있을 텐데 하고 생각할 때가 있다. 예수께서도 이러한 당시 상황에서 지극히 현실적이 되어 하나님의 아들로서 자신의 능력을 보이라는 요청을 받은 것이다. 그러나 예수께서는 "사람이 빵으로만 살 것이 아니요 하나님의 입으로 나오는 모든 말씀으로 살아야 한다" 대답하셨다. 오늘날 과학의 발달과, 경제적인

---

60) 참조하라, Henri J.M. Nouwen, In the name of Jesus. Reflections on Christian Leadership, New York 2000.

풍요 그리고 인권의식의 발전으로 더 이상 그리스도인들의 봉사 영역은 점차 축소되는 듯이 보인다. 그러나 실제로 우리는 그러한 현대의 풍요와 성공 이면에서 어두운 절망의 그림자와 영적, 정신적 질병을 본다. 예수께서는 바로 그걸 보신 것이다. 따라서 영원히 우리에게는 화려한 성공 뒤에 가려진 고통으로 일그러진 모습들을 물질이 아니라, 말씀으로 치유해야 하는 과제가 있다. 그러면 어떻게 우리는 이러한 현실지향적인 욕망에서 벗어날 수 있는가? 그것은 끊임없는 기도의 훈련이다. 특히 마 11,28-29절에 입각하여, 요 21장 16절 이하에 나오는 "네가 나를 사랑하느냐"고 3번 물으시는 그 분 안에 거하는 명상적 기도(Contemplative Prayer)여야 한다.61)

 두 번째 시험은 성전 꼭대기에서 뛰어 내리면 천사가 나타나 예수께서 다치지 않도록 받아줄 것이라는 유혹인데, 스턴트맨이나 슈퍼맨처럼 폼 나게 뛰어 내려도 다치지 않을 것이며, 관중들이 환호하게 되어 자신에게 영광이 될 수 있다는 것이다. 그러나 예수께서는 "주 너의 하나님을 시험하지 말라"고 대답하셨다. 사람들은 모두 자신을 쳐다보기를 원한다. 물론 그렇지 않은 사람도 있지만, 우리가 경계해야 할 것은 대중성(Popularity)을 추구하는 스타의식과 모든 일을 혼자 할 수 있다는 개인주의적 영웅주의이다. 막 6,7에서 예수께서는 열 두 제자를 둘씩 짝지어 보내셨다. 이것을 우리는 잊어서는 안 된다. 진정한 공동체는 상호보완적이어야 한다 (은사의 다원주의). 그러면 이것이 어떻게 가능한가? 그것은 잘못한 것을 시인하는 죄의 고백과 용서(Confession and Forgiveness)를 통해서 가능하다. 이것이 참된 목회(Ministry)라는 것이다.62)

 세 번째 시험은 마귀가 "세상 모든 나라의 영광을 주겠다"

---

61) 참조하라, a.a.O., 28ff.
62) 참조하라, a.a.O., 45ff.

는, 힘과 지도함(Leading)에 관한 것이다. 그리스도인들은 힘이 있기 때문에 복음을 전파할 수 있다고 생각한다. 그것이 선교의 역사였고, 한국교회의 모습이다. 인간은 힘과 지배력을 통해서 자신을 확인하려고 한다. 그러나 예수께서는 겸손과 무력을 통해 역사하신다. 요 21,18처럼 성숙이란 세상과는 반대인 자신이 가고 싶지 않아도 기꺼이 이끌려 갈 수 있는(Being Led) 능력이다. 그러면? 그는 신앙과 신학적 성찰(Theological Reflection)을 통해서 영적인 체계화를 세워야 한다고 주장한다.63)

이것은 나우웬이 탈진 및 영적 죽음을 체험한 후에 자신의 소위 성공적인 교수로서의 직업을 청산하고64), 장애인들과 함께 하는 데이브레이크(Daybreak) 공동체에 합류함으로써 발견한 것이다.65)

여기에서 목회자가 받게되는 이러한 유혹을 극복하기 위해서는 책임, 정직, 헌신, 신뢰와 같은 네 가지의 덕목이 필요하다. 그러나 선교우선의 리더십은 이러한 토대위에 다른 리더십의 요인들을 추구한다. 그것은 흔들리지 않는 모험성, 개방성, 공존성, 연약성, 헌신성에 대한 믿음이다. 이 다섯 원리는 선교우선의 리더십을 형성하는 주요한 기반이다. 결국 선교우선의 리더십은 이 다섯 가지 원리의 기반 위에서만 그 틀과 방향을 정할 수 있다. 우리는 이와 같은 모험성, 개방성, 공존성66), 연약성67), 헌신성의 원리를 우리는 수로보니게 여인과의 대화 속에서 발견한다. 이것을 우리는 마가복음 7장 24-30절에서 발견할 수 있다. 다음의 선교우선

---

63) 참조하라, a.a.O., 65ff.
64) A.a.O., 11.
65) 참조하라, a.a.O., 3f.
66) 참조하라, 폴 스티븐스/필 콜린스, 최기숙 역, 평신도를 세우는 목회자, 미션월드 라이브러리 1997, 67-95.
67) 참조하라, 마이크 머독, 박장만 역, 예수의 리더십 57가지 비밀, 오늘 2000, 134ff.

리더십의 틀과 방향 9 가지는 모두 이러한 다섯 원리와 관련된다.

4. 선교우선 리더십의 틀과 방향

시대를 초월하여 선교적 리더십은 본질적으로 하나님 나라를 향한 지도자들의 리더십을 말한다. 그런데 지금까지 살펴본 대로 현재는 위기와 희망 두 가지 가능성을 함축하고 있다.[68]

이러한 상황에서 이제 인류는 한 배를 타고 가는 공동 운명 체로서(Ökumene) 희망을 기대해야 하고, 그것을 우리는 교회의 하나님나라를 향한 안내라고 말할 수 있다. 이런 이유에서 이 하나님나라를 향한 여정이 현재의 그리스도교 선교적 리더십의 방향과 틀을 결정짓는다. 이 길의 안내에 크리스챤 리더들의 역할과 자기개발이 대단히 중요하다. 여기서 우리는 이와 같은 크리스챤의 역할과 노력을 선교적 리더십으로 이해하며 그 틀과 방향을 검토해 본다.

1) 복음적, 영적(spiritual) 리더십:
선교적 영성 대 비선교적 영성

영성이란 "성령 안에서의 삶"을 말한다. 그러므로 리더십과 관련하여 영성을 논의하는 것은 성령의 사역과 깊은 관련이 있다. 특히 영성의 본질적 특성은 선교적 효과가 있기 때문에 이것

---

[68] 이 점에서 공황은 리더쉽의 부재에서 오며, 이 때의 리더쉽은 자국중심의 지도력이 아니라, 세계를 위한 새로운 리더쉽이어야 한다고 주장하는 킨들버거의 견해는 옳다 (참조하라, C.P. 킨들버거, 대공황의 세계, 도서출판 부키, 서울: 1998).

이 선교적 영성으로 발전되어야 한다. 특히 하나님의 선교에로의 부르심은 성령의 선물이다. 사도행전 1장 8절에서는 "오직 성령이 너희에게 임하시면 너희가 권능을 받고 예루살렘과 온 유대와 사마리아와 땅 끝까지 이르러 내 증인이 되리라 하시니라" 라고 하였다. 선교에서 중요한 것은 성령의 권능을 체험하는 것이다. 그리고 나서야 비로소 선교사역에 나설 수 있음을 바울은 증언하고 있다.

이런 점에서 유명인이 선교사역에 나서기 때문에, 혹은 친구나, 가족이 선교를 하기 때문에 선교에 나서는 것은 바람직하지 않다. 성서에 쓰여진 말씀대로 먼저 성령의 권능을 체험하고 세계의 지리적 지평과 문화적 지평을 넘어설 수 있어야 한다. 선교를 향한 에너지는 모름지기 성령의 권능에서 나온다. 사람의 의지대로 되는 것이 아님을 사도행전은 우리에게 아주 잘 교훈하고 있다.

그러나 문제는 성령의 권능이 선교사역자에게 어떤 형태로 체험되느냐이다. 이것이 영적 리더십을 결정하는 중요한 변수이다. 이것과 관련하여 우리는 두 가지 차원에서 접근할 수 있다. 하나는 침묵과 명상 등을 통한 깊은 내적 깊이를 가진 리더십을 키워내는 것이다. 그렇지만 이것을 우리는 비선교적 영성이라고 말 할 수 있다. 다른 하나는 인간의 고난에 대해 깊은 통찰력을 가지고 그 일에 선교적 차원에서 참여하는 것이다. 그것을 우리는 선교적 영성이라고 말 할 수 있다. 여기서 이러한 구분은 영국 버밍햄 대학 선교학 교수 베르너 우스토프(W. Ustorf)의 관점에 토대를 두며 제시하고자 한다. 영성을 말하되 적어도 개인적인 하나님 체험뿐만이 아니라, 사회적 지평에서 일어나는 인류의 고난과 관련된 하나님 체험과 관련된 영성이 함께 통전되어야 함을 가르쳐 주는 좋은 선교적 리더십의 방향이라고 생각된다.

그에 의하면 존 뉴톤(J. Newton)이 작시한 찬송 405장 "나

같은 죄인 살리신(Amazing Grace)"는 그의 개인적인 하나님 체험, 말하자면 비선교적 영성에서 비롯된 것이다. 이 고백이 나온 배경은 다음과 같다. 뉴톤은 1725년 7월 24일 영국 런던에서 선장의 아들로 태어났고 (1807년 12월 21일 사망), 그의 어머니는 독실한 그리스도인이었다. 그래서 어머니의 영향이 뉴턴의 삶에 지대한 영향을 끼칠 수 있었지만, 7살 때인 1732년 7월 11일 폐병은 그렇게 내버려 두지 않았다. 어머니의 죽음과 아버지의 재혼으로 뉴톤의 삶은 굴곡지게 되였고, 잠시간의 엄격한 기숙 학교생활 이후 11살부터 선원생활을 하게 된다. 선원이라는 거친 생활로 그의 삶은 피폐해져 갔고, 그 가운데서도 양심의 소리를 듣게 되었지만, 방탕과 절제 사이에서 방황한다. 18살 때에 아버지의 추천으로 해군 소위 후보생이 되었지만, 견디기 어려워 탈영하였고, 체포된 후 노예상선에 팔리게 된다. 정신과 육신의 고통 속에서 지나가던 상선에 구조되어 1747년 2월, 15개월간의 노예생활에서 해방된다. 그 상선의 선원으로 일하다가 1748년 3월 10일 고향으로 돌아가는 배에서 심한 폭풍우를 만난다. 뉴톤은 생명의 위협을 느끼던 바로 그 상황에서 죄의 깨달음과 하나님의 사랑과 자비를 갈구하게 된다. 이후 그의 삶은 기도와 성경읽기 그리고 하나님의 사랑에 깊이 체험하는 삶을 살게 된다. 이러한 배경에서 그의 Amazing Grace가 쓰여진 것이다.

물론 그는 후에 노예선의 선장이 되는 것을 버렸지만, 그의 회심이후에도 노예를 매매하는 행위는 그가 미처 발견 못한 비선교적 행동이었던 것이다. 다시 말해서 뉴톤이 진정으로 개인적인 하나님 체험을 통해 회심하고 변화하였지만, 심한 폭풍우 속에서 죽어가도 상처받은 노예들의 구원의 문제에 대해서는 미처 발견하지 못한 것이었다. 바로 이런 이유에서 우스토프는 그의 하나님 체험을 비선교적 체험이라고 한 것이다.

이에 비해서 우스토프는 바돌로매 라스 카사스(Bartolome de

Las Casas: 1484-1566)를 선교적 영성의 모델로 평가한다.69) 라스카사스는 스페인에서 상인의 아들로 태어났다. 사제 서품을 받고 인디언 선교사로 부름 받는다. 처음 그의 삶은 다른 사제들과 별 차이 없었지만, 외경인 집회서 34장 18-22절 말씀으로 하나님을 체험한 후 엔코미엔다(Encomienda: 스페인령 아메리카에서 왕이 그리스도교 복음 전파를 조건으로 이주민들이 인디언들의 세금과 노동력을 받을 수 있게 한 제도)라는 좋은 제도를 악용하는 현실로 인하여 노예제도의 부정의에 눈을 뜬다70). 그 후 그는 인디언의 인권과 해방 그리고 인디언의 복음화를 위해 헌신하게 된다.

　우리는 이 두 유형의 영성을 바라보면서 이 두유형의 통전되는 리더십을 영적 리더십으로 이해한다. 개인적인 차원에서만의 하나님 체험만도 아니고, 사회적 지평에서만의 하나님 체험도 아닌 양 차원을 갖춘 영적 리더십이야말로 이 선교 위기의 시대를 돌파할 수 있는 첫째 리더십의 방향과 틀로 자리 매김 될 수 있다.

2) 사도(apostle)적 리더십: 사랑의 실천과 섬김 우선

　점차 기구화 되고 있는 현대 목회현장에서의 리더십 위기는 섬김 우선(servant-first)의 목회지도력이 아니라, 지도자들의 지나

---

69) 이에 대해서 참조하라, 김영동, 교회를 살리는 선교학, 장로회신학대학교출판부 2003, 238-257; 스티븐 니일, 홍치모/오만규 공역, 그리스도교선교사, 성광문화사 1993, 219ff.
70) "불의하게 얻은 것을 제물로 바치는 것은 부정한 일이므로 악인들이 바치는 제물은 용납되지 않는다. 지극히 높으신 분은 불경한 자들이 바치는 제물을 기뻐하지 않으시며, 제물을 많이 바친다고 해서 죄를 용서받는 것도 아니다. 가난한 사람들의 재산을 빼앗아 제물로 바치는 것은 남의 자식을 제물로 바치려고 그 아비 앞에서 죽이는 것과 같다. 가난한 사람들에게는 빵 한 조각이 생명이며 그것을 빼앗는 것이 살인이다. 이웃의 살길을 막는 것은 그를 죽이는 것이며 일꾼에게서 품삯을 빼앗는 것은 그의 피를 빨아 먹는 것이다".

친 권위주의적인 리더십 우선(leadership-first)의 자세가 문제라는 점은 앞서도 이미 밝힌바 있다.[71] 여기서 섬김 우선과 리더십 우선 사이에는 명백한 차이가 있다. 섬김을 우선하는 선교지도자는 다른 사람들을 자신보다 더 높은 가치를 두고 섬기려고 한다. 한마디로 서비스 정신이 뛰어나다. 이에 비해서 권위주의적 리더십 우선은 다른 사람들이 가지고 있는 재능을 자신의 지위를 위해 사용하려는 지도자 유형이라고 볼 수 있다. 여기에는 사람들 사이의 관계가 강압적일 수 있다. 선교하는 교회의 생명은 자발성의 유도인데, 강요를 통한 선교자원의 동원이 이루어진다.

우리는 성경에서 이 두 가지 유형 가운데 섬김 우선 리더십을 사도들의 리더십 전통에서 발견할 수 있다. 특별히 여기서 우리는 사도들 가운데 올바른 제자의 도로써 섬김의 자세를 보여주어 선교의 쾌거를 이룬 바울에 주목한다. 특히 고전 4,14, 고후 6,13과 12,14-15 그리고 갈 4,19, 살전 2,11, 고전 4,17, 빌 2,22에서 우리는 바울이 자신을 "아버지"로 표현하며 자신의 리더십을 표현하는 것을 볼 수 있다.[72] 클레이크(Andrew D. Clarke)는 이것이 당시 로마 제국의 상황에 적절한 것이라고 설명한다. 여기서 아버지라는 표현은 권위의 표현이 아니라, 섬김과 사랑의 관계를 보여주는 것으로 이해된다. 동시에 바울이 자주 표현하는 하나님과 그리스도의 복음에 부름받아 사역한다는 소위 "사도"라는 표현 역시 여기 이 아버지라는 용어와 함께 바울의 리더십을 보여주는 좋은 예라 할 수 있다. 로마서 1장 1절 서문에서도 바울은 "예수 그리스도의 종 바울은 사도로 부르심을 받아 하나님의 복음을 위하여 택정함을 입었나니" 하여 사도로 부르심을 받았음을

---

71) 이 두 용어의 사용들에 대해서 참조하라, Robert K. Greenleaf, Servant Leadership. A Journey into the Nature of Legitimate Power and Greatness, New York/Ramsey/Toronto 1977, 13f.
72) 참조하라, Andrew D. Clarke, Serve the Community of the Church. Christian as Leaders and Ministers, Michigan/Cambridge 2000, 209ff.

자랑스럽게 여기며 바로 그 점을 자신의 리더십 기반으로 삼는 것을 볼 수 있다. 이처럼 아버지와 자녀 관계 그리고 자신을 사도로의 부르심이 당시 로마제국 내의 교회 공동체 그리스도인들을 위한 섬김의 기반이요, 그의 불굴의 선교정신이 되었던 것이다.

　　최근 신사도 개혁(The New Apostolic Reformation)운동을 주장하는 교회성장학자 피터 와그너는 자신의 저서 "사도들과 선지자들, 교회의 기초Apostles and Prophets. The Foundation of the Church)" 라는 저서에서 엡 2장 20절 "너희는 사도들과 선지자들의 터 위에 세우심을 입은 자라 그리스도 예수께서 친히 모퉁이 돌이 되셨느니라" 본문을 근거로 하여 예수께서는 자신을 교회의 모퉁이 돌로 계시하였는데, 이 교회를 지속시키는 것은 성령에 의해 위임받은 사도들과 선지자들이라고 주장한다[73]. 말하자면 현재 교회를 유지하는 결정적인 역할은 교회 내 부서의 여러 직책들 외에 사도들과 선지자들이라는 것이며, 그들이야말로 교회를 통한 하나님의 목적을 성취시켜나가야 할 공동의 동반자라는 것이다. 그에 의하면 초대교회부터 이미 하나님의 계획을 성취시키는 사람들은 사도들과 선지자들이었다는 것이다.

　　여기서 와그너는 16세기에는 성서의 권위와 신앙의인, 만인사제성을 강조하는 개혁신학의 등장, 18세기에는 웨슬리의 성결운동, 19세기 현대 선교운동이 시작된 이래로, 20세기를 관통하면서 1900년대 초에는 오순절 운동(The Pentecostal Movement)이 주도하였고, 1950년대에는 복음전도 운동, 1960년대에는 가난한 자와 억압받는 사람들을 위한 사회적 책임의 감당, 1970년대는 대기도운동, 1980년대는 선지자 역할의 증대, 그리고 1990년대는 사도운동의 출현으로 특징지을 수 있다고 분석한다. 그래서 새로운 세기는 신사도 개혁운동이 펼쳐진다고 본다.[74]

---

73) 참조하라, C. Peter Wagner, Apostles and Prophets. The Foundation of the Church, Ventura, California 2000.

이 점에서 그에 의하면 성서에 나타난 사도들은 어떤 특별한 권위를 가지고 있는데, 먼저는 영적 은사를 지니고 있다. 그리고 소명감과 어떤 연단도 견딜 수 있는 특별한 성품, 그리고 함께 일하는 동료들이 있고, 비전을 소유하고 있으며, 자신의 고유한 구역에서 (참조하라, 고후 10,14-16) 섬기는 사람들이라고 이해한다.[75] 이상과 같이 초대교회의 성장을 가능하게 했던 리더십은 권위적인 것이 아니라, 먼저 남을 배려하고, 섬기는 섬김의 리더십이요, 그것은 바로 사도적 리더십의 전통 위에서 계승된 것임을 파악하게 된다. 선교우선의 리더십은 바로 이러한 섬김이 살아 있는 사도적 리더십의 틀과 방향 속에서 정립되어야 한다.

3) 변혁적(transformational) 리더십 :
변화를 추구하고, 새로운 비전을 제시

미적 리더십은 변화를 수용할 줄 아는 리더십이다. 한때 베스트셀러가 된 "누가 내 치즈를 옮겼을까?(Who moved my Cheese?)" 라는 책은 우리에게 변화에 대한 강력한 메시지를 준다.[76] 이 책은 치즈이야기를 통해 "변하지 않으면 살아남을 수 없다" 는 것을 강조한다.

등장하는 주인공들은 두 마리의 생쥐와 두 명의 꼬마인간이다. 이 네 주인공들은 미로 속에서 살고 있다. 스니프라는 생쥐는 냄새를 잘 맡는다. 스니프가 냄새를 맡아 치즈가 있는 방향을 잡으면, 그의 친구 스커리는 급히 달려가 치즈창고를 발견한다. 생쥐들은 방향을 잡으면 뛰어드는 즉자적 행동을 통하여 변화에 빠르

---

74) 참조하라, a.a.O., 11ff.
75) 참조하라, a.a.O., 24ff.
76) 참조하라, 스펜서 존슨, 이영진 역, 누가 내 치즈를 옮겼을까?, 진명출판사 2000.

게 대처한다. 그런데 두 명의 꼬마 인간, 헴(헛기침)과 허(접잔)는 미로 속에서 치즈창고를 발견하고는 평생 먹고도 남을 치즈에 만족한다. 그 둘은 날마다 치즈를 야금야금 먹으며 포만감에 젖어 살다, 어느 날 치즈창고가 바닥났다는 사실에 당황한다.

두 생쥐는 변해버린 현실을 받아들이며 미로 속에서 다시 새로운 치즈창고를 찾는다. 그러나 두 꼬마인간은 변화된 현실을 받아들이기 거절하며 고통스러워한다. 허는 인정하기 싫지만 새로운 치즈를 찾아 나서야 한다고 친구인 헴에게 이야기한다. 그렇지만 헴은 치즈를 발견할 수 없으리라는 막연한 두려움으로 그의 제안을 수용하지 않는다. 할 수 없이 허는 혼자서 새로운 치즈를 찾아 나서고 마침내 그의 목적은 달성된다. 이 책은 변화를 통해 다시 새로운 목적이 성취될 수 있다는 바로 우리들의 이야기이다.

이와 마찬가지로 변화는 개신교회의 중요한 신앙원리이기도 하다. 변혁하는 교회만이 희망이기 때문이다 (*ecclesia reformata semper reformanda*). 마틴 루터는 개혁을 통해서 교회의 완성을 이루어보려고 하였다. 따라서 변혁을 추구하는 리더십은 교회가 정체되고, 더 이상 발전하는 기미가 보이지 않을 때 다시금 활력을 불어넣어 줄 필요가 있다는 점을 받아들여야 한다. 그러기 위해서는 새로운 비전을 창조해야 하는데, 먼저 문제점들부터 진단해야 한다. 그럴 때 비로소 새로운 비전에 동기를 부여하는 리더십이 창출되는 것이다. 이 때 필요하다면 리더십은 과감하게 과거의 정체 요인인 낡은 구조를 깨뜨리는 소위 "창조적 파괴(creative destruction)"도 진행시킬 수 있어야 한다.[77]

인텔의 전 최고경영자였던 앤드류 그로브(Andrew S. Grove)

---

[77] 참조하라, Noel M. Tichy/Mary Anne Devanna, The Transformational Leader, New York / Chichester / Brisbane / Toronto / Singapore 1986.

가 쓴 "편집광만이 살아남는다(Only the Paranoid Survive, 1996)"는 우리에게 바로 이 변혁적 리더십에 대한 방향과 틀을 제공해준다. 그가 사용하는 개념 가운데 S곡선의 "전략적 변곡점 (strategic inflection point)"이 있다. 그는 이것을 "근본적으로 변화하는 기업 순환의 한 지점"이라고 정의하였다. 기업이 이 전략적 변곡점이라는 근본적인 변화에 주목하지 않는다면 조직이 피해를 입을 뿐만 아니라, 결국에는 조직이 치명적으로 파괴될 수 있다고 주장한다. 최근 어느 한 보고서에 의하면 기업의 평균수명이 20년이라고 한다. 사람들의 수명은 늘어 가는데, 기업의 수명은 줄어 가는 것이다. 기업이 변화의 징조를 올바로 읽지 못하면 빨리 도태되는 것이다.

그런데 이 원리는 교회에도 들어맞는다. 교회도 하나님께서 요구하시는 하나님의 때를 올바로 활용하지 못하면 하향할 수 있다. 한국교회가 지금까지 주 하나님의 도우심과 성령의 능력으로 급성장하였다. 120년이 된 지금, 이제 한국의 개신교는 성장의 때가 다 한 듯이 바로 이 전략적 변곡점에 서 있는 것이다. 이제 S곡선이 하향할 지, 평탄하게 가는 듯하다가 상향 궤도로 올라갈지 우리는 쉽게 단정할 수 없다.

하지만 분명한 것은 교회 조직들이 이전과는 확실히 다른 반응들을 보여주고 있다는 것이다. 그로브는 조직이 이전과는 다른 반응의 양상을 보여줄 때, 일어날 수 있는 변화를 10X력이라고 하였는데, 에디 깁스는 이것을 교회와 관련해서 다음과 같이 바꿔보았다: 1) 서로 다른 전통을 가진 교회들이 같은 경험을 할 때; 2) 교파의 계층과 신학대학들이 급작스런 난기류를 만나 고도를 상실할 때; 3) 공식적인 교회관계자의 말과 일반 평신도들에게 일어나고 있는 일 사이에서 불협화음이 커질 때; 4) 지도자의 말과 행동이 다를 때; 5) 서로에 대한 존경심과 확신이 상실될 때; 6) 초대형 교회와 신 사도적 네트워크, 그리고 대안적 종교운동 등이 출현할 때; 7) 계속해서 전통적 기관들의 불안이 심해질 때; 8) 실망한 교인들이 다른 곳으로 가버릴 때.

한국교회, 특별히 한국감리교회가 나아가야 할 방향은 분명하다. 그것은 시간이 흐를수록 하나님 나라에 대한 비전을 더욱 구체화하는 것이다. 그러나 교회의 현실은 이처럼 전략적 변곡점에서 흔들리고 있다. 대형교회들은 안주하고 있고, 작은 교회들은 포기하고 있다. 전략적 변곡점에서 교회가 처해 있는 현실을 올바로 진단하고 변화를 줄 수 있는 리더십이 요구된다. 그러므로 리더십의 방향이 때를 잘 간파하여 교회를 하나님의 뜻에 합당하게 제대로 변화시켜 희망을 줄 수 있도록 해야 한다.

4) 원칙적(principled) 리더십 : 일관성 있게 법규 적용

"통치자가 대중에 영합, 불법에 눈을 감아주면 오래지 않아 혼란이 오고, 심하면 무법천지가 된다"
-.김성한 역사대하소설, "진시황제"

스티븐 코비(S.R. Covey)는 그의 저서 "원칙중심의 리더십(Principle-centered Leadership)"에서 원칙들이란 "우리나 사회가 만들어 내는 것이 아니다. 그것들은 인간관계들과 인간의 조직들에 적용되는 우주의 법칙이다. 이것들은 인간의 상태와 의식 그리고 양심의 일부분이다. 사람들은 공정함, 형평성, 정의, 온전함, 정직 그리고 신뢰와 같은 기본적인 원칙들과 조화를 이루고 살며, 받아들이는 정도에 따라, 생존과 안정을 경험하든지, 몰락과 파멸할 수도 있는" 것으로 정의한다[78]. 그리고 코비는 원칙중심의 리더십이란, 강제되지 않고 자발적으로 행동하도록 하는 것이라고 주장한다.[79] 또한 원칙 중심 리더십의 4가지 차원과 원칙으로서

---

78) S.R. Covey, Principle-centered Leadership, New York 1992, 18.

제3장 선교우선의 리더십

나 자신에 대한 신뢰, 다른 사람과의 관계차원에서 신뢰성, 다른 사람들과 일을 수행하는 관리 책임성, 사람들을 모집하고, 훈련시키며, 보상해주고, 팀을 꾸리며, 문제들을 해결해주고, 구조, 전략, 체제들을 체계적으로 정렬시키는 조직력이 필요하다고 한다.[80] 더 나아가 원칙을 중시하는 리더십 패러다임의 4가지 특성을 제시하고 있다. 그것들은 각각 통전적(holistic), 생태학적(ecological), 발전적(developmental), 무생물, 식물, 동물들이 아닌 선도적인 사람들을 기반으로 하는 것들이다.[81]

이상과 같은 코비의 원칙 중심적인 리더십을 종합해 보면, 인간들과의 신뢰에 바탕한 책임감이 원칙적으로 삶에 적용되어야 함을 강조하고 있다. 사람과 사람 사이의 신뢰란 기본적으로 상호 약속을 지키고 책임지는데서 비롯된다. 우유부단하여 약속을 자주 변경하거나, 상호의 협약을 쉽게 파기하면 그만큼 상호 신뢰는 형성되지 않는다. 결국 상호대적의 길로 들어서게 되는 것이다. 특별히 지도자는 엄격하게 자신을 통제할 필요가 있다. 지도자 스스로가 먼저 상호 법규를 위반하고, 무시한다면 그를 따르는 추종자들은 누구도 지도자를 따르려 하거나, 법규 자체도 지키려고 하지 않게 될 것이다. 이것은 선교에 있어서도 마찬가지이다. 선교라는 공동의 사역을 해 나가는데 있어서 사역자들의 상호신뢰는 절대적으로 중요하다. 원칙이 파괴되고, 상황에 따라 지나치게 우유부단한 실행은 자칫 현장으로부터 불신 받을 수 있다. 그러므로 선교 원칙을 세웠으면 그것을 철저히 지킴으로서 상호 신뢰와 책임감을 바탕으로 사역이 이루어져야 한다. 이 점에서 원칙 중심의 리더십이 선교 우선 리더십의 방향으로서 요구되는 것이다.

그러면 성서에서 원칙 중심의 리더십과 관련하여 무엇이 강

---

79) A.a.O., 104.
80) 참조하라, a.a.O., 20ff.
81) 참조하라, a.a.O., 188f.

조되어 있는가? 그 한 사례는 느헤미야의 경우이다. 구약의 역사에서 느헤미야는 에스라가 포로 귀환한 몇 년 후인 B.C. 445년경 페르시아의 왕이 유다의 총독으로 파견함으로써 역시 예루살렘에 돌아와서 파괴되었던 성전을 재건한 사람으로 잘 알려져 있다. 먼저 우리는 여기서 지도서로서 느헤미야의 죄책고백에 주목할 필요가 있다. 그의 인식에 의하면 예루살렘이 함락되어 결국 유다가 멸망하게 되었고, 백성들은 포로로 끌려갈 수밖에 없었는데, 그 이유로서 그는 "우리에게 내리신 계명과 율례와 규례를 우리가 지키지 않았"고, 이것은 범죄행위이며, "주께서 우리를 여러 나라에 흩어 버리"셨기 때문이라고 고백한다 (느 1,7-8).

이 고백을 통해서 우리는 느헤미야가 원칙중심의 지도자였다는 것을 생각할 수 있다. 그래서 그는 자신들의 원칙, 곧 하나님께서 제정해 주신 "율례와 규례"를 그대로 순종하여 따르지 않았기 때문에 결국 남의 나라로부터 수치를 당할 수밖에 없었다는 인식 아래 용서해 달라고 기도한다. 게다가 그에 의하면 이러한 원칙을 무너뜨리는 삶은 "주를 거역하는 죄"에 해당된다 (느 1,6). 그리고 이것은 집단적인 범죄일 뿐만 아니라, 개인적인 죄에도 해당한다. 따라서 그는 이 죄를 용서받을 수 있는 유일한 길이 다시금 "율례와 규례"대로 사는 것임을 천명하며, 그것을 이제 언약을 지키시는 하나님을 회상하며 자신들이 실천하려 한다는 것을 보여준다: "우리가 주께로 돌아와서, 주의 계명을 지키고 실천하면, 쫓겨난 우리가 하늘 끝에 가 있을지라도, 주께서 거기에서 우리를 한데 모아서, 주의 이름을 두려고 택한 곳으로 돌아가게 하겠다고 하신 그 말씀을, 이제 기억하여 주십시오" (느 1,9).

사실 그렇다. 원칙이 무너지면 "이렇게 해도 되는구나"라는 무질서 의식이 팽배해진다. 이것은 급기야 공동체의 부패로 이어져, 타락을 재촉한다. 어느 누구도 처음부터 원칙을 무너뜨리려고 하지는 않는다. 처음에 누군가 부패와 연루되었는데도 그것으로 아무 일이 없으면, 그때부터 사람들은 그래도 되는 것으로 알고 동일한 범죄, 심지어는 더 큰 범죄를 저지르게 되는 것이다. 그러다 보면 그 공동체는 점차 무질서해지고, 혼란이 벌어진다. 이때 지도자의 역할은 매우 중요하다.

느헤미야는 이스라엘이 이와 같은 잘못을 반복하길 원치 않았다. 그리하여 그는 원칙을 세우되, 하나님 신앙에 바탕하여 하나님에게 모든 원칙의 중심을 두기로 한 것이다. 바로 이 점에서 그의 지도력은 하나님께 영광을 돌리려는 강한 의지의 표현인 "주의 계명을 실천" 하는데서 나온 것이다. 만약 그가 개인의 사심이나, 공적을 위한 성전 재건을 시도했더라면, 그는 아마도 당시 자신을 파견한 왕의 명령과 자신의 신분과 직위를 이용하여 왕의 성전을 지었을 것이다.

그런데 느헤미야의 이같은 원칙중심이 좋은 점도 있지만, 원수들을 용서하지 않으려는 극단적인 태도로까지 표현되는 것은 구약의 다른 곳이나 (예컨대, 출 23,4-5; 레 19,17-18; 잠 25,21) 예수님의 기도와 비교하여 (마 5,38-48) 원칙주의적 지도자들이 가질 수 있는 단점으로 보일 수도 있다. "눈은 눈으로, 이는 이로 갚으라" 는 구약의 율법은 (출 21,24; 레 24,20; 신 19,21) 벌을 주더라도 죄보다 더 심해서는 안 된다는 입장을 말한다 (물론 창세기 4,23-24절은 벌이 죄보다 더 큰 상황을 보여주기도 한다). 따라서 느헤미야에게서 우리는 리더로서의 장점과 단점을 파악할 수 있다. 우리는 느헤미야가 지니고 있는 이 양자를 봄으로써 보다 나은 리더십을 성서로부터 배울 수 있는 것이다.

그러면 이스라엘 백성이 지켜야할 그 주의 계명은 어떠한 것인가? 이것은 예언자들의 리더십과 관련이 있다. 포로기 이전 시대 예언자 예레미야는 하나님의 계시를 받아 동족 간에 노비를 삼는 일을 금하고 있다. 그는 부유한 사람들이 가난한 사람들을 종으로 삼을 경우 바벨론의 포로가 될 것을 선포하였다 (참조하라

렘 34,8-22). 예언자들의 지도력에는 분명히 가난한 사람들을 배려하고, 부자들의 절제와 나눔을 요구하였던 것이다. 우리는 구약의 희년법도 이런 맥락에서 이해할 수 있는 것이다 (참조하라 레 25,8-52). 말하자면 예언자들이 원칙의 구체적인 내용을 제시했다면, 느헤미야와 같은 지도자는 그것을 실천함으로써 새로운 공동체 건설을 시도한다.

이처럼 원칙을 지킴으로서 하나님과의 신뢰가 회복되고, 또 이웃들과의 믿음이 발전되는 리더십이 필요하다. 동시에 그 내용에 있어서도 이미 성서에 기록된 말씀으로 기준으로 삼아 실천하려는 원칙이 특히 선교사역자에게서 뿐만 아닐, 그리스도인 전체에 요구된다. 이런 점에서 원칙 중심의 리더십은 선교 우선 리더십의 틀과 방향에 중요한 한 요소이다.

5) 글로벌 에큐메니칼(global ecumenical) 리더십 : 교회간의 협력과 화해를 통한 세계의 문제 극복

오늘날의 세계는 점점 좁아지고 있는 지구촌의 세계이다. 이제 한 지역의 문제는 그 지역에 국한되지 않는다. 어떤 정보든 순식간에 네트워크를 통해서 전 세계로 전달된다. 이때 필요한 것은 세계적인 문제들에 대한 대안을 제시하려는 글로벌 에큐메니칼 리더십니다. 글로벌 에큐메니칼 리더십은 종교적이고, 민족적인 경계를 넘어선다. 그래서 복음에 기초한 전 세계적인 문화공동체와 초문화적 공동체를 지향한다.[82]

물론 그렇다고 해서 지역의 특수성을 무시하는 리더십은 아니다. "메가트렌드 아시아"의 저자 존 나이스비트(John Naisbitt)는 세계를 재구성하는 아시아 사회의 8가지 흐름을 강조하였다.

---

82) 참조하라, Joseph V. Quigley, Vision. how Leaders Develop It, Share It, and Sustain It, New York 1993, 4.

첫째는, 공동의 관심사와 목적들을 결합시키는 (상업적, 사회적, 문화적, 종교적) 네트워크들이 국가형태만큼이나 중요하다는 것이다. 둘째는, 전통 지향적 사회에서 선택권이 증가하는 사회로의 변화이다. 셋째는, 수출주도형 경제에서 소비자 위주의 경제로 이동한다. 넷째는, 정부가 통제하는 경제에서 시장 자율의 경제로 이동한다. 다섯째는, 농촌에서 대도시로 인구가 이동한다. 여섯째는, 노동 집약적 생산에서 고난도 기술에 의한 생산으로 이동한다. 일곱번째는, 남성지배에서 여성들의 지도력이 강화되는 사회로 이동한다. 마지막으로는, 서구적 가치관이 판치는데서 특유한 아시아적 가치에 눈을 뜨는 데로 이동한다.[83]

여기서 나이스비트가 간파한 것은 소위 제 3세계요, 개도국이라는 타이틀이 항상 따라 다니는 아시아도 이제는 도시화되고, 서구적 형태로 변하고 있다는 점이다. 그는 이것을 통해서 문화가 상호 교류하며 글로벌화 가고 있다는 점을 암묵적으로 강조하는 것이다. 아무튼 이제는 서구의 문제가 서구에만 국한되지 않는다. 아시아적 세계관이 아시아에서만 적용되지 않는다. 바야흐로 세계는 상호 교류를 통해서 유럽에서도 아시아적 가치가 붐을 일으키고, 아시아에서는 또한 서구의 자본주의와 민주주의의 가치가 꽃을 피우기도 한다. 이때 그것은 과거 식민지 역사에서처럼 강제적이고, 통제의 수단을 통해서 이루어지는 것이 아니다. 자발적으로 선택에 의해서 발전된다. 이것을 통해서 세계는 보편타당한 원리에 의해 가치관들이 형성된다.

이 점에서 글로벌 에큐메니칼 리더십은 배타적이고, 특수주의 관점을 넘어서는 것이다. 선교 사역에 있어서도 사역자가 자기 문화의 독특한 특수성을 주입하는 형태가 아니라, 보편타당한 원

---

[83] Tom McCallie, George Kovats and Steven Ferguson, "Opportunities and Challenges of the Next Quarter Century", Transformation 13, no. 4 (Oct./Dec. 1996): 22에서 재인용.

칙에 입각해서 직무를 수행하는 리더십이 필요한데, 그것이 글로벌 에큐메니칼 리더십이고, 선교 우선의 리더십 방향의 한 축을 담당한다. 특별히 세계의 문제를 해결하는데 있어서 그리스도교회들 간의 협력과 화해는 선교 사역의 효율성뿐만이 아니라, 내적 친교를 증대시킨다. 세계의 문제들은 때로 지역적이고, 동시에 세계적이기 때문에 어느 한 지역에 기반 한 이론으로는 극복이 되지 않는다. 이런 점에서 각 지역의 선교 사역의 성과를 바탕으로 교회들의 협력과 네트워킹은 세계가 직면한 위기들을 적절하게 헤쳐 나갈 수 있게 된다. 이것이 가능할 때 비로소 서구적 가치관과 아시아적 세계관은 때때로 부딪치기도 하지만 상호 조우와 협력을 통해서 상생의 지평의 열어나갈 수 있는 것이다.

이와 동시에 글로벌 에큐메니칼 리더십은 목회자들에게도 세계를 새롭게 바라보는 통찰력을 제공해준다. 그것은 곧 자신의 문제는 자신의 문제로 끝나지 않는다는 안목의 발견이다. 세계와 연결되어 있으며, 그것은 언제든 시간의 경과에 따라 자신에게 영향을 미칠 수밖에 없다는 사실이다. 세계는 연결되어 있으며, 동시에 각자의 특수성을 지니고 있다. 이런 상황에서 그리스도 교회들 간의 반목과 갈등은 선교에 결코 도움이 되지를 않는다. 먼저 교회들 간의 협력과 화해를 통해서 리더십을 세우고, 세계문제에 대처할 수 있는 능력을 극대화 시켜야 한다. 따라서 세계에 눈을 돌리고, 세계에서 무슨 일이 이러나는 지를 주목하고, 그리스도인들이 함께 협력하도록 노력함으로써 목회자는 어느덧 글로벌 에큐메니칼 리더십을 갖추게 되고, 선교 우선의 리더십을 발전시키는 계기를 마련할 수 있게 되는 것이다.

6) 미적 청년(aesthetic youthful) 리더십 :
미래의 교회를 키워내야

제3장 선교우선의 리더십

바렛과 존슨(David B. Barrett and Todd M. Johnson)의 "세계복음화 운동(Global Evangelization Movement)"에 나타난 통계를 살펴보면, 2000년대 세계 총인구는 61억에 달한다. 이 가운데 그리스도교인은 20억, 이슬람 12억, 무종교 7억 7천, 힌두교 8억, 불교 3억, 무신론 1억 5천, 새로운 종교 1억, 민족종교 2억 3천, 등등이며, 비그리스도교인들의 숫자는 41억에 달한다. 또 그리스도교인들 가운데서도 개신교 3억 4천, 천주교 10억 7천, 정교회 2억, 성공회 8천, 독립교단 3억 9천을 차지한다. 이처럼 그리스도교는 역사 속에서 자신들의 새로운 역동성을 창조해 왔으며, 무게중심을 이동시키고 있다.[84]

그런데 그 경향은 미국과 유럽 그리고 우리 한국에서도 교인들의 숫자가 전체적으로 보면 조금 늘기는 했지만, 대체로는 감소 추세에 있다. 한국교회 미래를 준비하는 모임(한미준)과 한국갤럽이 지난해 말 공동 실시한 "한국교회 미래 리포트"란 제목의 여론조사 결과에 의하면 2004년 말 현재 한국인의 57%가 종교를 가지고 있으며, 개신교 인구는 1998년에 비해 0.9% 증가하여 21.6%로 이것을 총인구비율로 환산하면 1050여 만 명이라는 사실도 그것을 잘 말해준다.[85] 그리고 미국 성공회는 1968년 340만 명에서 1994년 250만 명으로 줄었고, 미연합감리교회는 1968년 1,100만에서 199년 850만으로, 미국 장로교회는 1968년 420만에서 1994년 370만으로, 그리스도 연합교회는 1968년 200만에서 1995년 140만으로 줄었다.

10여 년 전만 하더라도 세계 10대 교회에 한국의 교회가 5개 있었다 (미국 Christian World: 세계 50대 교회중 23개 한국교회

---

[84] 세계 기독교 역사를 통해서 통계적으로 무게중심의 이동을 분석한 다음의 글을 참조하라, T.M. Johnson and Sun Young Chung, "Tracking Global Christinity's Statitical Centre of Gravity", AD 33 - AD 2100, IRM (2004) 369, 166-181.
[85] 참조하라, 국민일보, 2005. 1. 26.

1) 서울 여의도순복음 (60만); 2) 안양 남부순복음 (10만 5천); 7) 서울 금란감리 (5만 6천); 9) 인천 숭의감리 (4만 8천); 10) 인천 주안장로 (4만 2천); 11) 서울 성락침례 (3만); 12) 서울광림 (3만); 13) 서울 영락장로 (2만 8천); 15) 서울 해성장로 (2만); 16) 서울 소망장로 (2만 2천); 21) 서울명성장로 (1만 9천); 22) 서울 강남순복음 (1만 7천); 27) 부산 수영로장로 (1만 3천); 28) 부흥 (1만 2천); 31) 경남 부흥 (1만 2천); 32) 인천 한국예루살렘 (1만 2천); 36) 서울 강남중앙침례 (1만); 40) 인천 순복음인천 (1만); 41) 부산 서부장로 (1만); 44) 서울 사랑의 (9천); 46) 서울 갈보리 (9천); 47) 대구 순복음 (9천), 그런데 현재는 여의도 하나밖에 10위 안에 들지 못한다.

최근 한세대 홍영기 박사는 한국의 초대형 교회(Megachurch)들을 다룬 글에서 여의도 순복음 23만, 광림 2만 5천, 금란 2만 5천, 명성 2만 3천, 은혜와 진리 5만, 숭의 1만 3천, 성낙 2만 3천, 온누리 1만 6천, 사랑의 1만 5천의 실수 통계를 제시하고 있다. 여기서 이러한 통계들이 보여주는 것은 그 동안 다른 나라, 특히 아시아와 남미 등지 교회들은 성장하였고, 한국의 대형교회들은 침체 내지는 감소한 사실을 말한다. 교회성장은 개체교회의 성장을 의미하는 것이 아니라, 전체 그리스도교교회의 양적 성장을 말하므로 이것을 부정적으로만 볼 것은 아니지만, 감소한 지역의 교회들 입장에서는 심각한 문제일 수 있다.

이런 점에서 과거에 연연하기보다는 현실을 파악해야 한다. 오래 산 사람일수록 현재나 미래의 역동적인 삶을 살기보다는 과거를 회상하고 과거에 푹 빠져드는 경향이 있다. 이것은 한 개인이든 조직이든 마찬가지 경향이다. 앞서의 통계에서처럼 전통을 중시하는 주요 교단들은 쇠퇴하였다. 그러나 새로운 패러다임의 윌로우 크릭, 새들백, 온누리, 사랑의 교회들은 성장하였다. 한국의 상황에서도 100년 이상 된 교회들보다 후에 설립되었지만 고도로 성장한 교회들이 많은 것이 사실이다. 따라서 오늘날 근본적인 불연속성으로 급속하게 변화하는 상황에서 생존하기 위해서는 전시대 (근대사회)와 현재의 (근대이후) 사회변동을 읽고, 거기에 적합한 선교적 패러다임을 만들어야 한다. 쉥크는 "과거로부터 전승된 구조들과 전례들을 수정보완 하는 것(incremental revisions)으로는 부흥이 되지 않을 것이다" 라고 진단한다. 도우 니콜스(Doug Nichols)는 교회의 선교활동(missions)을 접근하는데 있어서 "평소와 같은 사역" 의 어리석음을 경고하였다: "만일 교회들이 조심스럽게 선교하지 않으면, 유럽의 낡고 빈 대성당과 같이 될지도 모른다". 물론 초기 그리스도교 선교사들의 증거가 너무 혁신적이었기 때문에 데살로니가에서는 "천하를 어지럽게 하던 사람들" 로 인식하기도 하였지만 (행 17,6), 오늘날 교회가 직면한 새로운 선교패러다임에로의, 특히 선교의 주도적 일꾼들과 관련하여 리더십의 변화는 필연적인 과정이다.

　　이 점에서 선교학자들 가운데는 효과적인 21세기 선교를 위해 이러한 새로운 패러다임의 확보와 실천을 위해 청년과 여성에 대한 배려가 한층 심화되어야 한다고 주장한다. 바울의 선교모델에서 보면, 유대교 성전들의 담장이 높아지고 문이 닫히게 되니까 새로운 형태와 내용을 가진 가정 교회들이 형성되었다. 감옥에 그들이 갇혔지만 증거 하는 것을 가둘 수는 없었다. 이처럼 초대교회의 형성과 발전에 있어서 두드러진 리더십이 바로 여성들이었다. 선교미래학자인 톰 사인(Tom Sine)은 미래를 바라보는 통찰력, 비전, 상상력이야말로 신앙적인 선교지도자들의 자질이어야 할 것이라고 지적한다. 이 점에서 보면 미래에 대한 통찰력을 가진 리더십의 가능성으로서 아무래도 인터넷 세대인 청년들이 중요하다. 이전에는 서적들의 영향력 아래서 신앙은 "좌뇌" 활동으로 표현되는 남성중심의 교회사역으로, 이것은 신앙체계를 조직화시키고, 계율들을 순서화하며, 논리적인 논쟁들을 세워 나가는데 기여하였다.

이에 비하여 오디오비쥬얼 영향력 아래서 신앙 세대는 매우 "상징적, 감성적, 직관적" 인 것으로서 "우뇌" 에 의해 인지된다. 바로 이 우뇌 활동이 활발한 청년과 여성들의 리더십을 확보하는 것이 교회의 미래를 향한 확실한 투자인 것이다.

스로우터는 "복음전달 매체의 개혁(the Media Reformation)은 교회가 죽느냐, 사느냐 하는 것을 결정짓는 문제이다" 라고 주장한다. 오늘날 복음전달을 효과적으로 하기 위해서는 멀티미디어를 사용해야 하는데, 이러한 문화를 주도하는 것도 또한 청년과 여성들이다. 남성보다 여성이 수적으로 훨씬 많은 현실에서 남성 중심의 교회와 장년 중심의 교회로부터 청년과 여성 중심의 교회로 전이하는데 있어 먼저 그들의 리더십을 담보할 수 있어야 한다. 예컨대 교회 건축의 아름다움과 음악, 예술과의 접목 등 문화의 시대에 필요한 인성적, 영적 가능성이 있는 청년과 여성의 리더십은 시대와 상황에 맞는 유연한 교리로서 세상에 접근할 수 있으며, 이것이 바로 선교 우선 리더십과 연결되는 것이다.

7) 자연친화적(ecological) 리더십: 창조의 보전

자연친화적 리더십은 세계가 직면한 생태계 파괴의 현실을 직시하여 그것을 예방하고, 회복하자는 리더십만을 의미하지는 않는다86). 그것은 두말할 나위 없고, 여기서 자연친화적 리더십은 목회자 자신의 온전한 회복도 첨가한다. 말하자면 그것은 목회현장에서 열심히 일하느라 자기 반성의 여유로운 시간 없이 탈진하여 더 이상의 미래를 개척하기 힘든 리더십의 회복에 대한 것을 포함한다.

오닐(John R. O'Neil)은 "성공의 패러독스(The Paradox of

---

86) 이 문제는 선교사역과 관련하여 따로 다루어야 할 만큼 중요한 선교적 주제이기 때문에, 여기서는 다루지 않는다.

Success)"라는 책에서 바로 이와 같은 성공 뒤에 탈진한 리더들이 어떻게 해야 할지를 잘 보여준다.87) 그는 그것이 바로 리트릿 (Retreat)이라고 주장한다. 여기서 리트릿은 자신의 일을 더욱 열심히 하도록 에너지를 회복시켜주는 시간을 의미한다. 그는 다음과 같은 일화를 소개하여 리트릿의 의미를 보다 분명하게 설명한다.

한 번은 어떤 심리학자가 이상하게 행동하는 것으로 비친 회사 중역과의 미묘한 인터뷰를 위하여 초대되었다. 항상 과중한 직무에 시달리는 이 남자는 매주 수요일 오후 세 시면 어김없이 자신의 집무실을 떠나서는 돌아오지 않는 것이었다. 그는 자신이 어디로 갔었는지 결코 누구에게도 말하지 않았다. 그렇지만 근처의 아파트로 들어가는 것이 목격되었기 때문에 사람들은 그가 틀림없이 어떤 여인과 만나고 있었을 것이라고 추측하였다.

그런데 뜻밖에도 이 중역은 자신의 이런 행동에 대해 그 심리학자에게 아주 쉽게 설명하였다. 아파트 지하 2층 그를 기다리고 있었던 것은 유혹적인 금발의 미녀가 아니라, 자신이 차린 전문적인 목공예 가게였던 것이었다. 그곳에서 그는 가구와 간단한 소공예품들을 만들기 위해 행복한 마음으로 일하였던 것이다.

그가 그 일을 그렇게 충성스럽게 한 것은 바로 그 일이야말로 매일의 혹독한 과중한 업무를 성취하기 위해 요구되는 것으로부터의 리트릿이었던 것이다. 그는 자신의 직업적 일에서 벗어나 고요한 방식으로 집중함으로써 자기 자신과 대화할 기회가 필요했던 것이었다.88)

---

87) 참조하라, John, R. O'Neil, The Paradox of Success. When Winning at Work Means Losing at Life, A Book of Renewal for Leaders, New York 1993.
88) A.a.O., 165.

오늘은 이 이야기를 통해서 리트릿 동안에 발생하는 깊은 연마가 회복과정의 핵심이라고 주장하고 있다. 자기 반성의 시간을 통해서 리더는 새로운 에너지와 창조성을 회복시킬 수 있다. 이것은 자연이 안식년 제도를 가져야 하는 것과 마찬가지이다. 리더가 탈진한 상태에서 자기의 시간을 갖지 않고 스트레스를 느끼게 되면 그것은 결국 그가 이끄는 조직을 파괴할 수 있다. 이 점에서 리트릿은 반드시 필요하며, 그것은 시간에 제한 받지 않는다. 평소 자신의 직업적 일에서 멀리 떨어져 나와 고요한 시간을 갖거나, 음악을 듣는다든지, 그림을 그린다든지, 그것이 내면의 여행이든, 실제적인 자연에 대한 감상으로서의 여행이든 필요하다는 것이다.89) 이렇게 본래적 인간 일상과의 자연스런 교감을 추구하도록 지도하도록 동기를 부여하는 것이 인간 창조 보전의 리더십인 것이다.

8) 대화적(dialogical) 리더십 :
타문화(혹은 이웃문화)의 이해

필자는 2002년 1월 7일부터 17일까지 선교사 훈련과정의 일환으로 인도네시아 람풍, 자카르타, 발리 등 선교현장을 방문할 기회를 가졌다. 람풍지역을 관할하는 한국 감리교 선교사로서 우리를 이끌던 주성웅 선교사의 특강 가운데 관심을 끄는 흥미로운 이야기가 있었다. 주선교사의 관찰에 의하면 인도네시아 사람들에게는 종족들과 관련하여 세 가지의 독특한 성격유형이 있다는 것이었다. 첫째로, 바탁사람들의 기질은 대단히 다혈질이라는 것이다. 그래서 쉽게 다른 사람들과 논쟁을 일으키고, 앞장을 잘 선다는

---

89) 참조하라, A.a.O., 166.

것이다. 두 번째로 중국계사람들인데, 이 사람들은 계산에 밝고, 꼼꼼하기가 이를 데 없다는 것이다. 세 번째는 자바섬 사람들로서, 이 종족은 절대로 자신의 분노와 상함 감정을 밖으로 드러내지 않는다는 것이다. 아무리 화가 나도 웃으면서 말을 하기 때문에 좀처럼 그 속을 들여다 볼 수 없다는 것이다. 그러나 한 번 화를 내면 그것으로서 모든 관계가 단절된다는 것이다. 그만큼 참고 있다가 폭발하는 것이기 때문에 그 단절의 힘도 그만큼 크리라고 판단된다. 그렇기 때문에 한국 기업이 인도네시아에서 성공하려면 이 세 유형의 종족들을 적절하게 부서에 맞도록 기용하여야 한다는 것이었다.

21세기 중반이 되면 세계 인구는 100억이 된다고 한다. 게다가 앨빈 토플러는 "인터넷이 모든 기존 조직과 관행, 사고, 경영 스타일을 뒤엎어버리는 무시무시한 혁명은 아직 시작되지도 않았다" 고 한다.[90] 인구가 이렇게 증가하고, 미래가 불확실하게 다가오면서 세계는 다양한 유형의 문제에 직면한다. 시간과 거리가 축소되는 대신, 식량의 문제는 말할 것도 없고, 생태계파괴의 문제를 비롯해, 전쟁의 위협, 문화간 충돌의 가능성, 경제적으로 더욱 극심한 격차, 신분의 갈등, 세대간의 이해격차, 등의 문제들이 제기된다. 이러한 상황에서 이제 각각의 문화들은 이 복잡하게 전개되는 세계의 문제들을 독자적으로 해결할 수 없다. 그래서 전통적인 선교모델이나 이해로는 세계의 문제들을 극복하는 데에 한계가 있다.

게다가 복음의 세계화를 우리가 역사적으로 진지하게 성찰하려면, 타문화들과의 대화가 전제되어야만 하며, 이때 그리스도교 선교는 맹목적이고 상업적인 "복음의 맥도날드화"를 극복할 수 있다.[91] 그렇기 때문에 타문화의 대화를 통한 리더십의 형성은 그

---

90) 조선일보, 2000. 3. 31.
91) 사실 오늘날 한국교회는 완전히 미국식 그리스도교의 복사판이라고

리스도교의 새로운 선교모델을 마련하는 전기가 된다.

    그래서 지금까지 얻어 낸 성과에 따르면, 그리스도교 선교는 타문화를 배격하지 않는 대화와 증언에 근거하여 상호의존적으로 복음의 세계화를 전개해야 한다는 것이다. 그렇지 않으면 인류가 타문화들과의 갈등을 통해서 위기를 맞을 수 있다. 그러므로 대화적 리더십은 복음화의 세계화를 가능하도록 하기 위한 선교 우선 리더십의 방향과 틀로서 적합한 요인이 된다. 바로 이 점에서 그리스도교 선교는 전망을 갖게 된다.

    여기에 대한 접근 방법은 다음과 같은 단계로 전개된다. 첫째로, 복음의 세계화는 타문화들과 충돌하지 않으면서 공존의 틀을 모색해 나갈 수 있다는 것이다. 이제 인류 공동의 평화와 안정을 위해 그것은 피할 수 없는 세계의 운명이기 때문이다. 최근 로마 교황 요한 바오로 2세의 개신교는 말할 것도 없고, 이슬람세계와 유대교와의 적극적 화해 시도들은 그 하나의 사례라 할 수 있다.[92] 준더마이어는 인간본질의 세 차원, 즉 편심성, 관계성 그리고 미래지향성을 하나님의 선교(Missio Dei)에 입각한 그리스도교 선교의 기본모델로 삼으면서 상생(공존)을 바탕으로 대화와 증언(선교)이라는 삼각형 도식을 마련하여 대화적 리더십의 기반을 구축하였다.[93]

    여기에서 물론 복음의 세계화를 진행하는데 있어서 필연적으로 조우하게 되는 타문화의 만남과 이해라는 테제는 극단적인 동

    할 수 있다. 미국의 유수한 교회 프로그램이 한국 교회의 지역적 특성을 무시한 채로 상품화되어 범람하고 있다. 이것을 말하자면, "맥도날드화된 새들백", 그리고 이것을 수용한 "한국교회의 새들백화"라고 할 수 있지 않을까?
92) 2000년 4월 11일 불탄일에 NCC총무의 축하 메시지 전달은 한국 개신교 역사상 획기적인 사건이다.
93) 참조하라, T. Sundermeier, "Mission und Dialog in der pluralistischen Gesellschaft", in: Mission in pluralistischer Gesellschaft, hg.v. A. Feldkeller und T. Sundermeier, 7-11.

질화(문선명의 통일교가 행하는 집단결혼을 통한)와 혼합화에 빠지지 않으면서 지역문화의 복음화를 이룰 수 있는지 구체적인 전략과 방법을 요구한다. 이때의 요구에 대한 해답을 그리스도교 교회가 함께 모색함으로써 복음의 세계화는 실천된다. 이 점에서 고전 9, 19-23은 유용한 본문이다: "내가 모든 사람에게 자유 하였으나 스스로 모든 사람에게 종이 된 것은 더 많은 사람을 얻고자 함이라. 유대인들에게는 내가 유대인과 같이 된 것은 유대인들을 얻고자 함이요 율법 아래 있는 자들에게는 내가 율법 아래 있지 아니하나 율법 아래 있는 자 같이 된 것은 율법 아래 있는 자들을 얻고자 함이요. 율법 없는 자에게는 내가 하나님께는 율법 없는 자가 아니요 도리어 그리스도의 율법 아래 있는 자나 율법 없는 자와 같이 된 것은 율법 없는 자들을 얻고자 함이라. 약한 자들에게는 내가 약한 자와 같이 된 것은 약한 자들을 얻고자 함이요 여러 사람에게 내가 여러 모양이 된 것은 아무쪼록 몇몇 사람들을 구원코자 함이니. 내가 복음을 위하여 모든 것을 행함은 복음에 참예하고자 함이라".

둘째로, 그리스도교 선교가 기회를 갖기 위해서는 건강한 복음의 실천 혹은 복음실천의 자기 반성적 건강성이 회복되어야 한다. 말하자면 교회 내적 요소의 자기갱신 이야말로 대화에 나서는 자기 내면적 자세이다. 상호의존을 통한 외향(세계지역화)과 개신교의 원리대로 끊임없는 내향(자기변혁)을 통한 선교적 실천이야말로 타문화와 만나 증언함에 있어 그리스도교 선교를 문화적 제국주의라는 비판으로부터 벗어나게 하는 훌륭한 대화적 리더십이다.

끝으로, 그리스도교 선교는 대화의 과정을 통해서 과학 기술의 혜택으로부터 소외된 다수 하나님의 백성들을 치유해야 할 몫이 있다. 그래서 그리스도교 선교는 사회선교, 의료선교와 같은 활동을 통해서 리더십을 확대할 수 있게 되는 것이다. 예수의 선교

우선 리더십은 바로 이러한 소외된 그룹의 치유와 구원에 초점이 맞춘 대화적 리더십에 있기 때문이다.

9) 경영목회(administrative ministerial) 리더십 : "전체를 바치고 전체를 움직인다" - 투명한 교회

교회를 크게 세웠으면, 거기에 맞게 교회가 지역을 장악할 수 있는 프로그램을 개발해야 한다. 과거 슈퍼마켓 할 때의 사고방식으로 거대한 교회를 운영할 수는 없는 법이기 때문이다. 그래서 대체로 중대형 교회들은 마케팅 전략에 의존한다. 그러나 그것에만 의존함으로서 선교적 통찰력을 가져야 할 때 갖지 못하는 잘못을 범한다. 또한 불행하게도 대부분의 교회들이 선교적 훈련을 제대로 하지 않는다. 이 때문에 정작 선교적 통찰력이 필요한 상황에서 마케팅 전략을 펼치는데, 이것은 결과적으로 불신자들을 교회로부터 멀어지도록 만든다. 교회의 마케팅 전략을 통한 성장 프로그램은 어떤 욕구를 채워주는 프로그램이다. 욕구들의 내용을 파악해서 그것을 충족시켜 주려는 것이 바로 마케팅 전략이다. 그래서 처음에는 반짝하지만, 시간이 지나면 시들어 버린다. 그렇기 때문에 이러한 전략은 필연적으로 영적인 빈곤을 가져온다. 왜냐하면 복음이 지시하는 바를 정확하게 전달하지 못하기 때문이다. 물론 마케팅 전략이 필요할 때가 있다. 교회에 나오지 않는 사람들에게 다시 나올 수 있는 그 어떤 동기를 불어 넣어줄 수 있기 때문이다. 그러나 이것도 문제가 되는 것은 다른 교회 교인들을 뺏어 올 수 있다는 것이다. 그리고 자기만족에만 젖도록 교회가 사람들을 만들다 보면 십자가의 정신을 통한 다른 문화권인 세상에의 헌신과 사역보다는 개인 자신의 욕구를 채워주는 기복적인 영성만을 강조하기 때문이다. 이것은 또한 모든 것을 수로만 생각하는데서 나오는 결과이다.

여기서 교회는 선교를 지향을 하는 교회에로 바뀌어야 하는데, 단순한 마케팅 전략에만 의존하는 것이 아닌 경영 목회 리더십으로서 선교 우선 리더십의 한 방향을 특징짓는다. 이때 교회는 "선교적인 교회(Missional Church)" 변화될 수 있다. 복음과 우리 문화 네트워크(The Gospel and Our Culture Network)는 선교적인 교회라고 평가받기 위해서는 다음과 같은 12가지의 기준이 충족되어야 주장한다: 1) 복음을 선포하는 교회; 2) 모든 교인들이 그리스도의 제자가 되기 위한 훈련에 참여하는 교회; 3) 성경이 교회 생활의 표준인 교회; 4) 주님의 삶과 죽음 그리고 부활에 참여하므로 자신을 세상과 구별하는 교회; 5) 지역과 전교인들을 위하여 하나님의 특별한 선교적 소명을 식별할 수 있는 교회; 6) 그리스도교인 답게 행동하는 교회; 7) 화해를 실천하는 교회; 8) 교인들이 서로 사랑하는 교회; 9) 자비를 실천하는 교회; 10) 현재와 미래에 하나님께서 함께 하심을 기뻐하고 감사하는 것을 예배를 통해서 보여주는 교회; 11) 생생한 공적 증언을 하는 교회; 12) 교회는 하나님 나라의 불완전한 형태라는 점을 인정하고, 고백하는 교회. 교회가 이 12가지 기준을 재 회복 할 때 비로소 선교적 교회가 될 수 있다.94) 그리고 영국 교회의 경우지만 대체로 감소되고 있지만 성장하는 소그룹 교회들의 특징은 다음과 같다 : 1) 높은 자질의 강력한 지도자; 2) 목회에서의 분명한 선교적 성향; 3) 숙련된 평신도 사역자의 활발한 참여; 4) 주변공동체와의 효과적인 유대감의 존재; 5) 인간과 그들의 필요에 중심을 둔 복음주의적 접근; 6) 기꺼이 변화를 수용하고 기술적으로 관리하려는 의지; 7) 사람만이 끌릴만 하고 접근 가능하도록 잘 계획된 예배의식; 8) 교회 생활 내에서 소그룹의 적절한 배치; 9) 어린이와 청년들을 위한 최고 수준의 사역; 10) 자기 만족에 빠져 있지 않은 교인

---

94) next church, 64.

이 상당수 있는 교회; 11) 교인들이 즐겁게 참여하는 교회; 12) 성장은 영적 활동의 직접적인 결과라는 확신.[95]

여기서 제시하고 있는 선교적 교회와 성장하는 교회들의 리더십은 모두 경영목회의 주체로서 목회자가 지녀야 할 목회 철학 혹은 목회 리더십과 깊은 관련이 있다. 그리고 이 기준들은 선교와 연관성이 있다. 평신도들의 영향력이 교회 내에서 극대화 되고 있는 때에 목사의 목회 경영을 말한다는 것이 이치에 맞지 않는다고 볼 수도 있지만, 현실적인 이유에서 목회자는 교회의 선교적 방향을 결정하는 가장 중요한 요소이다. 그렇기 때문에 한국교회의 특성상 목회자의 목회경영 리더십과 선교 우선의 리더십을 연관시켜 생각할 수 있는 것이다. 말하자면 목회자의 목회 경영적 건강성이 교회의 성장과 활력을 가능케 하는 것이다. 그러나 오늘날 목회자의 경영 목회 마인드가 올바로 있는가?

예수께서는 목회자였다. 그러면서 동시에 오늘날 목회자의 시각으로 본다면 예수는 목회자가 아니다. 왜냐하면 우리는 적어도 예수님에게서 오늘날의 목회자들 가운데 리더십을 상실한 이유인 개체교회중심주의 혹은 자기집중주의를 볼 수 없기 때문이다. 이런 이유로 예수께서는 자기중심적이지 않은 목회자 리더십의 대표적인 모델이다. 따라서 "예수께서는 목회자였다" 라는 말은 현재의 목회자가 어떠해야 하는가를 단적으로 표현하는 것이다.

그러면 예수님의 목회자로서의 삶은 어떠했는가? 예수는 선교를 위하여 병자를 고치고, 이방인을 심방하고, 그들과 상담도 하였으며, 수많은 대중 앞에서는 물론이고, 한 사람 앞에서도 말씀을 선포하셨으며, 12제자 모임의 행정도 하였고, 그것을 통해 낡은 유대교 전통을 개혁하려는 일종의 교단 개혁가적 요소도 있었다 [예수와 유대교와의 관계를 대립된 것으로 설명을 잘못하면 반유대주

---

95) A.a.O., 65f.

제3장 선교우선의 리더십

의(Antisemotismus)라 오해받을 수도 있다는 점을 명심해야 한다].
이외에도 로마 식민지 시대에 체제에 저항하는 민중선동가였으며, 절망하는 사람들에게 희망과 앞날에 대한 투명한 비전을 제시할 줄도 알았고, 무엇보다도 오랜 시간을 피땀 흘려 기도하신 분이고, 하나님께 간구하는 신령한 목회자였던 것이다. 이렇듯 목사도 예수가 행한 일들 모두를 자신들의 성향에 따라 실천한다. 이 점에서 오늘날의 목사는 예수가 행한 선교사역의 일 부분만을 수행할 뿐이다.

목사가 상처받는 교인의 영혼을 보지 못하면 교인이 교인으로 보이지 않는다.

"교회는 예수의 몸"이고, 따라서 "교회는 목사의 힘"이다. 그렇지만 이러한 이데올로기의 위험한 발상은 시급히 극복되어야 한다. 우리가 요즘 많이 말하는 새로움의 모색은 파괴와 개혁에서 시작된다. 이때의 새로움은 하나님의 선물인 바, 목사의 자발적 변화 없이는 은사가 불가능하다.

어떠하든 한국의 상황에서 목사는 현재 선교의 위기를 해결할 수 있는 가장 결정적인 요소이다. 그만큼 한국의 교회현실은 목사의 영향력이 지대하다. 왕 같은 존재요, 신과 같은 존재이다. 목사의 말 한마디에 따라서 교회의 모든 일이 좌우된다. 선교는 곧 목사인 셈이다. 물론 최근에는 평신도의 교회 내 위상이 상당히 발전한 오래된 곳도 있지만, 전체적으로 아직 한국의 교회는 목사에 의해 개척되고, 유지되며, 마감된다. 그렇기 때문에 목사는 한국 선교의 문제를 풀어나가는데 있어서 반드시 다루지 않으면 안 되는 핵이다. 그러므로 목사의 삶과 목회 철학을 정리하는 것은 새로운 세기를 앞두고 중요한 선교적 리더십의 틀과 방향을 결정짓는다.

우리가 선교적 리더십의 방향과 틀을 잘 잡는다고 하더라도, 목회 현장에서의 리더십을 상실하면 중요한 실천의 기반을 잃는

181

것과 마찬가지로 된다. 그렇기 때문에 목회지도력을 확보하는 것은 매우 중요한데, 우선적으로 목회 경영의 투명성과 합리성, 그리고 교인들과의 합의에 이르는 과정이다. 그것을 위해서 목회자들은 교인들과의 관계설정에 주목해야 하는데, 가장 중요한 목회자의 덕목은 교인들로부터 신뢰를 받는 것이다. 교인과 목회자 또는 목회자와 교인 상호간의 신뢰 아래서 선교적 동기와 교회발전을 향한 움직임이 가능하다. 여기에 대한 좋은 사례를 다음과 같다.

기독교대한감리회 서울남연회 모교회 모목사는 자신의 목회방침으로 "전체를 바치고 전체를 움직인다"로 정하였다. 그는 교회 내 모든 재정의 흐름을 투명하게 하는데 성공하였다. 그렇게 되니까 다른 부문에서도 교인들이 믿고 따를 수 있게 되었고, 목회자에게 웬만한 일은 위임하게 되었다. 물론 교회는 성장하였다. 이처럼 먼저 목회자가 자신을 얼마나 개방적이고, 투명하게 교회 내의 일들을 처리하느냐에 의해 교회성장과 선교사역에의 동원이 가능하다는 좋은 사례인 것이다.

VI. 결론

유대인들에게는 아마도 예수님의 나이가 상당히 많아 보였나 보다. 유대인들은 아직 삼십 세 초반 나이의 예수님을 바라보면서 다음과 같이 말한다: "네가 아직 오십 세도 못되었는데 아브라함을 보았느냐" (요 8,57). 이것은 어쩌면 예수님의 사역자체가 매우 고독한 여로였음을 잘 보여준다고 할 수 있다. 그래서 지치고 힘들어 보이는 그의 얼굴표정이 오십 세 가량으로까지 보였을 것이다. 얼마나 늙어 보였으면 그렇게 십 오세 이상이나 많게 보여졌을까! 그의 얼굴이 이렇게 노쇠해 보였다는 이야기는 인간들 삶의 중심에서 지도력을 발휘하며 자신도 모르게 닮아간 당시 그 사람

제3장 선교우선의 리더십

들의 한 맺힌 얼굴표정들을 대변하고 있다고 볼 수도 있지 않을까! 사랑하는 사람들은 서로 닮는다고 하지 않는가!

　한국의 목회현장에서는 때때로 이처럼 목회자의 나이가 들어 보이는 것이 지도력을 발휘하는데 유리하다는 평가가 있기도 하다. 아무래도 교인들 대부분을 차지하는 중년 이상을 상대해야 하는 경우가 많기 때문이다. 그래서 그런지 몰라도 실제로 목회자들의 나이가 대체로 들어 보이고, 사고하는 방식도 그렇다. 그러나 그보다는 목회자의 지도력이란 사람들을 수없이 상대해야 하는 일이기 때문에 더욱 신경을 많이 써야하고, 때로는 실망도 하게 되며, 그래서 쉬 늙어 보일 수도 있다고 생각된다. 하지만 목회자의 교회 지도력이 결코 나이 들어 보이는 것으로서 가능하지는 않다. 만약에 그렇다면 우리는 단지 목회자이기 때문에 목회자의 나이와 상관없이 수행할 수 있는 목회자로서의 권위를 이미 상실한 것이나 마찬가지이기 때문이다.

　현재 한국의 개신교회는 심각한 선교의 위기에 직면해 있다. 최근 보도에 의하면, 가톨릭은 4백 7만 명으로 성장했다. 20년 전에 비해 두 배 이상 증가한 것이다. 교회의 성장은 하나님의 자연적인 은총이다. 그러면 그 동안 개신교회는 어떠한가? 안타깝게도 한국 개신교는 비그리스도인들의 비난과 조롱감으로 전락하여 휘청대고 있다. 병든 세상을 치유하는 소금이 되어야 하고, 어두운 세상을 밝히 비추며, 새롭게 하여 올바른 미래로 이끌어 가야 할 책임이 교회에 있는데, 오히려 세상으로부터 외면당하고 있다. 부정적 이미지가 편만해지고 있다.

　이 점에서 교회는 현대세계의 타종교들과 과학기술의 다양한 도전 앞에서 현재의 교회와 선교에 대한 인식을 재정비해야 할 과제가 있다. 이 위기상황은 오히려 우리에게 새로운 과제를 던져준다. 이것을 돌파하기 위해 교회의 리더십은 교회의 잘못된 관행은 과감히 수술하고, 창조적인 선교의 비전을 갖춰야 하는데, 여기에는 성령의 역사가 절대적으로 필요하다. 새 천년 시대가 요구하는 선교의 방향과 패러다임은 무엇보다 성령이 주도하도록 하는 리더십이 건설되어야 한다. 이때 비로소 우리는 성령의 주도를 통해 세상에서 소금과 빛의 사명을 다하여 교회와 선교의 이미지를 쇄신할 수 있다. 이것을 우리는 선교 우선의 리더십이라고 부른다. 그런데 이 선교 우선의 리더십의 틀과 방향이 올바로 정립되지 못하면 성령의 사역으로서의 선교사역은 인간적인 리더십을 세우는 데 그치고 말게 된다. 그러므로 교회가 선교 우선의 이미지를 다시 회복하기 위하여 모험성, 개방성, 공존성, 연약성, 헌신성이라는 신뢰의 바탕 위에 1) 복음적, 영적(spiritual) 리더십: 선교적 영성 대 비선교적 영성; 2) 사도(apostle)적 리더십: 사랑의 실천과 섬김의 사도; 3) 변혁적(transformational) 리더십: 변화를 추구하고, 새로운 비전을 제시; 4) 원칙적(principled) 리더십: 일관성 있게 법규 적용; 5) 글로벌 에큐메니칼(global ecumenical) 리더십: 교회간의 협력과 화해를 통한 세계의 문제 극복; 6) 미적 청년(aesthetic youthful) 리더십: 미래의 교회를 키워 내야; 7) 자연친화적(ecological) 리더십: 창조의 보전; 8) 대화적(dialogical) 리더십: 타문화의 이해; 9) 목회경영(ministerial administrative) 리더십: "전체를 바치고 전체를 움직인다" - 투명한 교회에로 그 방향과 틀을 다 잡아야 할 것이다. 이럴 때 한국교회에 맡겨진 하나님의 선교 사명은 완수된다. ■

제 4 장
인사행정가로서의 교회공동체 지도자

한 정 애

독일 Wuppertal 신학대학 (신학사)
독일 Heidelberg 주립대학교
독일 Bonn 주립대학교 (신학석사)
독일 München 주립대학교 (Dr. theol. = Ph. D.)
현, 기독교 대한감리회 경기연회 소속 목사
현, 협성대학교 역사신학교수
일반대학원 및 신학대학원장

제 4 장
인사 행정가로서의 교회 공동체 지도자

한 정 애

I. 들어가는 말

　목회자는 교회 공동체 삶의 지도자로서 행정가이며 관리자이다. 어떠한 공동체에서나 조직과 체제가 필요하듯이 교회 공동체에서도 역시 그와 같은 질서가 필요하다. 여러 차원에서의 지혜로운 행정과 관리가 없이는 의미 깊고 본질적인 목회가 온전히 이루어질 수 없다. 인사 행정과 관리를 통하여 그리스도적 교회를 세워나가며 궁극적으로는 하나님 나라의 이루어짐에 참여하는 교인들로 성숙해질 수 있도록 그 의미와 동기를 부여해주는 것이 지도자인 목회자의 주요 과제이다. 그러나 교회 공동체 지도자의 인사 행정과 관리를 위해서는 공동체 조직과 체제를 위한 외적 관리와 질서뿐만 아니라, 공동체 구성원들의 교육을 위한 신학적 기반도 매우 중요하다. 이러한 신학적 기반을 위해서는 수많은 주제가 있겠으나, 여기에서는 지도자로서의 목회자를 위한 인사 행정적 과제들에 관하여 이론과 실제의 차원에서 서술하며 몇 가지 중요한 신학적 토대들도 다루기로 한다.

II. 교회 공동체 지도자의 인사 행정의 목적과 기본 바탕

교회 공동체의 목적과 사명은 본질적으로 변함이 없으나 교회 행정의 구체적 형태는 다양함을 부인할 수 없다. 올바른 인사 행정은, 구원받은 자들이 각자의 받은 은사로 교회 공동체 내에서 역할을 다하고, 그 역할을 바르게 수행할 수 있기 위하여 훈련을 받으며 교회가 사명을 다할 수 있도록 참여하게 하는 것일 것이다. 이를 위해 교회 공동체 내에서 고려되고 전제되어야 할 주제들을 포괄적으로 다 다루지는 못한다. 그 중 몇 가지만 선정하여 신학적 이론을 바탕으로 서술하기로 한다.

1. 교회 공동체 인사 행정의 의미와 목적

교회는 우선 가시적 차원에서 사람들의 모임이며 교회 행정은 사람에 관한 것이다. 그러나 의미와 목적이 뚜렷하지 않다면 교회 행정에서의 경영과 관리는 허사가 되고 만다.[1] "교회는 영적인 유기체 (Organism)이며 조직체 (Organization)"[2]로써의 공동체이다. 서로의 관계 속에서 함께 공존하는 인간들이 서로 인정하고 받아들이며 격려를 주고받는 가운데 교회 사업을 추진해 나

---

1) 행정 (administration)과 관리 (management)를 차이 없이 쓰는 경우도 있으나 행정이 관리의 개념을 포함하는 것으로 보는 것이 바람직하다: 권오서, <u>교회행정과 목회</u>, 149.
2) 이요섭, <u>현대인을 위한 교회행정</u>, 17.

가고 성취하는데서 그 의미를 찾는다. 이에 상응하게 양창삼은 교회경영(관리)의 의미를 이렇게 정의하고 있다: "교회는 하나님 나라의 삶을 이루고 그것을 보여 주어야 할 가장 대표적인 곳이다. 따라서 교회경영은 하나님 나라의 삶을 구현하는 것임을 알 수 있다." 3)

이러한 의미에서 교회 인사 행정은 모든 연령의 사람들에 관한 일이며 교회의 공동 목적을 사람 사이에서 사람에 의하여 사람을 통하여 이루기 위하여 사람들을 이끌어 가는 것이다. 여기에 목회자의 책임이 있다. 목회자는 교회의 대표자이며 교회의 대외적 대표자로서 지도력을 발휘해야 하는데 이것은 목사라는 명칭과 직분에서 나오는 것이 아니라 그의 인격과 능력에 의해 생겨나는 권위에서 나오는 것이다.

그렇다면 교회 행정과 관리의 목적은 무엇일까? 이에 대한 대답을 신학적 차원에서 서술해볼 수 있다: 하나님의 백성인 교회가 하나님을 올바르게 예배할 수 있도록 하기 위함이다. 여기에서 물론 예배에 대한 신학적, 구체적 의미를 밝히고 이해시킬 필요가 있다. 즉 예배는 그리스도인의 전 생애를 통해 이루어져야 하는 것이다. 그러나 현실은 그렇지 않음을 체험한다. 하나님이 주시는 복의 기준이 극히 실용주의적, 세속적이며 물량주의에 치우쳐 있음을 본다. 이러한 현실 앞에서 이기주의와 개교회주의 그리고 물질주의를 넘어서서, 교회 행정의 초점을 "교회조직의 궁극적 목표인 우주적인 복음화에 연대시킬 수 있겠는가" 4)에 맞추어야 할 것이다. 이를 위해서 진리의 선포와 증거가 올바로 이루어질 수 있도록 하며, 또한 효율적인 교육 방법과 훈련을 통하여 이루어지도록 해야 할 것이다.

이렇게 진리 선포와 교육 및 훈련을 통하여 교인들의 마음이

---

3) 양창삼, <u>교회 경영학</u>, 13.
4) 이요섭, <u>현대인을 위한 교회행정</u>, 150.

하나 되었을 때 교인들은 교회에 주어진 목표를 성취하며 맡은 사명을 다하기 위하여 함께 봉사의 일을 하며 교회를 보전할 수 있게 된다. 여기에서 결코 잊지 말아야 하고 시시 때때로 상기하여야 할 것은 교회 사역의 목적과 수단이 그리스도적이며 하나님 나라에 부응하는 것이어야 함이다. 양창삼은 교회의 기능과 교회 경영의 역할을 서술하면서 교회의 기능을 4 가지로 잘 요약하고 있다: "그리스도 안에서 하나 되는 공동체 형성 기능", "하나님의 의와 영광을 드러내는 기능", "구속적 친교 기능" 그리고 "삶의 질서를 유지하는 기능" 이 그것이다.5) 이러한 기능들을 가진 교회의 목적을 혼동하며 잘못된 수단을 사용할 때 교회 행정과 관리는 그 의미를 상실하게 되며 하나님께 영광 돌리기 위함임을 망각할 때 무의미해짐이 분명한 것이다.

    교회는 구원받고 세례 받은 사람들이 성령의 인도하심 가운데 예수 그리스도의 사업을 계속하기 위하여 모인 사람들의 공동체이다. 모든 신자들이 다 하나님 나라의 일원으로서 은사에 따라 봉사의 사역을 해야 할 책임이 있다는 진리를 말해 주는 만인제사장설 (고전 12; 벧전 2:9 등)이 공동체의 바탕이 된다. 이것은 더 나아가서 교회 안에 존재하는 여러 가지 다른 직분들의 동등함을 강조하며 숨겨져 있는 많은 다른 은사와 능력을 깨닫고 이것을 중시해야 함을 말해주고 있다.6) 또한 모든 신자들이 책임과 특권을 함께 나누어 가지며 개개인이 하나님과 사람 앞에서 제사장으로서의 사명을 완수하여야 함을 의미하는 것이다.

    인사 행정과 관리 차원에서 볼 때, 교회의 삶 속에서 교회 사역의 책임과 역할을 분담시키며 바람직한 지도력을 세우고 교인들을 교회 사역에 참여시킬 때 인적 자원을 최대한 활용할 수 있을 것이다. 권오서는 교회 행정에 있어서의 조직과 시행 단계를

---

5) 양창삼, 교회 경영학, 20-22.
6) E. Goßmann/ H.B. Kaufmann, 76.

서술하며 업무 분담과 훈련에 관해 핵심적인 내용을 다룬다. 여기에서 그는, 업무 분담이란 임무와 권한을 동시에 부여하는 것임을 강조한다. 동시에 그는 "책임을 묻기 위해서는 권한을 주어야 한다" 라고 하며 "책임을 할당하면서 권한을 부여해주지 않는" 7) 목회자들의 모순에 관해 언급하고 있다. 이러한 상황에서는 필요에 따라 담임 목사에 관한 여러 사항들을 규약으로 작성해 두는 것도 많은 유익을 가져다준다. 이렇게 모든 교인들이 각자의 쓰임 받는 자리에서 최선을 다할 수 있도록 하는 것이 교회 행정의 특징이라고 할 때, 이것은 성서적 은사론과 교회론을 그 바탕으로 한다고 할 수 있다. 또한 교인 개개인의 성격, 인품, 인간관계, 대화 능력 등이 책임과 역할 분담에 있어서 중요한 척도들이 될 것이다.

2. 교회 공동체 인사 행정을 위한 지도자의 자아 이해와 목회 양상

교회 공동체의 인사 행정과 관리를 위하여서는 교회의 영적, 행정적 분위기를 세우는 목회자의 자아 이해가 중요하다. 목회자의 은사가 다양하겠으나 다스리는 영적 능력이 바람직한 지도력으로 언급되어야 함이 분명하다. 그는 이러한 자아 이해를 바탕으로 교회의 본질과 목적 및 기능에 대한 분명한 이해를 가지고 끊임없이 성도들을 가르치며 지도해야 할 것이다.

동역하는 목회자들 (부목사, 소속목사, 전도사 등)과의 관계에 있어서는 협의가 중시되어야 할 것이다. 특히 한국 교회들의 목회를 주시해보면 담임자의 목회 방침을 따르는 것이 미덕으로 여겨지고 있다. 그러나 한국적 목회 상황에서 무엇보다 더 강조되어야 할 점은 동역자들 사이의 협의일 것으로 보인다. 그 이유

---

7) 권오서, 교회행정과 목회, 145.

는 한 사람의 은사와 능력만으로 이루어지는 목회보다는 다양한 은사를 병행시키는 것이 더 효율적일 뿐만 아니라 성서적이기도 하기 때문이다.

이기춘은 '한국교회 목회구조 갱신의 방향'을 다루며 한국 교회의 구조를 "폐쇄적 체계 (closed system)"로 구분한다. 그에 의하면, "교회의 삶과 사건의 자극이 주로 교역자에 의해서 작동하고 회중은 이러한 전통적 권위에 순종하는 것이 바람직하다는 교류작용은" ... "전통에 뿌리박은 남성의 추축적(樞軸的) 권위에 대한 감정과 여망이 내적으로 견제된 기독교적 연장일 뿐이다".[8] 이기춘은 여기에서 유교적 상황 속에서 선교된 한국 그리스도교의 일면을 잘 서술해주고 있다. 한국에서 목회자들이 권위적이고 독선적이라는 비판을 많이 받고 있음이 사실이다. 하나님과 인간 사이의 진정한 공동체를 중시하는 그리스도교 내에서 위계 질서적 체계는 진정한 의미에서의 공동체를 파괴한다.

양창삼은 이러한 목회자의 상을 종교개혁자들이 강조한 만인 제사장 사상과는 다른 구약적 개념에 의한 것이라고 규정한다. 그는 한국 목회자들을 위해 하나님의 종, 하나님의 사자, 기름부음 받은 종 등의 구약적 표현을 사용하는 것이 "불경스러운 일이며, 특히 이러한 용어들의 사용으로 목회자로 하여금 과대망상증과 권위주의와 교권주의에 빠지게 했다"[9]는 내용을 인용 서술 했다. 그는 이것으로써 이러한 목회자 상이 신약 성서적-종교개혁적 사상에 배격됨을 피력하고 있다. 만일 "목회는 하나님께서 맡겨주신 양무리를 치는 것"[10]이라고 정의한다면, 이것 또한 한국 목회에서 흔히 찾아볼 수 있는 부분적이고도 치우치는 발언이라고 할 수 있을 것이다.

---

8) 이기춘, 한국적 목회신학의 탐구, 160.
9) 양창삼, 교회 경영학, 129.
10) 이요섭, 현대인을 위한 교회행정, 231.

다스리는 방법에 있어서는 신학적 정체성과 상황을 병행시켜야 한다. 목회자는 교회의 보호자로서 이단과 세속으로부터 교회를 보호하기 위하여 애쓰며 신학적-성서적 기반을 세우기에 소홀히 하지 말아야 할 것이다. 그러나 목회자가 만일 한국 교회에서 주로 실시하고 있는 설교 중심적 목회에 치우치며 신학적 정체성만을 강조하게 된다면 성도들이 처해 있는 상황을 지나쳐 볼 수 있게 되는 것이다.[11]

목회자는 성도들을 온전케 하고 봉사의 일을 스스로 하면서 성도들이 봉사의 일을 하도록 돕는 자이다. 성도들의 봉사는 교회뿐만 아니라 교단 및 타 교회들 더 나아가서는 지역 사회에 대하여서도 관심을 가지고 시행하는 것이어야 할 것이다. 교회 사업을 위한 업무 추진에 장애가 되는 요인이 발견되었을 경우, 평가보다는 대화의 장을 여는 것이 필요하기 때문에 여기에서 지도자는 행정적 조정을 해야 할 것이다. 또한 훌륭한 목회자는 그 자리를 떠나더라도 그 교회가 차질 없이 돌아가도록 하는 사람이다. 이를 위해 그는 조직을 통하여 사람들을 배치하며, 해야 할 업무들을 분담시켜 목적을 달성할 수 있게 해야 할 것이다.

교회 사역의 역할 분담과 관련하여 새롭게 고찰되어야 할 것은 참여 공동체 내에서의 목회자의 역할과 자아 이해일 것이다. 목회자와 평신도의 관계 및 목회자와 신학자가 아닌 직분자들과의 관계가 그 것이다. 근본적으로 목회자와 교인들의 관계는 목자와 양으로 볼 수도 있겠으나, 동시에 목회 사역을 위한 협력자이며 형제이다. 시시때때로 긴장과 갈등이 생기는 관계이지만 각자 상식과 예의를 다하여 믿음 안에서 맡은 본분과 역할을 감당해야 할

---

[11] 이기춘 (한국적 목회신학의 탐구, 237)은 이러한 목회 양상을 '투루나 이젠의 모형'으로 칭하며 교의학을 바탕으로 하는 "전형적인 구라파 형태의 목회신학 개념"이라고 했다. 그러나 이기춘의 이러한 발언은 역시 부분적일 수밖에 없다. 현재 유럽에서도 다양한 목회신학 이론을 바탕으로 목회가 이루어지고 있기 때문이다.

것이다. 양창삼은 "못된 교인들" 과 이에 대해 강압적이고 위협적으로 행동하는 목사에 대해 언급하며, 이러한 목사의 대처는 진정한 권위가 될 수 없음을 강조한다.12)

C. A. Tidwell은 전 교인을 교회 사역의 목회 대상과 자원으로 정의하며 목사는 자원 봉사자들을 개발하며 후원하는데 소홀히 하지 말아야 할 것을 강조한다.13) 이것은 상식과 예의가 동반되기가 그리 쉽지 않은 현실 속에서 주의 깊게 받아들여야 할 내용이다. 그러나 교회관리를 위하여 교인들을 목회 대상과 자원으로만 여긴다면, 이것은 세상 경영 방법으로 치우칠 수도 있음을 주시해야 한다. 교인들은 목회의 대상일 뿐만 아니라 교회 사역의 협력자이며 형제이기도 하기 때문이다.

목회자는 교회관리에 대한 최종적 책임을 지는 자로서 교회의 사업을 위해 분명한 계획이 세워져 있는지를 검토하며 조직을 통한 인도와 조정을 분명히 할 뿐더러 이에 대한 평가도 빼놓지 말아야 할 것이다. 권오서는 교회 관리를 위한 지도력의 기본적 기술을 14 가지로 분류하며 계획, 시작, 조직, 위임, 동기 부여, 조정 등과 함께 평가를 중시한다.14) 그는 평가를 "어떤 것의 가치나 유용성을 판단하는 것" 으로 정의하며 정확한 평가를 위하여 사람을 평가하지 말고 "객관적인 동시에 주관적으로 평가" 15)하며 미래 지향적 평가를 통해 문제점들을 발견하며 이에 대한 해결책을 찾아야 한다고 피력한다.

여기에서 교회의 업무 분담과 평가를 통한 목적 달성이 사회 기업체와 동일해질 우려가 없지 않기 때문에 목회자는 항상 교회의 존재 이유와 정체성에 관해 숙고하여 교회의 사명과 기능을 신

---

12) 양창삼, 교회 경영학, 138-139.
13) C. A. Tidwell, 교회행정을 위한 효과적인 지도자론, 152-153.
14) 권오서, 교회행정과 목회, 155-164.
15) 권오서, 교회행정과 목회, 162.

앙 고백적 차원에서 실현시키며 또한 표현하고 기술하여 상기시켜야 할 것이다. 교회 사업의 과정이 진행되는 동안 결코 잊지 말아야 할 것은 그것이 그리스도 제자의 도와 교회의 정체성과 일치되는 것임이다. 이 말은 교회의 관리에 있어서 모든 지도자들이 그리스도를 따르는 제자 정신을 갖추어야 한다는 의미가 될 것이다.16)

3. 교회 공동체 인사 행정의 기초로서 그리스도교 신앙교육

그리스도교 교육의 신학적 근거는 교육자 삼위일체의 하나님이다.17) 즉 역사 속에서 우리를 가르치며 예수 그리스도를 통하여 참 교육자의 모습을 보여주는 하나님이 그리스도교 교육의 근본이 되신다는 의미이다. 그리스도교 교육의 역사적 뿌리로는 우선적으로 참 교육자 예수 그리스도를 따르기 위해 모인 초기교회 그리스도인들의 선교와 교회 내에서의 교리문답을 들 수 있다. 그리스도교 신앙을 가르치기 위하여 실시되었던 교리문답은 세례받을 자를 준비시키는 교육으로써 특정한 내용을 전달하며 주입시키는 교육방법을 취하는 것이었다. 이 교육에 있어서의 내용은 성경의 내용과 이에 따른 도덕적 경고 등이었다.18) 그리스도교 교육을 위한 또 다른 하나의 뿌리는 근대에 들어서면서 사회사업과 함께 실시된 성인 교육에서 찾아 볼 수 있으며, 이것은 선교와 함께 교회의 삶과 본질에서 빼 놓을 수 없는 것이 되었다.19) 교

---

16) L. Anderson (21세기를 위한 교회, 294)은 리더십(Leadership)과 따름이 밀접한 관계에 있음을 강조한다.
17) 고용수, 교회교육의 신학적 기초, 33.
18) K. Wegenast(, Art. Katechese, 975)는 교리문답을 위한 헬라어인 Κα τηχειν(카텍헤인)의 의미를 '위에서부터 말하다, 소리 내다' 등으로 정의하고 있다.
19) R. Boeckler, Art. Diakonie, 850.

회는 교육 공동체이며 교육이 선교와 함께 필연적으로 교회의 본질에 속한다고 하는 의견은 이제 자명한 것으로 받아들여지고 있다.20)

교회 공동체 내에서의 그리스도교 교육은 계몽주의 시대의 유산으로써 중시되는 인간 이성에 대하여 인정하며 관용하는 태도를 취할 뿐만 아니라 교회의 전승이 현대에도 구원과 도움을 주는 것임을 알리는 데 그 목적을 두고 있다. 그리스도교 교육은 "복음을 전파하고, 또 이를 수용하는 모든 과정과 자리"이며 이는 교회를 "신앙과 사랑의 공동체로 개혁하는 일을 의미" 하는 것임을 감리교 교육 신학이 강조하고 있다.21) 이 말은 언뜻 듣기에는 교회의 내적인 삶만을 강조하는 것 같이 보일지 모르나 그리스도교 교육의 목적이 되는 참된 공동체의 회복은 예배와 설교, 가르침에 대한 실천, 올바른 영적 교제 외에도 그리스도교 사회 교육까지도 포함하는 선교와 봉사의 회복을 그 핵심으로 담고 있다.22) 이것은 성경, 복음, 신앙 공동체 그리고 그리스도교 복음의 사회적 관심을 교회 교육 목적의 기초로 보는 고용수 교수의 의견과도 비교된다.23)

여기에서 교육은 그리스도인들이 직업선 상에서 적응할 수 있는 능력을 발달시킬 뿐만 아니라 개인적으로나 가족적으로 혹은 공적 삶에 있어서 문제점들을 극복하며 해결해 나갈 수 있게 해주려 한다. 이것으로써 그리스도교 교육은 교회와 사회에 대하여 책임적 사명으로써 이루어 져야 한다고 말할 수 있다. 즉 교회는 그리스도교 교육을 통하여 사회에 대하여서도 책임적 과제를 완수하게 되는 것이다. 결론적으로 "기독교 교육의 목적은 모든 그

---

20) J. D. Smart, 教會의 教育的 使命, 9; 기독교대한감리회교육국, 감리교 교육신학, 8-9.
21) 기독교대한감리회교육국, 감리교 교육신학, 19-20.
22) 기독교대한감리회교육국, 감리교 교육신학, 20-21.
23) 고용수, 교회교육의 신학적 기초, 35-39.

리스도인들을 하나님 앞과 세계, 역사 앞에 책임 있는 인간들로 형성하는데 있다." 24) 즉 책임성 있는 인간 형성을 통하여 성숙한 그리고 판단력 있는 그리스도인들로 자라가게 하는 것이 그 목적이다. 이것은 "하나님의 영광을 위하여 교회와 국가에 쓰여지도록" 25) 교육함을 목적으로 삼은 존 웨슬리의 사고와도 상통하는 것이다.

그리스도교 교육의 내용에 대해서 그리 분명하지 않을 때도 있다. 제 1차 전승(성서)과 제2차 전승(교리)을 해석하며 선포하는 교회의 가르침만을 그 요점으로 해야 하는 지의 여부도 확실해져야 할 것이다. 이것은 교회론의 이해와도 연관된다. 교회가 무엇을 그리고 누구를 위해 존재하며 사회는 교회와 어떠한 관계에 서 있는지에 관한 문제이다. 교회는 사회와 우선적으로 거리를 두어야 할 것인지 아니면 비판력을 가지고 사회에 참여해야 할 것인지를 분명히 해야 할 것이다.

이 점에서 그리스도인들은 사회에서 살아가고 있기 때문에 교회와 사회의 분리는 불가능하다고 할 수 있다. 그리고 이 사회가 끊임없이 변할 뿐만 아니라 삶의 처지와 양상도 변해감에 따라 이들을 위한 교육은 더욱 더 절실히 요구됨이 확실하다. 이는 사회의 변화와 발전이 그리스도인들에게 교육을 통한 새로운 지각과 행동을 요청하기 때문이다. 이에 대응해야 하는 그리스도교 교육의 내용에 관하여 이석철 교수가 설득력 있게 서술해 주고 있다: 그리스도교 교육의 내용은 "단순히 기독교의 신학이나 교리 같은 인지적 내용만을 뜻하는 것이 아니고 기독교적 삶의 양식 모두를 포함하는 것으로서 우리의 신앙과 가치관, 그리고 때로는 기술적인 면까지도 포함하는 것이다. 이러한 기독교교육의 내용은 인간

---

24) 기독교대한감리회교육국, 감리교 교육신학, 59.
25) 김요한, <u>존 웨슬리의 목회와 성령</u>, 171; 김요한, 존 웨슬리 신학과 성서교육 모델, 83-84.

이 하나님, 다른 인간들, 그리고 자연계와 역동적 관계 속에서 빚어내는 모든 의미 있는 삶 그 자체이며, 과거의 역사적 삶의 발자취도 교육 내용이 되지만 현재와 미래의 가치 있는 삶도 중요한 교육 내용이 되어야 하는 것이다." 26) 실로 그리스도교 교육에서 중시되어야 할 것은 구체적인 지식과 문제의식, 비판적 사고와 근거 있는 판단 및 대화의 용의와 능력 등을 뒷받침해줄 수 있는 내용의 것이어야 하며, 깊은 신앙체험을 가능하게 해주는 것이어야 할 것이다.27) 이것을 통하여 피교육자는 그가 처해 있는 곳에서 필요에 따라 능동적으로 실천할 수 있는 힘을 가지게 되는 것이다.

그리스도교 교육을 받는 성인은 자신의 신앙의 터전인 교회를 이해하고 자신을 살펴보아야 하기 때문에 교회가 걸어온 역사적 발자취에 관해서도 필수적으로 배워야 할 것이다. 자신의 삶이 교회 역사적인 의미를 가지고 있다는 사실도 알아야 할 것이며 에큐메니컬적 사고를 할 수 있도록 다른 그리스도교 교파들에 관하여서도 배우며 사고할 수 있어야 할 것이다.28)

그리스도교 교육의 내용을 성서라고 할 때 "성서는 하나님의 오심과 인간의 응답 사이의 만남이며 동시에 새로운 역사 창조에 대한 증언이며 기록" 29)이라는 정의가 중요하다. 즉 그리스도교 교육의 내용을 위한 바탕을 성서로 삼되 성서를 기록된 그 자체로써만 중시할 것이 아니라, 하나님과 인간의 만남을 보여주며 현재의 우리에게도 구원의 음성을 들려주는 가운데 신앙적인 응답과 실천을 요구한다는 점에서 더 큰 의미를 부여하여야 할 것이다. 복음이 일상생활에서 생겨나는 문제들에 둘러 싸여 있는 이

---

26) 이석철, 기독교교육의 교육학적 기초, 73-74.
27) K. Frör, Grundriß der Religionspädagogik, 230.
28) J. D. Smart, 敎會의 敎育的 使命, 169 이하.
29) 기독교대한감리회교육국, 감리교 교육신학, 30.

들을 도와주며 자유하게 하는 것임30)을 강조할 때 이에 대한 응답과 실천이 가능해질 것이다.

성인이나 어린이나 할 것 없이 배워야 한다는 점에 있어서는 서로 다를 바가 없다. 그러나 이들은 서로 다른 조건과 동기를 가지고 있다. 성인들은 언제 어디서 무엇을 위해 배워야 할지를 스스로 결정하며 현재 배우는 것을 예전에 삶의 현장에서 그리고 직업선 상에서 배운 것과 연결시킨다. 전통적으로, 교육 받는 것이 성인의 과제나 역할이 아닌 것으로 이해되고 있는 것이 성인 교육을 어렵게 만들기도 한다. 한 편으로는 배움이 절실히 요구되나 다른 한 편으로는 배움의 목적과 동기가 뚜렷이 부여되지 않기 때문에 성인 교육은 어려움에 부딪치게 된다.

그리스도교 교육의 중심이 되는 성경을 옳게 열어주어 이해할 수 있게 하는 것이 교육자의 과제라고 할 때, 여기에서 교육의 방법이 매우 중요하다. 방법이 적합하지 못할 경우 피교육자에게 배움의 동기와 의미를 부여하지 못하기 때문에 그러하다. 성인 교육이 그 내용과 방법에 있어서 피교육자 중심으로 이루어져야 함은 교육을 받는 성인의 체험, 문제, 삶의 상황, 삶의 환경 및 일상생활 등이 성인을 위한 그리스도교 교육에 있어서 중시되어야 할 요소들이기 때문이다. 학교 교육의 현장에서 벗어나 있는 성인을 위한 그리스도교 교육의 방법으로는, 이들이 지니고 있는 문제들을 함께 토론하며 해결해나가는 노력을 하는 것일 것이다. 동시에 교육을 받는 자들의 요구에만 치중하는 것도 위험이 될 수 있음을 잊지 말아야 할 것이다.31)

성인 교육의 특징은 대화와 토론을 통하여 함께 사고하며 결

---

30) G. Strunk, Art. Erwachsenenbildung, 180.
31) J.D. Smart(, 敎會의 敎育的 使命, 210. 212)는 20세기 초에 있었던 종교교육운동이 피교육자에게 그 초점을 맞춘 것이라고 보며 이것을 긍정적으로 평가했으나 전체적으로 보아 교육과정이 피교육자의 요구에만 집중할 때 천박해 질 수 있음도 말해주고 있다.

정하는 능동적인 참여이며 교육자의 통솔 하에 수용하기만 해야 하는 교육 방법은 더 이상 효력이 없기 때문에 어떠한 내용을 다룰지라도 수동적인 청강을 통한 주입식 교육은 성인들에게 적합하지 않은 것이다. 스스로 생각하게 하며, 함께 질문하고, 함께 답을 찾게 하고, 그것을 또한 실천하게 하는 교육 방법이 바로 실천이며 또한 공동체를 지향하는 배움의 과정이다. 이것은 곧 사회화 과정이기도 하다. 김재은 교수는 토의와 공동 활동의 능력이 있는 청·장년의 성서 학습 방법을 이렇게 제안 한다: "청·장년을 위한 성서 학습은 전통적, 종속적 방법(교사는 말하고 대중 학습자는 듣는 일방적 방법)을 지양하고 소집단이 만나 나누고 토의하고 활동하는 방법들을 택함으로서 모두가 참여하고 지도성을 분담하고 지도성을 개발하도록 함이 바람직하다." 32) 이러한 교육 방법을 구체적으로 실천하기 위하여서는 성경 연구반33) 이나 토론회를 주 중에 정규적으로 열어 함께 토론하며 생활 전체와 관련시키는 작업을 해보는 것도 의미 있는 일일 것이다.34) 이것은 그리스도교 신앙이 오늘의 나에게 구체적으로 무엇을 실천에 옮겨야 한다고 말하고 있는지에 관하여 함께 대화하며 사고하는 시간을 가지는 것이다. 주입식이 아닌 이러한 그리스도교 교육이야 말로

---

32) 김재은, 청·장년을 위한 성서학습 방법, 169.
33) 예를 들어 이러한 성경 연구반에서는 교육자의 강의나 설교가 중심이 되는 것이 아니라 피교육자로서의 성인들이 그 시간에 읽은 성경 내용에 관한 사고와 느낌, 감사한 마음과 불만 등을 충분히 자유롭게 표현할 수 있도록 시간을 줄 수 있을 것이다. 교육자는 여기에서 표현된 내용들을 그 자리에서 판단하며 직접 수정하거나 질타하며 교육시키기 보다는 자신의 사고와 발언을 스스로 옳게 평가할 수 있도록 인도하고 도와줌으로써 능동적인 참여를 통한 장년(성인)교육을 시도해 볼 수도 있을 것이다.
34) 현대목회의 기독교 교육 현장에서 매스 매디어를 어떻게, 어느 정도 활용하여야 할지도 연구 대상으로 남아 있다: 정보과학과 컴퓨터의 발달이 눈부시게 일어나는 현 시대에 대중교육의 수단으로 매스컴을 활용하는 것을 유익한 것으로 보는 이원희 교수의 논문(매스컴 시대의 기독교 교육, 326-337) 참조.

성인된 신앙을 가지게 하며 우리를 성숙한 신앙인으로 이끌어 줄 수 있을 것이다.

그리스도교 교육은 불안과 소외가 계속되는 삶 속에서 생겨나는 질문에 대해 복음의 응답이 주어질 수 있게 하는 것이기도 하다.35) 은준관 교수는 "모든 인간의 ... 삶의 질문과 깊이 관련 짓는 문화행위"로써의 그리스도교 교육을 "만남"36)이 이루어지는 사건으로 정의하고 있다. 이것은 그리스도교 교육이라는 현장에서 함께 토론하며 서로를 알게 되는 사귐을 가지게 되어 신앙인의 교제를 가능하게 하는 것으로도 이해할 수 있다. 감리 교회에서 강조하며 실천하고 있는 속회를 이러한 성인 교육의 기회로 삼을 수도 있을 것이다.

성인을 위한 그리스도교 교육의 방법 및 양상으로는 상담도 빼놓을 수 없다. 인격과 전문 지식 및 상담 기술을 소지한 자가 교사가 되어 교육자 예수처럼 대화를 통한 그리스도교 교육을 하는 것이다. 정소영 교수는 예수의 대화 중심적 교육을 적용해야 함을 언급하며 이것을 서기관이나 바리새인의 주입식 교육과 대조시키는 면밀함을 보여주고 있다. 그는 교육으로써의 상담을 받는 사람(내담자)이 그 시발점이 되어야 하며 상담자의 인간관이 올바로 서 있어야 함을 강조한다.37)

그 외에도 그리스도교 교육을 통하여 깊은 신앙체험을 할 수 있게 하기 위해서는 주 중이나 주일에 모이는 기도회도 제공할 수 있을 것이며 특별히 예배에 참석하게 하는 것이 중요할 것이다. 그리스도인의 삶 전체가 예배이어야 함을 강조할 뿐만 아니라 특별한 예식을 동반하는 교회에서의 예배에도 참석하여 생명의 양식을 먹어야 함을 가르치는 것이 의미 있는 일일 것이다.38) 이는

---

35) 은준관, 基督敎敎育現場論, 11.
36) 은준관, 基督敎敎育現場論, 16-17.
37) 정소영, 상담자로서의 교사, 251-252.

신령과 진정으로 드리는 예배가 하나님의 음성을 듣고 응답하는 계기로써 삶의 전환을 가능하게 해주기 때문이다. 강용원 교수는 이러한 의미에서 "그리스도인의 성숙을 향한 변화"가 "예배의 결과로 기대 될 수" 있음을 강조하며 "예배의 교육적 본질"[39)]에 관하여 언급하고 있다.

더욱 더 이상적인 것은 그리스도교 교육이 교회에서만 이루어질 것이 아니라 가정과 직장 등지에서도 실존적인 대화와 만남을 통하여 실현되는 것이다. 이것은 그리스도교 교육의 에큐메니칼적 차원을 중시하는 평생 교육을 통한 의식화 교육[40)]과도 연관시킬 수 있을 것이다.

4. 교회 공동체 인사 행정가의 기본 바탕으로서의 코이노니아 사상

코이노니아 사상은 세계 교회의 다양한 양상과 그 일치의 과제를 면전에 두고 있는 개교회 공동체의 지도자로서, 특별히 세상을 향한 복음 전파의 사명을 안고 있는 한, 공동체 구성원들에게 전달해주어야 할 지나쳐 버릴 수 없는 중요한 부분이다. 인사 행정가로서의 교회 공동체 지도자는 교회의 구성원들이 그리스도인으로 존재하며 공동체 안과 밖에서 어떠한 사고를 바탕으로 하여 주어진 본질적인 지상명령을 준행할 수 있을지에 대해 끊임없이 알려주며 뒷받침해주어야 할 것이다. 이를 위해 핵심이 되는 용어 코이노니아는 신약 성서에서 그리 자주 사용되지 않았으나, 내용적으로는 초대 교회의 교회론과 그리스도인의 공동생활을 위해 중심

---

38) 은준관(, 基督敎敎育現場論, 29-30) 교수는 기독교 교육 현장의 첫 번째 원형으로 예배 공동체를 꼽으며 예배의 교육적 역학을 강조하고 있다.
39) 강용원, 교회 교육과 예배, 202.
40) 장종철, 기독교 교육이란 무엇인가?, 21-22.

사상을 이루었으며, 그것은 또한 초기 그리스도 교회의 주요 관심사였다. 코이노니아 사상은, 교인들이 교회 내에서 어떻게 서로 교통해야 하며 또한 외부인들과의 만남에서 어떠한 사고를 그 바탕으로 해야 하는지에 대해 기본 사상을 다져주어야 할 공동체 지도자의 인사행정에 있어서 간과할 수 없는 중요한 내용이기 때문에 여기에서 코이노니아의 의미와 그 실현을 위한 시도에 대해 다루기로 한다.

(1) 코이노니아의 의미

사도행전 2장 42절에 보면, 사도 누가가 이상적인 삶의 특징을 함축하여 단 하나의 문장으로 요약했다: "저희가 사도의 가르침을 받아 서로 교제하며 떡을 떼며 기도하기를 전혀 힘쓰니라." 여기에서 헬라어 원전을 보면 "교제"를 위하여 코이노니아라는 용어를 썼다. 그러면 이 '코이노니아'는 어떠한 '교제'를 의미 하고 있을까? 누가 누구와 교제를 한다는 말일까? 코이노니아가 이곳에서 어떻게 정의되고 있을까?

고대 헬라사회에서는 서로 밀접한 관계를 유지하며 상호간에 교제하는 것을 코이노니아로 이해했다. 이것은 깊은 내적 관계를 의미하며 그 본보기로는 부부 간의 교제를 들 수 있는데 이는 부부를 연결시키는 최상의 신뢰와 상호간의 관여를 말하는 것이다.41) 주목할만한 사실은 헬라어 번역판 구약성서인 70인역에는 헬라 사회에서 사용되었던 종교적 용어들과는 달리, 코이노니아가 지상의 인간과 초월적인 하나님 사이의 교제를 의미한 곳은 한 군데도 없고 오직 인간과 인간 사이의 관계를 서술하기 위하여 사용되었을 뿐이다.42)

---

41) W. Bauer, Art. Koinonia in: ders. Griechisch-Deutsches Wörterbuch, 5. Auflage, Berlin-New York 1971, 867.
42) G. Wenz, Art. Auf dem Weg zur Koinonia in: Nachrichten der

고대 헬라인들은 하나님을 인간적인, 지극히 인간적인 존재로 상상했다. 만신전(萬神殿)에 있는 신들의 약점인 허영과 질투 등을 보아도 그들이 인간과 조금도 다름없음을 알 수 있다. 그들의 존재는 운명에 달려있고 인간과 다른 점이 있다면 그것은 단지 죽지 않는 존재라는 점과 좀 더 나은 행운을 소유하고 있다는 것 뿐이다. 인간은 신과 피조물의 결합으로 말미암아 생겨난 존재이기 때문에 신과 근본적 그리고 질적으로 다를 바가 없다. 헬라 사상으로 보면 인간들은 신들의 자녀들이다.[43)]

그 반면에 경건한 유대인은 한계성 속에서 죄인으로 존재하고 있는 인간과 거룩하고 영원한 신 사이에 헤아릴 수 없는 큰 차이가 있음을 절감한다. 하나님은 창조주요, 인간은 피조물이다. 하나님과 인간의 관계는 하나님께서 인간과 맺은 계약으로 나타난다: 이 계약은 동등하지 않은 두 파트너 사이에 이루어지는 것으로써 하나님이 인간에게 제공함으로써만 가능해지는 것이기 때문에 인간이 하나님을 반대하여 소송을 제기할 수 있는 그러한 따위의 계약과는 별개의 것이다.[44)]

그러나 신약성서 내에서는 예수 그리스도 안에서 성육신 하신 하나님과 함께 이 상황이 변한다: 성육신한 삼위일체의 하나님, 초월자인 동시에 이 세상에서 내재하는 이 하나님은 십자가에 못 박히고 부활한 자 안에서 성령의 능력으로 자신과 죄인 된 인간 그리고 세상과 공동체를 이룬다.[45)] 하나님은 예수 그리스도 안에서 그리고 예수 그리스도를 통하여 이루어진 신인공동체를 통

Evangelisch-Lutherischen Kirche in Bayern 11(1993), 203 (G. Wenz 는 W. 판넨베르크의 제자로서 현재 독일 뮌헨대학교에서 조직신학을 가르치고 있다.)

43) E. Lohse, Umwelt des Neuen Testaments, 5. Auflage Göttingen 1980, 163-167; Walter Benkert, Art. Griechische Religion in: TRE 14, 238.
44) E. Kutsch, Art. Berit in: THAT 1, 339-352.
45) G. Wenz, Art. Auf dem Weg zur Koinonia, 203.

하여 인간이 모든 다른 인간과 피조물과도 공동체를 이룰 수 있는 가능성을 제공해준다. 바울은 이러한 의미에서 코이노니아 용어를 사용한다. 성령과 교제하는 가운데 예수 그리스도와 그의 은사에 참여하게 됨으로 말미암아 이루어지는 성도들 간의 연합이 바로 코이노니아이다.46)

즉, 신약성서를 통하여 본 코이노니아는 수직적 그리고 수평적 차원에서의 교제와 사귐을 뜻한다. 여기에서 수직적 차원에서의 코이노니아는 수평적 차원에서의 코이노니아를 위한 전제조건이 되며 동시에 이것을 포함하기도 한다. 이렇게 두 차원을 포함하는 코이노니아는 그리스도를 통하여 그리스도 안에서 이루어진 것으로써 '그리스도 공동체'이다. 그리스도께서 공동체 자체로 존재한다는 것이다.47) 이러한 의미에서의 코이노니아는 사도행전 2:42절에 초대교회 공동체의 특징으로 나타나 있다. 그러나 이것으로써 같은 구절에 나와 있는 "사도의 가르침"과 "떡을 떼며 기도하기"라는 말이 코이노니아와 어떠한 관계에 놓여 있는 지에 관해서는 아직 답변되지 않았다.

이 관계를 규정하는 것은 에큐메니컬 운동을 위하여 결정적인 의미를 지니고 있다. 코이노니아가 초대교회에 있어서 함께 언급된 다른 세 가지 문구들의 내용과 관계없이 독립적으로 이루어질 수 있는 것인지, 아니면 그것과 끊을 수 없는 연관 속에서만 가능한 일인지를 물어보아야만 한다.48) 독일의 신약성서 신학자인 J. 롤로프는 위에 언급한 구절에 서술된 코이노니아에서는 떡

---

46) G. Wenz, Art. Auf dem Weg zur Koinonia, 203; 요한복음 1장 3. 6-7절에서도 이와 같은 내용을 찾아볼 수 있다.
47) J. Roloff, Die Apostelgeschichte, 2. Auflage in: Das Neue Testament Deutsch, Göttingen 1988, 66.
48) 이 문제에 대한 해답은 행 2장 37-47절 내용의 요약으로 볼 수 있는 2장 42절의 내용과 다른 요약들(행 4장 32-35절과 5장 11-16절)을 어떻게 연관시켜 이해하느냐에 따라 달라질 수 있다.

을 떼는 일이 항상 동반되었던 것으로 이해한다.49) 코이노니아와 '떡을 떼는 일'이 서로 밀접한 관계에 있다는 것은 바울의 신학에서도 명백히 하고 있다. 바울은 코이노니아의 이해를 위하여 성찬을 본보기로 들었다.50)

코이노니아는 성찬과 밀접한 관계를 가지고 있을 뿐 아니라 그 외에도 '나누는 것'과 연결되어 있다. 사도행전 2장 44-45절에 보면 저자 누가가 코이노니아를 재산 공유('共產')의 측면에서 다루고 있다:51) 누가는 이 전래된 내용요약(summarium)을 사용하며52) 코이노니아의 의미를 재해석하고 있다. 즉, 성찬에 의한 코이노니아를 공평한 나눔에의 코이노니아로 변화시켜 이해하고 있다.53) 코이노니아가 성찬과 분리될 수 없는 밀접한 관계에 놓여 있는지 아니면 성찬식을 통한 식탁 교제가 없이도 코이노니아가 성립될 수 있는지의 여부는 아직도 해결되지 않은 의문으로써 이것은 아마도 세계 교회의 미래를 위하여 결정적인 역할을 하게 될 것이다. 이와 같이 코이노니아와 '사도들의 가르침'은 또한 서로 어떤 관계에 놓여 있는지를 정의해야만 할 것이다. 코이노니와와 기도의 관계에 관한 것은 그다지 큰 문제는 아니다.54)

---

49) J. Roloff(, Die Apostelgeschichte, 66.)는 이러한 구체적인 공동생활이 있는 곳이 떡을 떼는 장소이었음을 말한다.
50) 고전 10장 16-17; G. Wenz(, Art. Auf dem Weg zur Koinonia, 203)는 성찬을 통한 코이노니아를 이렇게 서술하고 있다: "주님은 우리를 하나님의 영의 권능 안에서 서로 연결시키시며 교회로써 그리고 그리스도의 몸으로써의 신앙과 삶의 인간 공동체로 존재하게 하신다. 이것을 주님은 우리가 성찬을 통하여 그의 몸과 피에 참여함으로 말미암아 십자가와 부활에 의하여 완성된 그리고 하나님 안에서 영원해진 그의 온전한 삶에 참여하게 함으로써 이루신다."
51) Jürgen Roloff, Die Apostelgeschichte, 66.
52) Jürgen Roloff, Die Apostelgeschichte, 65-66.
53) 누가가 이것으로써 코이노니아의 핵심내용을 나타내 보여주고 있다는 것은 사도 바울 역시 코이노니아와 '나눔'을 분리시키지 않고 있다는 것을 보아서도 알 수 있다: 롬 15장 26; 고후 9장 13 비교.
54) 왜냐하면 기도는 이미 어느 종교를 막론하고 공통적으로 실천되고 있

갈라디아서 2장 9절에서 바울은 이방인의 할례 문제로 분쟁하고 있던 초대교회의 대표자들이 코이노니아를 이룬 것에 관하여 서술하고 있다. 이방인의 할례 문제는 교회의 일치를 위협하는 첫 위기였기 때문에 에큐메니컬 신학을 위하여 견례적 의미를 지닌다고 할 수 있을 것이다. 바울은 초대교회의 기둥 역할을 하는 세 사람이 바나바와 자신과 합의를 보았다고 말한다. 즉, 이방 그리스도인들이 할례의 의무로부터 자유함을 얻는 것이 하나님의 구원 의지와 상응하는 것이라고 한다. 이방 그리스도인과 유대 그리스도인은 각각 그들이 처해 있는 곳에서 그리스도인이어야만 함을 강조한 것이다. 이것으로써 이들 사이에 있는 신학적 차이들이 교회를 분리시키는 요인이 아님을 말해주고 있다. 이는 교회 현장과 신학 사상 사이에 생겨나는 차이점들이 코이노니아를 불가능하게 하는 것이 아님을 의미하는 것이다. 여기에서 주목할 만한 사실은, 당시 신학적으로 꽤 중요했던 할례 문제가 해결되지 못했음에도 불구하고 코이노니아가 이루어졌다는 점이다. 미해결된 불일치점이 언젠가는 꼭 극복되고 해결되어야만 한다는 언급도 없고, 그것이 코이노니아를 위하여 방해요소가 된다는 말도 없다.

(2) 코이노니아의 실현을 위한 시도

코이노니아 용어가 개교회 공동체가 궁극적으로 지향하며 공동체의 구성원들이 끊임없이 추구해야 할 세계교회를 위하여서도 중요한 의미를 지니고 있음은 더 말할 나위가 없다. 이러한 코이노니아 용어가 현 에큐메니컬 세계교회 일치운동에서 교회론을 위한 주제가 된 데는 두 가지의 이유가 있다. 그 첫 이유는 에큐메니컬 운동 역사 자체 내에서 찾아볼 수 있다. 예전에 정의했던 교회 일치의 개념과 그것을 위한 시도는 한계성에 부착하게 된 것

으며, 주기도문은 모든 그리스도인들이 함께 사용하고 있기 때문이다.

이었다. 많은 사람들이 말하는 것처럼 그 시도가 완전히 실패로 돌아갔다는 의미는 아니지만, 그러나 이제는 더 이상 이제까지의 정의에 의한 일치 운동을 계속할 수는 없어졌다는 의미이다. 그러나 코이노니아 용어를 사용함으로써 코이노니아를 향한 교회 일치 운동이 계속 전개될 수 있게 되었다.

또 다른 하나의 이유는 세계 교회 일치 운동 전개를 위한 외적인 상황이 변한 것이다. 세계의 정황은 전적으로 변했으며 이와 함께 인간의 의식 또한 변했다. 이로 인하여 교회 일치 사상 자체도 변하게 되었다. 코이노니아 용어는 이렇게 변화된 상황에 적응하며 닥아 서고 있는 것이다. 지금까지의 교회일치의 개념과 코이노니아 사상의 차이는 후자가 다양성(복수성)의 가치를 높이 평가하는 것에 있다. 그렇다면 그 다양성은 무엇을 의미하는 것인가?

제 7차 WCC 총회에서 작성한 결과보고문서에는 일치('unity')와 다양성('diversity')은 서로 분리될 수 없으며 이것은 둘 다 하나님의 선물이라고 말한다.[55] 그리고 지난 30여 년간 세계 교회 운동이 진행되는 동안 많은 새로운 교회들이 세계 교회 협의회(WCC)에 가입함으로 인해 생겨난 의견 차이와 논쟁들이 진리를 더 깊이 이해할 수 있게 해주었다고 말하고 있다.[56] 차이점들이 교회의 코이노니아에서 어느 누구를 제한하기 위한 요인이 될 수 없음을 강조하며 코이노니아 형성을 위한 역동적 과정에서는 인류 전체가 서로 보충적 존재라는 사상을 인정하는 것을 그 출발점으로 본다.[57] 설사 보충적이지 못한 다른 의견을 인정하지 않는다 할지라도, 다른 의견을 가진 자와의 코이노니아를 거부할 이유는 없다고 한다.[58] 이를 위해 요구되는 것은 자신을 비

---

55) Towards Koinonia, Report of Section I, Nr. 9.
56) Towards Koinonia, Message of the World Conference, Nr. 7.
57) Towards Koinonia, Report of Section I, Nr. 16. 20.
58) Towards Koinonia, Message of te World Conference, Nr. 7.

우는 일이다.59) 이것으로써 다양성을 높이 찬양한 것만도 아님이 드러난다. 다양성이란 부정적인 면도 지니고 있다는 것을 이렇게 서술한다: "완전한 코이노니아로 가는 도상에는 많은 장애물들이 있다." 60)

엄밀히 말해서 완전한 코이노니아는 그리스도인들 사이에서만 가능하다고 할 수 있다.61) 그럼에도 불구하고 여기에서 중요한 사실은 코이노니아를 위하여서는 경계선이 없는 것이다. 코이노니아는 끊임없이 세상과 연관되어 있다.62) 특별히 강조된 것은 가난한 자와 약자 그리고 사회에서 소외된 자들을 위하여 연대 의식을 가지고 돕는 것이다. 더 깊은 의미에서의 코이노니아는 만인을 위한 소망의 상징이 되어야 하며 그렇지 못할 경우에 그것은 하나님의 사랑 안에서의 진정한 코이노니아가 될 수 없으며 스스로 고침을 받은 교회만이 세상의 나아짐에 관해서도 수긍할 수 있게 전파할 수 있다고 피력하고 있다.63)

코이노니아를 위하여서는 경계선이 없다는 의미에서 코이노니아는 교회일치를 위한 새로운 개념의 표현이다. 지금까지는 서로 다른 교회와 신학을 위하여 공통되는 '테두리'를 만들기 위하여 노력했다. 에큐메니컬 운동 과정에서 그 테두리의 윤곽이 어느 정도 뚜렷해지기는 했으나 그것을 정확하게 알아보기 위한 노력은 허사로 돌아갔다. 그후 새로운 시도를 위하여 생겨난 것이 코이노니아 용어이다. 일치를 위해 예전에 형성 시도했던 '테두리'는 교회와 세상 사이에 그어질 '경계선' 이나 다름없었으며 그것은 그리스도인의 정체성을 정의하는 것이었다.

코이노니아의 시도와 함께 이제는 진리가 하나님 안에 그리

---

59) Towards Koinonia, Report of Section I, Nr. 20.
60) Towards Koinonia, Message of the World Conference, Nr. 8.
61) Towards Koinonia, Report of Section IV, Nr. 22.
62) Towards Koinonia, Report of Section I, Nr. 23. 12.
63) Towards Koinonia, Message of the World Conferenfe, Nr. 5.

제4장 인사행정가로서 교회공동체의 지도자

고 그리스도 안에 있다는 사상이 주시되었다. 이로써 어느 정도 형성되었던 '테두리'가 없어지지는 않았지만 일그러져 버린 셈이었다. '테두리'가 없어져서도 물론 안 될 것은 그것이 그리스도교의 진리를 표징하는 것이기 때문이다. 그러나 이제는 그 '테두리' 대신에 '십자가'가 생겨나게 된 셈이다. 이렇게 됨으로써 진리는 경계선이 있는 어느 한 '범주'와 같은 것이 아니라 그것은 경계가 없는 하나의 '중심'으로 이해되어 질 수 있는 것이다. 이렇게 볼 때 이제는 '옳고' '그름'의 구별보다는 진리와 생명이신 그리스도에게 더 '가깝다' '멀다' 라고 표현함으로써 구별이 될 수 있는 것이다. 이제는 안 과 밖의 구별이 아니라 가깝고 먼 것의 구별이 있을 뿐이다. 이러한 내용들을 아래와 같이 도표로 그려 볼 수 있다.

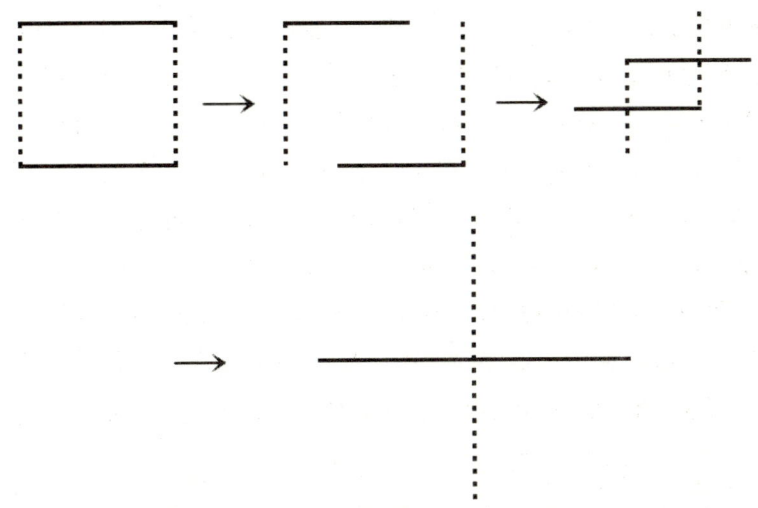

십자가 즉, 그리스도에게로 더 가까이 나아갈 수 있기 위하여 교회들과 그리스도인들은 서로를 필요로 한다. 서로가 다르기 때문에 서로 다른 방향에서 닥아 온다. 그리스도를 향한 옳은 길을 찾기 위하여 다르게 생각하는 사람들과의 코이노니아가 필요하다. 다른 사람들을 통하여서 그리스도를 향하여 가는 길이 어디에 있는지 알 수 있게 된다. 고립된 교회와 그리스도인들은 한편으로 치우치게 된다.64) 코이노니아는 목적일 뿐만 아니라 점점 더 풍성한 코이노니아를 향하여 나아가는 길이기도 하다. 코이노니아는 수단임과 동시에 목적이다. 코이노니아는 포괄적인 의미에서 그리스도인들과 교회들이 서로 점점 더 깊은 코이노니아를 이루어 가는 과정이며 또한 이들이 온 세상과도 코이노니아를 이루기 위해 나아가는 과정이다. 이러한 코이노니아는 은혜의 선물인 하나님과의 코이노니아를 통하여 가능해지는 것이다.

인간 사이의 코이노니아에 앞서 존재하는 하나님과의 코이노니아가 퇴진될 수록 인간 사이의 코이노니아도 점점 더 약화된다. 이런 의미에서 초교파적 코이노니아와 초종파적 코이노니아의 차이는 원칙적이라기보다는 질적인 차이라고 할 수 있다. 다른 종교들과의 코이노니아는 그 가능성이 제한되어 있다. 왜냐하면 그것들은 삼위일체의 하나님과는 거리가 먼 종교들이기 때문이다.65) 위에서 살펴 본 대로 다양성의 가치를 높이 평가하는 색다른 에큐메니컬 운동은 지금까지 '신앙과 직제' 위원회뿐만 아니라 세계교회협의회 전체가 처해 있던 딜레마 상황에서 헤어날 수 있는 길을 열어주고 있다. 이러한 시도는 '신앙과 직제'와 '삶과 실천' 위원회 사이에 존재하고 있는 서로 대조되는 사상들을 극복한다. '코이노니아'는 포괄적인 내용의 것으로써 신학적인 용어만도 정치적인 용어만도 아니다. 코이노니아는 전체성과 세계성

---

64) 1925년 스톡홀름에서 열린 제 1차 '삶과 실천' 세계대회에서 작성한 문서에 이러한 내용이 쓰여져 있다: "십자가에 못박힌 그리스도에게 가까이 나아가면 갈수록 우리들은 서로 점점 더 가까이 나아가게 된다.": R. Slenczka, Dogma und Kircheneinheit, 602.
65) Towards Koinonia, Report of Section IV, Nr. 24: 다른 종교 내에도 성령을 통하여 하나님의 역사가 존재한다는 내용의 말을 하는 이들도 있다고 했으나 Nr. 22에는 다른 종교와의 코이노니아는 제한되어 있음을 말해준다.

을 지니고 있으며 포괄적인 사랑과 연합의 표현이다. 이러한 의미에서 이 용어는 '정치적'인 개념과 '신학적'인 개념으로 구분하는 차원을 넘어서는 것이다. 코이노니아는 그리스도인들과 교회의 세상에 관한 이해를 포함한다. 코이노니아 운동은 사회적 그리고 정치적이며 JPIC(정의, 평화, 창조보존)의 관심사를 중시한다.66) 동시에 이러한 세계관은 하나님과 인간 사이의 코이노니아를 바탕으로 할 때 이해되어 질수 있는 것으로 간주한다.

이로써 '코이노니아'의 시도는 에큐메니컬 운동에서 서로 대조를 이루었던 두 조류가 연합을 이루며 나타는 현상이다.67) 즉, 은사('gift')로써의 코이노니아('신앙과 직제' 위원회)와 소명('calling')으로써의 코이노니아('삶과 실천' 위원회) 개념을 연결하여 이해하며 완전한 코이노니아를 지향하는 것이다.

코이노니아를 주제용어로 택함으로 인하여 교회 일치 운동에는 하나의 새로운 추진력이 부여되었다. 이 용어는 상호간의 접근을 가능하게 해주는 명백한 용어이며 또한 독단과 나태를 지적해 줄 수 있는 솔직한 용어이다. 그리고 사람은 누구나 다른 이들을 통하여 배울 수 있고 또한 배워야 하며 필요에 따라 고통스러울지라도 스스로 만든 우물 안에서 뛰어나올 각오가 되어 있어야 함을 암시해주는 용어이다.

코이노니아 개념의 강조는 현재의 사회적 그리고 사상적 특수 상황에서부터 비롯된 것이며 교회사에서 찾아볼 수 없는 유일한 것이다. 이러한 사상은 세계교회협의회의 내적 상황이 종파적으로나 문화적으로 보아 거대한 다양성을 내포하고 있기 때문에 형성된 것이기도 하며 그 외에도 수많은 종교가 존재하는 인간사회 그리고 좁게 짜여져 있는 조망 속에서처럼 살고 있기 때문에

---

66) Towards Koinonia, <u>Report of Section I,</u> Nr. 32.
67) Towards Koinonia, <u>Message of the World Conference,</u> Nr. 7; Report of Section I, Nr. 21, 23, 25.

함께 노력하지 않으면 미래를 바라볼 수 없는 현대의 인간사회를 대하며 가지게 된 사상이다.
    현재의 코이노니아의 이해에 가장 가까운 의미에서의 공동체는 신약성서에 언급된 공동체이다. 이러한 공동체는 초대교회 시대 이후부터 지금까지 한번도 다시 실현된 적이 없다. 그것이 바로 예수 그리스도의 공동체이다. 예수 그리스도는 배척당하는 죄인들, 멸시받는 세리들 그리고 짓눌리는 여인들, 거지와 불구자들뿐만 아니라 동시에 경건한 바리새인들과 영향력 있는 산헤드리온의 구성원들 그리고 기존하는 경제 체제하에서 부당하게 이득을 취하여 부해진 자들과도 교통하였다. 예수 그리스도의 이러한 교통은 많은 사람들에게 하나님과 그리고 이웃과 새롭고 깊은 관계를 이룰 수 있게 해주었다. 예수 그리스도는 그의 온 생애와 죽음을 통하여 가르는 장벽들을 극복했으며 어떻게 하면 하나님과 즉, 아버지와 내적인 연합을 이루는 가운데 전체성 있는 삶을 살며 또한 이러한 삶을 이웃과 나눌 수 있는 것인지를 보여주었다.

5. 부설(付設, Excursus) :
   여성 리더쉽(지도력)에 관해 68)

    그리스도교가 한국에 전해질 무렵   한국 여성들은 가부장적 윤리관에 의해 삼종지도의 부덕을 강요당하며 살고 있었다. 이러한 가부장 제도적 남존여비 사상은, 예수 그리스도를 주님으로 고백하는 자는 누구나 다 남녀의 구별 없이 그리스도 안에서 하나가 됨(갈 3:28;...) 전하며 고백한다고 하는 그리스도인들의 교회 내에서도 다를 바 없이 존재했다. 초기부터 그리스도의 기쁜 소식을 전파하는 과정에서 여성들이 매우 중요한 역할을 했고, 초

---

68) 김양희, 여성리더쉽의 특질, 39쪽 이하 참조; 한정자, 여성리더쉽 계발을 위한 성역할 고정관념의 극복, 59쪽 이하 참조; 김재필, 미래의 여성 리더쉽, 81쪽 이하 참조.

기 예루살렘에서는 당시 사회의 관례와는 달리 남녀가 함께 모여 교회를 이루고 있었음(행 1:14)에 관심을 기울이며, 또한 남녀의 차별이 뚜렷하여 지기 이전의 이스라엘 전통을 살렸던 예수 그리스도의 삶을 보며 남존여비가 바탕이 되는 구조를 자연스럽게 받아들이는 상황들을 개선해나가지 않으면 안 될 것이다. 교회 공동체의 지도자는 인사 행정에 있어서, 현재 대부분의 교회 공동체 내에서 직책 분할이 불균형을 이루고 있음을 의식하며 이를 개선하기 위해 노력하여야 할 것이다. 이를 위해 여성 리더쉽에 관해 숙고하는 것이 매우 중요하다.

전통적인 리더쉽 모델로는 가부장적(partiarchal) 리더쉽과 부성적(paternalist) 리더쉽을 들 수 있다. 전자를 보면, 조직을 통제하고 권위를 행사하는 카리스마적 리더는 자신의 신념과 사상을 확신하며 이루기 위하여 집단 구성원들을 동원시킨다. 후자에서도 역시 리더의 권위와 통제가 그룹 전체의 과제 수행을 위해 중요한 수단으로 동원된다. 리더는 이를 위해 그룹의 구성원들에게 관심을 보이며 도움을 주어 자신이 존경과 의존의 대상이 되게 한다. 이러한 전통적인 리더쉽 모델에 대해 우리는 어떻게 생각하고 있는가?

이에 대한 대안적 리더쉽 모델로는 가치 지향적이며 자양적인 '여성적 리더쉽'으로써 분담된 리더쉽(shared leadership)을 들 수 있다. 조직 구성원 모두가 다 정치적 인격체로써 유기적인 관계를 통하여 조직의 목적을 이루어 나가는 리더들이 되는 것이다. 이것은 일종의 민주적 리더쉽이다. 또 다른 하나의 대안적 모델로는 교류적 리더쉽(transactional leadership)이 있다. 여기에서는 약속을 이행하고 과제를 수행한 것에 대해 보상을 주며 그룹의 조직을 육성시킬 수도 있고, 혹은 문제가 발생했을 경우에만 개입하여 개선하며 교정하는 방법을 사용하여 그룹을 향상시킬 수도 있다. 그 이외에도 상호적 리더쉽(interactive leadership)이 있다. 그룹 구성원들의 발전과 안녕을 도모하며 조직을 발전시키는 방법이 그것이다. 여기에서는 조직이나 그룹 전체의 과제 수행만 중요한 것이 아니라 구성원들의 복지와 안녕이 중시된다. 이러한 리더쉽을 이상적이며 대안적인 '여성적 리더쉽'으로 보는 이들도 많이 늘어나고 있다.

우리는 어떠한 대안적 모델을 제시할 수 있을 것인가? 전통적인 '남성적 리더쉽' 모델이나 가치 및 행동 양식을 모방하는 차원에서의 제시가 아니라, 사회적 가치와 구조의 변화와 개혁을 추구하는 자들에게 희망의 대상이 될 수 있는 수준의 모델이 되어야 할 것이다. 동시에 전통에 젖어 있는 많은 사람들의 의식적, 무의식적 저항의 대상이 되는 것이기도 하여야 할 것이다. 현재 '여성적 리더쉽'에 대한 비판과 찬성에 관계없이 전통적 리더쉽 모델의 부적절성은 남녀 할 것 없이 많은 이들이 인정하고 있는 것으로 볼 수 있다. 이를 개선하기 위해서는 권력에 대한 의식 전환, 리더 자신의 의식 및 역할 전환, 조직 구조의 변화 등에 대해 연구하며 논의하는 것이 과제로 남아 있다.

변화하는 조직의 요구를 수용할 수 있는 대안적 리더쉽이 요청된다는 의미이다. 이를 위해서는 과제 지향적 기능이나 주도적이며 통제적인 기능을 중시하는 현 사회의 '남성 중심의 가치 체계'를 바탕으로 삼지 않아야 할 것이다. 자신에게 권력을 집중시키는데 급급하는 리더가 아니라, 구성원들의 능력과 책임을 최대한 개발하고 끌어내어 효율적으로 관리하는 역할을 하는 리더가 요청되고 있다는 의미이다. 또한 '권력'은, 경쟁에서 사용하기 위한 것이 아니라 협동을 기초로 하는 것이며, 그 어떤 개인적인 소유가 아니라 공동의 소유이며, 어느 한 그룹이나 인물이 행사하는 통제적 행위이기보다는 상호간에 끼치는 영향임을 의식해야 할 것이다. 뿐만 아니라 현대조직에서는 그 무엇보다 의욕을 높이고 동기를 부여하는 것이 중요함을 인식하는 것이다. 현대조직 구조의 혁신을 위하여서는, 의사결정과 권력의 탈중앙화 (decentralization), 수평화, 소집단의 활용이 요청되며, 합의 과정을 중시하는 유연집단(affinity group, gegenseitige Anziehung, gegenseitige Verwandschaft)의 구조 형성이 필요하다. 소집단을 활성화시킴으로써 권력이나 리더쉽을 분산시키고 구성원들이 함께 적극적으로 참여할 수 있도록 하는 것이다. 즉 집단의 목표를 달성하기 위하여 여러 개의 소집단을 구성하는 것도 하나의 적절한 가능성이다.

우리의 여성 리더에 관한 이해는 어떠한가? 우리는 어떠한 여성 리더를 꿈꾸고 있는가? 또한 현대사회에서 여성 리더가 드문 이유가 무엇일까? 여러 가지 정치적 상황이나 현실적 상황으로 볼 때 여성이 지도자로 떠오를 수 있는 가능성이 적을 뿐만 아니라 여성 자신이 지도자가 되기를 원치 않는다는 점도 유의해볼 필요가 있다. 여성지도자를 배출하기 위해서는 우선 여성자신의 가치관을 살펴보며 자신의 내면화된 성차별 의식에서 탈피하는 일도 시급할 것 같다.

우리의 여성에 관한 이해와 가치관은 과연 어떠한가? 남성이 여성보다 유능한가? 여성이 남성보다 따뜻하고 표현력이 더 강한가? 전형적인 여성다움은 리더적 자질과는 동 떨어지는가? 즉 여성은 리더쉽이 없는가? 여성은 독립적이기보다는 의존적이며 수동적이며 순종하는 형인가? 합리적이기보다는 감정적이며 주관적인가? 여성은 모험심이나 결단력이 약하고 가족 지향적이기 때문에 이러한 소위 '여성다움'은 리더의 기본 자질이 될 수 없다는 의견에 대해 어떻게 생각하고 있는가?

여기에서 더 중요한 질문은, 여성들이 자신들의 권리 신장을 위하여 어떠한 일을 할 수 있을 것인가에 관한 것이다. 정치참여, 경제활동, 그리고 적극적인 리더쉽 개발을 위해 사회적 불공평을 극복하고 여성들에게 주어진 은사와 잠재능력을 하나님이 주신 인간사회의 발전을 위한 자원으로 동원하려면 어떻게 하여야 할까? 이것은 여성 '상위'를 목적으로 삼는 것이 아니라 남성들과 건전하게 협력하고 경쟁하는 여성 리더쉽을 발휘하기 위하여 여성들은 무엇을 해야만 할 것인지에 대해 고민하는 것을 의미한다. 이를 위해 우리는 전근대적인 고정관념과 가부장적 사고에서 벗어나서 여성들 스스로 남녀평등을 실천할 수 있도록 도와야 할 것이다. 정치나 경제 활동 역시 남성들만의 고유 영역이 아니기에 모두가 다 적극적으로 참여할 수 있도록 뒷받침하여야 할 것이다. 그 이외에도 성차별적 불균형을 시정할 수 있는 방안을 모색하며 여성뿐만 아니라 남성도 역시 가부장적 의식에서 탈피하여 건강한 자아의식을 가지려는 노력을 하도록 도와야 할 것이다. 이렇게 하여 누구나 적극적이며 능동적인 참여를 통해 바람직한 공동체 형성에 기여할 수 있는 자질을 갖추도록 노력해야 할 것이다.

III. 교회 공동체 인사 행정을 위한 실제적 계획과 훈련

이 단원에서는 올바른 교회 공동체 인사 행정을 위해 필요한 구체적 계획이나 훈련에 관해 실천적, 목회학적 주제들을 선정적으로 다루기로 한다. 또한 인사 계획과 임명에 있어서 조화를 이룰 수 있는 방안에 대해 살펴본다. 교회 인사 행정을 위해서는 성서적-신학적 기반과 사무처리를 위한 회의나 기획위원회의 성격에 대한 올바른 이해도 중요하다. 또한 교회 회의 진행에 대한 상식을 미리 교육하여 회원들이 책임 있는 결정을 할 수 있어야 할 것이다. 교육과 훈련을 통하여 성숙한 교회가 될 때 회의 및 업무 진행도 순조로워 질 수 있을 것이다. 이 때 다수결이 항상 옳은 것이 아니기 때문에 효율적인 교회 인사 행정을 위해 목회자의 적극적이고 지혜로운 교육과 지도력이 요청되는 것이다.

1. 교회 공동체 직분자들에 대한 계획과 임명

교회 활동을 통하여 볼 때 교회 사역을 위하여 교인 전체가 함께 무질서하게 나서는 것보다 특정 분야의 과제들을 위하여 직분자들을 택하고 그들이 그 분야의 과제를 위하여 전문적으로 연구하고 계획, 수정하며 평가하도록 하는 것이 지혜로운 일일 것이다.

성령의 감동으로 깨닫게 되는 하나님의 뜻을 따라 책임성 있는 봉사와 협력으로 하나님의 선을 이루어 가는 가운데 교회의 사업이 잘 성취될 수 있도록 적합한 직분자들을 선택하여 질서 있고 분별력 있는 활동들이 끊이지 않게 하여야 할 것이다. 영적으로 함께 성장하는 가운데 원활한 의사 소통을 이루며 이를 통하여 갈등을 효과적으로 해소하며 책임성 있게 참여하는 일군들이 올바른 교회 행정을 가능하게 하는 것이다. 또한 이들이 공동 목표를 향하여 상호 작용하며 정해진 목적을 성취하기 위하여 지식과 영향을 서로 교환하고 통합시키며 견고하게 할 수 있도록 해야 한다. 교회의 일군들은 권위와 책임을 적절히 위임하고 받을 줄 알며 사랑과 신뢰의 관계를 만들 줄 아는 자들이어야 할 것이다.

적합한 직분자들을 임명할 때 잊지 말아야 할 중요한 것은, 지도력이나 자질만 볼 것이 아니라 그가 봉사해야 할 분야의 구성원들을 살펴보며 그들과의 상호작용도 고려해야 할 것이다. 지도력과 자질은 직책을 맡아 수행해 가는 동안 계발될 수 있는 것이기 때문이다. 더욱이 중요한 것은, 직분을 위한 적격자들에 대한 계획을 가지고 미리 그들을 훈련하며, 임명은 자격 요건과 절차를 분명히 하여 후에 갈등이나 잡음이 생기지 않도록 해야 할 것이다.
　　특히 유급 직분자들에 대한 임명은 가능한 한 사무 처리를 위한 회의 (예를 들어 기획위원회)에서 결정하도록 하는 것이 유리하다. 여기에서 담임 목사는 회의의 의장으로서 최종적 책임을 질 수 있는 가능성 내에서 일군을 임명하여야 할 것이다. 회의 중 결코 사람을 의식하거나 무책임한 태도를 취하지 않도록 회원들이 기도하는 마음으로 경건하게 참석할 수 있는 분위기를 마련해주어야 한다. 그리고 인간적인 소욕을 따르거나 세상적인 방법을 사용하지 않고 자유로운 토의와 결의를 통해 하나님의 뜻이 분별되도록 인도해야 할 것이다. 여기에서 중요한 것은, 결정 사항이 참으로 교회의 정체성에 상응하는 것인지를 평가하는 것이다.[69]

2. 교회 사역의 공동 인지를 위한 훈련

　　권오서는 교인들이 교회 사역에 참여하고 행동할 수 있도록 영향을 미치는 요인으로써 "효과적인 의사소통"과 "교인 상호간의 폭넓은 대화"[70]를 꼽는다. 이렇게 교회사역의 목표와 목적이 분명해지도록 한 후에는 교회의 모든 일을 인식할 수 있게 해주어야 할 것이다. 교회가 교회되기 위하여 꼭 필요한 기본적인 기능이 무엇이며 교회가 왜 존재하며 무엇을 하느냐에 대한 실제적인 대답을 할 수 있도록 교인들에게 대화의 장을 열어주어 훈련

---

[69] 양창삼 (교회 경영학, 84-86)은 의사 결정 시 유의해야 할 사항과 의사 결정에 대한 평가에 대해 상세히 서술하며, 결정이 "하나님의 뜻에 맞고 하나님께 그 영광을 돌릴 수 있도록 내려져 있는가, 그리고 교인들의 삶의 질을 높일 수 있는가 하는 점이 검토되어야 된다"(85)고 피력한다. 그는 이것으로써 교회관리에 있어서 모든 일이 교회의 정체성과 일치해야 함을 말해주고 있다.
[70] 권오서, 교회행정과 목회, 147.

을 가능하게 해준다. 교회는 헌신적 고백을 통하여 하나님과 관계를 가지며 하나님의 말씀을 선포하고 증거해야 할 과제를 안고 있음을 인지하게 하며, 말씀의 전파는 설교뿐 만 아니라 개인 전도, 성경 교육 등의 방법과 방송, 출판, 의료, 구제 등 구체적인 선행을 통하여서도 이루어질 수 있음을 알려 주어야 할 것이다. 여기에서 담임 목사는 이 모든 일에 관여하며 "이런 활동이 서로 목적을 이루는데 도움이 되도록 조성해간다" 71).

교회 사역에 대한 공동 인지를 위하여 교회는 교회의 목적을 성취하며 교회의 사명을 다하기 위하여 항상 힘써야 함을 터득할 수 있도록 세미나 형식의 모임을 통한 훈련을 가지는 것이 유익하다. 교회 일군들의 훈련을 위해서는 참여적 성인 교육의 방법이 적합할 것이다. 도덕적 내용의 성서 강해나 주입식 강의를 통한 훈련은 비효율적이기 때문이다. 참여적 성인 교육을 통한 훈련은 교회 사역을 위한 참여자들의 체험, 갈등, 삶의 상황 그리고 삶의 주위, 일상적 삶 등을 토의의 장에서 소홀히 하면 안 되는 것이다. 이것은 많은 성인들이 학교 시절에 체험했던 것처럼 타의에 의해서 혹은 주입식을 통하여서가 아니라 스스로 참여하여 인지한 것을 실천에 옮기기 때문이다.72)

C. A. Tidwell은 참여를 통한 동기 부여를 강조하며 발언권과 투표권을 줄 것을 제시한다. 그리고 그는, 참여하는 교인들이 "정당한 관심과 기회의 균등, 특권, 기대 그리고 그들의 민첩함에 어울리는 책임감을 부여받을 권리가 있다" 고 피력하며 참여의 중요성을 말해주고 있다. 그는 특히 자원 봉사자들에게 동기 부여가 중요함을 말하고 있다.73) 또한 동기 부여를 위해 능력을 키워

---

71) 권오서, 교회행정과 목회, 141.
72) 참여적 교육과 훈련 방법은 현재 세계 각국에서 왕성하게 시도되고 있다: G. Buttler, Erwachsenenbildung, 1077 이하.
73) C. A. Tidwell, 교회 행정을 위한 효과적인 지도자론, 149. 152.

주고 권한을 위임한 후에는 실제로 권한을 주어야[74] 함을 강조한다. 목회자가 독선적이라는 느낌을 줄 때 동기 부여는 결코 이루어지지 않을 것이기 때문이다. 참여를 통한 동기 부여의 중요성은 교회 행정과 관리에 있어서 지도자의 주요 과제 중 하나임을 부인할 수 없다. 이러한 의미에서 권오서는 지도력의 기본적 기술들 중 한 가지로 동기 부여 (Motivating)를 꼽으며 이를 위해 15가지의 충고를 나열했다. 그는 "아주 중요한 회의라도 일반 사람들의 참여를 받아들여라" 는 충고를 할 정도로 참여의 중요성을 강조하고 있다.[75]

개인주의 시대를 거친 오늘날의 세대는, 어느 특정 주권자나 책임자가 결정하여 명령하거나 권유하는 것을 더 이상 받아들이지 않는다. 이제는 개개인 스스로가 동의하거나 합의하여 결정된 규율이나 법규가 아닌 것은 설득력이 없어졌다. 개개인이 스스로 동의할 수 있는 것만이 권위이며, 또한 그것만이 준수되는 시대이다. 개개인의 자유와 권리를 보호하며 존중하기 위하여 필요한 그러한 규범은, 개개인들이 소속되어 있는 공동체 전체가 참여한 가운데 생겨나야만 실제로 그 가치를 지니며 또한 효력을 발생할 수 있다.

3. 유급 직원과 자원 일군의 참여를 위한 훈련

유급 직원들이 임명되면 교회의 중요 직원들을 소개하고 교회 시설을 안내해주어 익숙해지도록 배려해야 할 것이다. 뿐만 아니라 교회의 역사와 현황에 관해서도 충분한 자료와 정보를 주

---

[74] 양창삼 (교회 경영학, 145-146)은 목회자가 교인들에게 일과 권한을 적절히 분배할 뿐만 아니라 그 권한을 잘 사용할 수 있도록 도와주어 교회 안에서 기쁨을 통하여 하나님 나라가 이루어지게 해야함을 강조한다.

[75] 권오서, 교회행정과 목회, 158-159.

어야 한다. 그런 후 근무 조건과 업무 내용도 상호 간의 대화를 통하여 규약하는 것이 좋다. 유급 직원들의 효율적인 업무를 위하여서는 지역 사회에 관한 정보도 제공하며 주요 인물을 방문하도록 주선해주는 것도 바람직하다. 그리스도의 몸된 교회는 세상 구원을 위해 오신 주님의 도를 따르는 유기적 공동체로써 교회 자체만을 위하여 존재할 수 없기 때문이다. 이들을 위한 영성 훈련은 교회 자체적으로 실시할 수도 있고 지방회 차원 혹은 이웃의 몇 교회와 연합하여 실시할 수도 있다. 구체적인 훈련 방법으로는 경험이 많은 이들의 간증과 지혜를 나눌 수 있는 장을 마련해 주는 것을 들어 볼 수 있다.

자원 직원에게는 임명 후 교회의 중요 직원을 소개하며 교회의 규정과 목회 계획을 알려 주는 것이 유익하다. 그리고 자원 일군이 맡아야 할 업무 내용을 소개하며 이들에게도 영성 훈련을 실시한다. 효율적인 인사 행정 위하여서는 그 외에도 업무를 맡은 자들이 1년에 한 두 차례에 걸쳐 자신들의 과제와 책임을 스스로 명시하고 서술하도록 할 수 있다. 이것은 그들이 자신의 업무와 과제를 스스로 재조명하여 그 의미를 더 깊이 파악하고 인식하는데 도움을 줄 수 있다. 이것은 그들이 업무를 수행하는데 있어서도 자발성이 강화되기 때문에 효율적이 되는 것이다.

교회 목회자가 또한 염두에 두어야 할 것은 교회 행정의 대표자 및 경영자로서 유급 직원 및 자원 일군들을 교회 내의 작은 그룹들을 위해 훈련된 지도자로 키워 가는 것이다. 이들을 교회의 목회 철학과 노선에 적극적으로 동참할 수 있는 작은 그룹 지도자로 양성하기 위하여 소수 중심으로 시간과 노력을 투자하고 격려하는 것이 중요하다.76) 가급적이면 정기적으로 개인이나 작

---

76) 권오서 (교회행정과 목회, 142)는 목회자가 가지고 있는 목회 철학과 목회 원칙을 전 교인들이 파악해야 함을 강조하며 그렇게 하여야만 "참여가 일어나고 참여 속에 변화가 일어난다"고 말하며 참여의 의미와

은 그룹과 만나며 회중 전체와도 만날 수 있는 장을 여는 것이 효과적이다.77) 지도자로서의 자질과 방법을 훈련시키며 영적인 계발을 반드시 이룰 수 있도록 장려해주어야 한다. 여기에서 목회자는 간섭보다는 도움을 주고 영적 계발과 자질 계발을 위해 정기적으로 체크하며 평가하고 있다는 것을 느낄 수 있도록 해주는 것이 중요하다.

4. 교회 공동체 내의 갈등 발생과 해소

모든 인간이 그러하듯이 교회 안의 신자들도 관계 속에서 존재하며 관계 속에서 자신의 존재를 확인하고 가치를 인식한다. 또한 관계 속에서 인정받고 격려를 받으며 업무를 추진하고 성취한다. 양창삼은 교회 안에서의 인간 관계에 관하여 이렇게 말한다: "인간관계적 접근방법 (...)은 교회경영에 있어서 교회 안에서의 인간관계가 원만해야 능률 및 생산성을 올릴 수 있다는 점에 주목하고 있다." 78) 교회 내에서는 어쨌든 자연적으로 갈등이 발생하는데 그 이유들 중 하나는 의사 소통의 결여라고 할 수 있다. 상대방의 행동이나 마음을 이해하지 못하며, 그 표현하는 언어적, 비언어적 행동을 민감하게 받아들이며 갈등을 느끼게 되는 것이다. 갈등을 견해 차이로 인해 발생하는 적대적인 대립으로 보는 학자들도 있다.79) 그러나 견해 차이로 인해 생겨나는 갈등 역시 원만한 대화와 정보 교환을 통해 그 원인을 발견할 수 있다면 논

영향을 부각시키고 있다.
77) 로버트 K. 바우어 (기독교교육행정의 원리와 실제, 153-164)는 그 저서에서 지도자 훈련방법을 13가지로 나열하며 상세히 다루고 있다. 그 중에는 "연례 오리엔테이션 회의", "비공식그룹훈련", "반기 프로그램 기획회의", "선택적 성경 과정"등이 있다.
78) 양창삼, 교회 경영학, 38.
79) 예를 들어 M. Rush (성서적 경영방법, 255)와 이요섭 (현대인을 위한 교회행정, 243)을 들 수 있다.

쟁적, 도전적 인간 갈등 상황을 대부분 해소할 수 있을 것이다.[80]

누구나 관심을 필요로 하며 인정받기를 원한다. 그러나 이것이 이루어지지 않을 때 갈등 상황에 처하게 된다. 이러한 맥락에서 권오서는 갈등 관리에 관하여 다루며 이렇게 서술하고 있다:

"평소 사람들은 관심을 필요로 한다. 그들은 오랜 세월 소홀히 여겨져 왔기 때문에 자신들이 관심하는 바에 대해서 어떻게 긍정적이고, 직접적으로 물어야 하는지 알지 못한다. 다른 사람들과 긍정적인 관계를 추구하는 방법을 찾으려고 하지 않고, 오히려 도전적이고 논쟁을 불러일으키기 쉬운 처신을 함으로써 남들로부터의 무관심을 회피하고자 한다." [81] 이러한 상황은 우리가 자주 체험하고 있음이 사실이다. 이러한 갈등이 일어났을 때 해소 방법은 과연 무엇일까? 이요섭은 갈등의 치유를 위한 기본 전략과 갈등의 치유 방법을 상세히 다루고 있다. 그는 교회 공동체의 인사 행정과 관리에 있어서 갈등이 여러 차원에서 복합적으로 발생하는 것을 당연한 것으로 전제하고 있는 듯 하다. 그렇다면 이러한 현실 앞에서 갈등 해소를 위해 지도자의 일방적인 경고나 가르침이 도움이 될 수 있을까?

사람의 심리적 구조는 다양하기 때문에[82] 어느 한 사람이

---

80) A. Ebert는 그의 저서 (Das Enneagramm) 전반에 걸쳐 문제 해결을 원인 발견을 통한 이해 및 인정과 연관시키고 있다.
81) 권오서, 교회행정과 목회, 289.
82) 심리학적 유형에 관한 이론들은 수없이 많다. 고대 헬라 의사 Hippokrates는 인간을 4 가지 유형으로 나누고, 20세기에 와서 E. Kretschmer는 3 가지 유형으로, C. G. Jung은 세 쌍의 기능으로, F. Riemann은 4 가지 유형으로 구분한다. 결국 이 모든 이론들은 인간이라는 바탕 위에 공통점도 많지만 다양한 차이점들도 있음을 말해주고 있다. 독일의 루터란 목사 A. Ebert는 프란시스 회단 수사 R. Rohr (독일계 수도사로서 미국에서 활동하고 있음)를 통하여 Sufi-형제단들이 공동체의 삶과 상담을 위해 사용했던 인간론 배웠다. 그는 그의 저서 "Das Eneagramm. Die 9 Gesichter der Seele" (영혼의 9 가지 얼굴)에서 인간 심리 유형이 9 가지 내지 27 가지로 분류됨을 보여준다: R. Rohr/ A. Ebert, Das Enneagramm, 21. 215. 등; M. Rebecca/ E.

단편적으로 타인을 논평할 수 없음을 우리가 잘 안다. 만일 그렇게 한다면 그것은 어느 한 사람의 주관적인 의견이며 타인을 이해하는 차원과는 별개의 것이 된다. 그러므로 이러한 갈등 상황에서 제 삼자가 평가하거나 당사자가 상대방의 행동을 지적하며 평하는 방법은 갈등을 해소하는 방책이 될 수 없을 것이다.

양창삼은 그의 저서에서 갈등의 해결 방향을 제시하며 갈등을 피하지 말고 적극적으로 대처할 것과, 과정에 있어서 인격이 존중되며 자존심이 훼손되지 않도록 해야 함을 강조한다. 또한 이를 위해 사실적인 정보 교환을 통해 갈등 해결을 모색할 것을 제안한다.[83] 여기에서 이러한 정보 교환을 위해, 자신이 받은 영향과 느낌에 관해 발언할 수 있도록 장을 마련해주어 상대방의 숨겨진 마음을 살펴보고 확인해 갈 수 있도록 해주는 것이 중요할 것이다. 이러한 대화의 장을 구체적으로 마련해주는 것이 목회자의 과제들 중 하나일 것이다.

IV. 결어

교회 공동체 지도자의 인사 행정의 목적과 기본 바탕을 다루며 그 의미와 목적 및 지도자의 자아 이해와 목회 양상을 살펴 본 후, 교회 공동체 지도자가 교인들을 지도하고 훈련하며 행정을 실행하는 가운데 끊임없이 그 궁극의 목적을 상기시켜주어야 할 책임이 있기 때문에 이를 위한 토대로써의 디아코니아 사상을 다루었다. 뿐만 아니라 인사 행정을 위한 실제적 계획과 훈련 부분에서는 효율적 인사 행정을 위해 필요한 임명과 훈련 및 갈등 해소

Rogacion, 에니어그램. 당신 자신과 남들을 아는 길.
83) 양창삼, 교회 경영학, 187-188.

에 관해 다루었다. 개교회 공동체가 궁극적으로 지향하는 것이 세계 교회이며 더 나아가서 하나님의 나라이기 때문에 교회 행정을 실행하며 지도하는 목회자는 기능적, 구조적, 체계적 그리고 심리학적 차원에서의 기술을 익히는 것을 우선적 임무로 삼을 것이 아니라, 그 보다 먼저, 기본적으로 예수 그리스도가 실현했던 코이노니아에 대해 이해하고 가르치는 것이 중요하다. 이를 위해 코이노이아의 의미와 실현 가능성에 대해 숙고하는 것이 그 과제가 된다.

실제적 계획과 훈련에 있어서는, 교회 공동체는 공동의 삶 속에서 물질이든 생각이든 서로 나눌 수 있어야 할 것이며, 구조적으로는 적어도 모든 이의 의견이 동등하게 존중되고 반영될 수 있어야 할 것이다. 물질과 경험을 서로 주고받으며 함께 대화할 수 있는 공동체만이 그 본질을 되찾으며 기능을 발휘할 수 있지 않을까? 모두가 함께 동등하게 중요한 지체가 되어 참여하며 활동하며 성장하여 나갈 수 있는 공동체만이 진정한 의미에서의 공동체이지 않을까? 이것이 이루어지지 않을 때, 교회 공동체의 지도자이자 대표자인 목회자는 교인들을 수동적인 '청중'들로 전락하게 만들고 말 것이다. 뿐만 아니라 이렇게 될 경우, 교회 공동체 내에서도 인간을 적대시하며 무시하는 권력 체제가 생겨나고 교권주의가 머리를 들게 된다. 모든 다른 지체들이 수동적이 되어 기능을 제대로 발휘하지 못하는 공동체의 목회자는 일방적이고도 치우치는 설교를 하여 공동체를 병들게 할 수도 있다. 구원의 기쁜 소식을 선포하기 보다는 두려움을 안겨주고, 자유를 선포하기 보다는 얽매는 설교를 하는 삯군 같은 목회자가 생겨나서 교인들을 병들게 할 수도 있다. 교인들을 병들게 하는 내용의 가르침이나 설교는 비본질적이며 비그리스도적인 것이기 때문에 이중적 삶을 사는 사람이 생겨나게 하거나 '종교 중독자'들을 만들어 낸다.

교인들에게 얽매임과 양심의 가책을 심어주어 교회로 나오게 한다면, 이러한 공동체는 결국 칼 맑스가 말했던 '아편'의 역할을 하게 될 뿐일 것이다. 그러면 신앙과 믿음의 치유의 차원, 해방의 차원, 구원의 차원은 어디에서 찾아보라는 말인가? ■

참고문헌

A. 국내문헌

강용원, 교회 교육과 예배, 교회학교교사와 기독교교육 전문가를 위한 기독교 교육, 한국기독교교육학회 편, 서울: 대한기독교교육협회, 1992, 201-211.
고용수, 교회교육의 신학적 기초, 교회학교교사와 기독교교육 전문가를 위한 기독교 교육, 한국기독교교육학회 편, 서울: 대한기독교교육협회, 1992, 32-47.
교회와 코이노니아, 한국기독교학회 편, 한국기독교신학논총 10, 대한기독교서회, 1993.
권오서, 교회행정과 목회, 서울: 도서출판감신, 1996.
기독교대한감리회교육국, 감리교 교육신학. 基督敎敎育의 本質과 實踐을 中心으로, 서울: 기독교대한감리회교육국, 1986.
김양희, 여성리더쉽의 특질. 여성과 리더쉽, 한국여성개발원, 초판 2쇄, 1999, 39-58.
김요한, 존 웨슬리의 목회와 성령, 경기도 광명시: 도서출판샬롬, 1997.
김요한, 존 웨슬리 신학과 성서교육 모델, 경기도 광명시: 도서출판샬롬, 1997.
김재은, 청·장년을 위한 성서 학습방법, 교회학교교사와 기독교 교육 전문가를 위한 기독교 교육, 한국기독교교육학회 편, 서울: 대한기독교교육협회, 1992, 168-189.
김재필, 미래의 여성리더쉽. 여성과 리더쉽, 한국여성개발원, 초판 2쇄, 1999, 81-98.
양창삼, 교회 경영학. 효과적인 교회사역을 위한 경영 지침서, 서울: 도서출판엠마오, 1996.
은준관, 基督敎敎育現場論, 3판, 서울: 대한기독교출판사, 1991.
이기춘, 한국적 목회신학의 탐구. 양성적 목회모형의 상황적 조명, 서울: 감리교신학대학교출판부, 4판, 1997.
이석철, 기독교교육의 교육학적 기초, 교회학교교사와 기독교 교육 전문가를 위한 기독교 교육, 한국기독교교육학회 편, 서울: 대한기독교교육협회, 1992, 62-75.
이요섭, 현대인을 위한 교회행정, 서울: 하늘기획, 1999.
이원희, 매스컴 시대의 기독교 교육, 교회학교교사와 기독교교육 전문가를 위한 기독교 교육, 한국기독교교육학회 편, 서울: 대한기독교교육협회, 1992, 326-337.
장종철, 기독교교육이란 무엇인가? 교회학교교사와 기독교교육 전문가를 위한 기독교 교육, 한국기독교교육학회 편, 서울: 대한기독교교육협회, 1992, 12-30.
최임선, 신앙의 발달 과정, (책임편집, 은준관) 교회 교육 교사 훈련 시리즈 10, 서울: 종로서적출판주식회사, 1985.
한정자, 여성리더쉽 계발을 위한 성역할 고정관념 극복. 여성과 리더쉽, 한국여성개발원, 초판 2쇄, 1999, 59-79.

B. 외국문헌(원서 및 번역서)

Anderson, L. 21세기를 위한 교회 (A Church for the 21st Century), 황성철 옮김, 서울: 도서출판솔로몬, 1997.
바우어, 로버트 K. 기독교 교육행정의 원리와 실제, 신청기 옮김, 3판, 서울: 성광문화사, 1990.
Bauer, W. Art. Koinonia in: ders. Griechisch-Deutsches Wörterbuch, 5. Auflage, Berlin-New York 1971.
Burkert, W. Art. Griechische Religion in: TRE 14, 235-253.
Boeckler, R. Art. Diakonie in: Evangelisches Kirchenlexikon. Internationale theologische Enzyklopädie, Bd. 1, Göttingen 1986, 850-859.
Buttler, G. Art. Erwachsenenbildung in: Evangelisches Kirchenlexikon. Internationale theologische Enzyklopädie, Bd. 1, Göttingen 1986, 1077-1081.
Frör, K. Grundriß der Religionspädagogik, 2. Aufl., Konstanz 1983.
Goßmann, E./ Kaufmann, H. B. Art. Gemeindepädagogik in: Evangelisches Kirchenlexikon. Internationale theologische Enzyklopädie, Bd. 2, Göttingen 1989, 73-77.
Kutsch, E. Art. Berit in: THAT 1, 339-352.
Lohse, E. Umwelt des Neuen Testaments, 5. Auflage Göttingen 1980.
Papalia, D. E. 외 2인. 인간발달 II(Human Development, McGraw-Hill, 1989). 청년기, 성인기, 노년기, 서울: 교육과학사, 1992.

Rebecca, M./ Rogacion, E. 에니어그램. 당신 자신과 남들을 아는 길 (The Enneagram Way. Knowing Yourself and Others), 이정순 옮김, 4쇄, 서울: 성서와함께, 1995.

Rohr, R./ Ebert, A. Das Enneagramm. Die 9 Gesichter der Seele, 2. Aufl., München 1989.

Roloff, J. Die Apostelgeschichte, 2. Aufl. in: Das Neue Testament Deutsch, Göttingen 1988.

Rush, M. 성서적 경영방법 (Management: A Biblical Approach), 임창일 역, 1판 3쇄, 서울: 생명의말씀사, 1993.

Slenczka, R. Dogma und Kircheneinheit in: Handbuch der Dogmen- und Theologiegeschichte, Bd. 3, Göttingen 1984, 425-603.

Smart, J. D. 教會의 教育的 使命(The Teaching Ministry of the Church), 장윤철 역, 13쇄, 서울: 대한기독교교육협회, 1991.

Strunk, G. Art. Erwachsenenbildung in: Theologische Realenzyklopädie, Bd. X, Berlin, New York 1982, 175-181.

Tidwell, C. A. 교회 행정을 위한 효과적인 지도자론 (Church Administration Effective Leadership for Ministry), 박두헌 옮김, 서울: 쿰란출판사, 1996.

Towards Koinonia in Faith, Life and Witness, Fifth World Conference on Faith and Order, Santiago de Compostela 1993.

Wegenast, K. Art. Katechese in: Evangelisches Kirchenlexikon. Internationale theologische Enzyklopädie, Bd. 2, Göttingen 1989, 975-979.

Wenz, G. Art. Auf dem Weg zur Koinonia in: Nachrichten der Evangelisch-Lutherischen Kirche in Bayern 11(1993), 203-206.

Zuck, R. B, Getz, G. A. 교회와 장년교육(Adult Education in the Church), 신청기 역, 서울: 기독교문서선교회, 1990.

열린기독교신서4

목회리더십 신학과 실제

지은이 / 김영일 이세형 이후천 한정애
펴낸이 / 김윤환
펴낸곳 / 열린출판사

1판1쇄 펴낸 날 / 2005년 3월 2일
등록번호 / 제2-1802호
등록일자 / 1994년 8월 3일
주소 / 서울 중구 충무로3가 33-4 영화빌딩 504호
전화 / (02)2275-3892   팩스(02)2277-6235

2005ⓒ열린출판사

저자와의 협의에 의해 인지는 생략합니다
잘못된 책은 바꾸어 드립니다.

ISBN 89-87548-19-8

값 11,000원